LIEBE
ein Tätigkeitswort

Alfons
Vansteenwegen

LIEBE
ein Tätigkeitswort

*Spielregeln
für die
Partnerschaft*

Claudius Verlag

Titel der flämischen Originalausgabe:
»LIEFDE IS EEN WERKWOORD«
© Uitgeverij Lannoo, Tielt, 1991

Die Deutsche Bibliothek – CIP-Einheitsaufnahme

Vansteenwegen, Alfons:
Liebe – ein Tätigkeitswort : Spielregeln für die Partnerschaft /
Alfons Vansteenwegen. [Aus dem Fläm. übers. von Rainer
Täubrich und Jörg Schilling]. – München : Claudius-Verl., 1993
    Einheitssacht.: Liefde is een werkwoord <dt.>
    ISBN 3-532-62143-6

© für die deutsche Ausgabe
Claudius Verlag München 1993
Birkerstraße 22, 80636 München
Alle Rechte, auch die des auszugsweisen Nachdrucks,
der photomechanischen Wiedergabe
und der Übersetzung, vorbehalten.
Umschlaggestaltung: Werner Richter
Gestaltung: Dorothee Bauer
Satz aus der Palatino (Linotype)
Gesamtherstellung: Jos. C. Huber KG, Dießen

ISBN 3-532-62143-6

Schwierigkeiten zwischen Partnern müssen nicht Beweis für eine schlechte Beziehung oder einen Mangel an Liebe sein.

Es sind die Unterschiede zwischen den Partnern, die dafür sorgen, daß ständig Schwierigkeiten entstehen, für die immer wieder aufs neue Lösungen gesucht werden müssen. (Wer meint, diesem Dilemma durch die Wahl eines Partners entkommen zu können, der dasselbe denkt und fühlt wie man selbst, sollte nicht erstaunt sein, wenn in dieser Beziehung schon nach kurzer Zeit Langeweile und Ermüdung auftreten.)

Geglückte Lösungen führen zu einem Zusammengehörigkeitsgefühl; bei immer wieder scheiternden Lösungen kann die Beziehung mit dem geliebten Partner zur Qual werden.

Nicht die Probleme sind es, die Partner unglücklich machen, sondern die Lösungen jedoch, die sie wählen, um diesen Problemen gerecht zu werden.

Dieses Buch ist voll von Lösungen.

Es ist ein Do-it-yourself-Führer auf dem Feld der Beziehungsprobleme.

Der Autor nennt und beschreibt nicht nur eine Vielzahl von Alltagsproblemen, sondern gibt konkrete Anweisungen für die Inangriffnahme und Bewältigung dieser Probleme. Ebenso inspiriert er seine Leser bei der Suche nach neuen, eigenen Lösungen.

Die Beschreibung der Schwierigkeiten und die Möglichkeiten ihrer Bewältigung werden an zahllosen Beispielen aus dem Leben aufgezeigt.

Alfons Vansteenwegen macht aber auch deutlich, wann der Zeitpunkt gekommen ist, an dem besser ein Fachmann konsultiert werden sollte.

Dieses Handbuch wird vor allem für diejenigen von Nutzen sein, die bereit sind, sich für ihren Partner und sich selbst einzusetzen, und wissen, daß eine gute Beziehung ständiger Sorgfalt und Aufmerksamkeit bedarf und nicht von einer Neigung oder Verliebtheit zehren kann, die schon Jahre zurückliegt.

Kees van der Velden

Die Freundschaftsehe Kapitel 1

In diesem ersten Kapitel stellen wir eine Reihe
fundamentaler Fragen.
Ist eine gute Ehe in dieser Zeit noch machbar? Kann
eine Ehe »von selbst« gelingen? Ist sie eine intime oder
eine sachliche Beziehung? Wenn sie schlecht läuft,
können sich Menschen und Beziehungen dann dennoch
ändern?
Was versteht man unter einer gleichberechtigten
Beziehung? Welche Bedingungen müssen dafür
erfüllt sein?

1. Die Ehe als eine (fast) unmögliche Aufgabe

Wer verheiratet ist, verlangt nach einer guten Beziehung zum Partner. Eine Beziehung, die von selbst aufblüht, von selbst andauert und von selbst glücklich macht. Wer eine Ehe schließt, hat große Erwartungen. Bei vielen sind die Erwartungen geprägt durch romantische Vorstellungen und eine zutiefst menschliche Sehnsucht nach gemeinsamem Glück.

Das tägliche Zusammenleben jedoch bringt die Partner schnell auf den Boden der Realität. Probleme gehören zu einer Ehe. Sie sind ein inhärenter Bestandteil. Dafür gibt es verschiedene Gründe. Manchmal laufen die Probleme auf Krisen hinaus. Diese Krisen sind jedoch Chancen für eine tiefergehende Beziehung. Dennoch ist eine gute Ehe nicht selbstverständlich. Ganz von selbst läuft es ja nie.

Die romantischen Erwartungen in der Ehe

Die romantischen Erwartungen in der Ehe: Es läuft harmonisch und von selbst. Die romantischen Erwartungen an die Ehe sind stark gefärbt durch Idealvorstellungen von Einheit, Liebe und Harmonie. Man kann diese Auffassungen wie folgt illustrieren:

Wenn wir verheiratet sind, dann werde ich ihn (oder er mich) vollständig verstehen. Wenn wir einmal verheiratet sein werden, dann fühlen wir uns vollständig ineinander ein. Wenn wir verheiratet sind, dann werden wir einander immer lieben, tagein, tagaus. Wir werden niemals Konflikte haben. Wir werden immer dasselbe wollen oder auf jeden Fall soviel wie möglich. Wir werden uns gegenseitig unsere Wünsche erfüllen, bevor sie der Partner überhaupt ausgesprochen hat. Daher die romantischen Erwartungen hinsichtlich der Ehe: sich in den anderen einfühlen, dasselbe wollen, keine Konflikte haben, einander immer lieben, niemals einer den anderen verfluchen, niemals gehässig zum anderen sein, niemals einander langweilen. Es ist ein Lieben, das durch Harmonie bestimmt ist. Dies gilt auch für die sogenannte »totale Kommunikation«. Mein Partner ist eine Person, der ich alles sagen kann, ohne Schwierigkeiten. Ich kann alle meine Gefühle mitteilen, und er oder sie wird mich vollständig verstehen. Kurzum, es wird alles wie *von selbst* gehen.

Es wird alles wie von selbst gehen

Dem gegenüber steht die *Realität*. Die Realität lehrt, daß Menschen verschieden sind. Die Einigkeit hält nicht an. Sobald die Partner zusammenleben, werden sie mit täglichen Streitigkeiten konfrontiert. Ein paar Beispiele:

Die Tassen von Bert und Lena. Wenn Bert morgens den Tisch abräumt, nimmt er eine Tasse nach der anderen weg. In Lenas Tasse ist immer noch ein wenig Kaffee. Seine eigene Tasse ist leer. Für ihn ist eine Tasse, die leer ist, vollständig leer. Für sie bedeutet leer, daß noch ein kleiner Rest darin ist. Das findet er nicht besonders ärgerlich. Aber immer wieder, bevor er die Tassen in die Geschirrspülmaschine stellt, muß er ihren Rest aus der Tasse extra in die Spüle gießen, denn es ist immer noch etwas Kaffee darin. Das ist eine Kleinigkeit. Es ist eine Kleinigkeit, die er jeden Tag spürt, schon fünfzehn Jahre lang, jeden Tag aufs neue ... es ist schon ärgerlich. Eine kleine Schwierigkeit, ein kleiner Verdruß ...

Warm und kalt bei Franz und Sonja. Sonja hat es morgens gern warm und abends gern frisch. Franz hat es morgens gern frisch und abends gern warm. Am Morgen im Badezimmer will sie die Tür gern geschlossen haben. Es muß warm sein. Er zieht es vor, daß diese Tür offensteht, denn wenn es nicht frisch ist, dann wird er nicht wach. Am Abend ist es genau umgekehrt. Abends hat er es gerne warm. Sie hat es dann lieber frisch. Das ist wirklich eine Kleinigkeit. Jeden Tag heißt es:»Mach 'mal die Badezimmertür zu! Laß' das Fenster nicht offenstehen! Du weißt doch, daß ich friere!« Er sagt dann:»Ja, aber ich finde es viel zu warm, und ich werde nicht wach, ich habe es lieber frisch« usw. Eine Kleinigkeit, aber jeden Tag tritt sie wieder auf. Sie sind verheiratet, sie lernen einander kennen, und diese Kleinigkeiten kommen immer wieder.

Die Zahnpasta von Erik und Anke. Erik und Anke benutzen zu zweit eine Tube Zahnpasta. Erik ist ein sorgfältiger Mann. Er drückt immer von unten auf die Tube. Sie drückt weiter in der Mitte. Jeden Tag wieder, zweimal täglich. Wenn man auf die Mitte drückt, kommt natür-

11

lich auch Zahnpasta heraus. Aber es ist nicht sein System. Erik macht das sorgfältig, bis auch der letzte Rest herausgedrückt ist. Sie drückt auf die Mitte. Das geht gut, aber der Tubeninhalt dehnt sich dann nach beiden Seiten hin aus. Jeden Tag drückt sie wieder mitten hinein. Es ist eine Kleinigkeit. Es ist nicht wichtig. Aber wenn es immer wieder passiert, beginnt man das nach mehreren Jahren schon zu spüren.

Und so kommt jeder, der mit einem anderen zusammenwohnt, in Berührung mit einer Anzahl von *Unterschieden*. Meistens geht es um sehr kleine Unterschiede, aber sie treten täglich auf. So gibt es Unterschiede bei der Art des Tischdeckens, beim Essen, in der Art und Weise, ein Frühstück zusammenzustellen. Viele dieser Unterschiede rühren daher, daß jeder in seiner Herkunftsfamilie etwas anderes gewohnt war. Es geht um kleine Dinge, die für sich selbst genommen nicht so schlimm sind. Aber sie wiederholen sich täglich. Da gab es einen Mann, der sich jeden Abend im Bett darüber ärgerte, daß seine Frau noch einen Apfel aß, während er schmusen wollte. Jeden Abend wieder. Es gibt so viele kleine Dinge, über die man sich ein ganz klein wenig, immer nur ganz wenig ärgert. Das Schuheputzen, die Kleiderwahl, das Anziehen, das Sitzen, das Stehen, das Herumlaufen im Haus. Niemand wird wirklich böse darüber, aber es ärgert schon ein bißchen. Es nervt.

Große Unterschiede Wer mit jemandem zusammenzieht, stößt aber auch auf *große Unterschiede*. Was sind große Unterschiede? Die großen Unterschiede sind die Unterschiede in den Erwartungen beider, was sie in der Ehe geben müssen und was sie bekommen werden. Unterschiede also, was es bedeutet, verheiratet zu sein. Was es bedeutet, Mann oder Frau zu sein. Was es bedeutet, Vater oder Mutter zu sein. Jeder von uns bekommt von seinem Elternhaus mit, was es heißt, Mann oder Frau in einer Ehe zu sein. Jeder von uns hat zu Hause Dinge gesehen, von denen er sagt: »Das will ich später in meiner Ehe auch.« Aber jeder kennt auch eine Anzahl von Dingen, von denen er sagt: »Bei mir wird das nicht passieren. Ich werde es anders machen.« Diese Unterschiede gibt es halt immer zwischen Partnern. Sogar, wenn man jemanden kennen-

12

lernt, der in derselben Straße wohnt. Der denselben Dialekt spricht. Der dasselbe soziale Niveau hat. Der dieselbe Ausbildung hat. Der dieselbe politische Meinung hat. Dennoch ist es so, daß jeder von uns in einer spezifischen Familie heranwächst und daß es sogar in derselben Straße große Unterschiede zwischen den Familien gibt, die dort wohnen. Ich denke zum Beispiel an Karl und Linda.

Das Elternhaus von Karl und Linda. Karl kommt aus einer Familie, in der Arbeiten sehr wichtig ist. Arbeiten ist Leben, Leben ist Arbeiten. Man muß im Leben arbeiten, um durchzukommen. Hart arbeiten, Überstunden machen, um voranzukommen. Das war in der Familie, in der er heranwuchs, wichtig. Zweitens: Sparen ist wichtig! Wenn du etwas verdient hast, dann versuche, sparsam zu sein. Wirf nicht alles zum Fenster hinaus! Drittens: Wenn du verheiratet bist, ist es wichtig, ein eigenes Haus zu bekommen. Ein eigenes Haus zu bauen oder einzurichten, das ist wesentlich, das ist ein wichtiges Stück deines Lebens. Viertens: Kinder sind sehr wichtig. Man lebt für seine Kinder. Als Vater oder Mutter gibt es nur eine Sache, die zählt: Daß die Kinder glücklicher sind als du selbst. Daß die Kinder es weiter bringen als du. Als Eltern lebt man im Dienst der Kinder. Entspannung wird innerhalb der Familie genossen. Ausgehen ist nicht gut. In die Kneipe zu gehen, ist schlecht. Ausgehen, Freunde empfangen und besuchen usw. sind Dinge, die sich eigentlich nicht gehören. Karl fühlt sich unwohl in jedem Restaurant und jeder Kneipe, denn als Kind war das etwas, was sich nicht gehörte. Es wurde wenig Besuch empfangen. Eine geschlossene Familie könnte man das nennen. Wenig Besuch, nur die Familie und dann ein paarmal im Jahr ein großes Fest. Und dann essen von morgens bis abends. Das ist feiern; wenige Freunde, wenige Bekannte.
Linda hingegen stammt aus einer Familie, deren Mitglieder eine feste Anstellung im öffentlichen Dienst haben. Arbeiten ist schon wichtig, aber na ja, die Beförderung kommt ja schließlich doch. Es besteht also eine andere Einstellung gegenüber der Arbeit. Sie ist zwar

wichtig, aber du mußt dich dafür nicht so stark einsetzen. Wenn du Geld verdienst, warum sollst du dann sparen? Du lebst nur einmal. Warum sollst du die Ausgaben einschränken? Du gehst auf Reisen, du kaufst, was du magst, du unternimmst allerlei. Sparen braucht man nicht. Warum solltest du ein eigenes Haus haben wollen? Du mußt ab und zu umziehen, auch wegen deiner Arbeit. Ein eigenes Haus zu besitzen ist sinnlos, damit hat man nur Ärger. Kinder? Ja, das ist etwas, das man hat. Du bekommst sie, aber nun zu sagen, daß man dafür lebt! Es ist eigentlich eher umgekehrt. Du hast sie, und wenn du sie hast, dann ist das eine Sache für den Babysitter oder für eine Frau. Als Mann beschäftigt man sich nicht damit. Kinder sind etwas, das dazugehört, aber sie sind sicher nicht das Ziel des Lebens. Ausgehen ist wichtig. Essen ist eigentlich nicht so wichtig. Es ist nur ein Vorwand, um Leute zu sehen, zu reden, Kontakte aufzunehmen. Trinken spielt demgegenüber eine zentrale Rolle.

Es geht hier nicht um ein Ehepaar mit Problemen. Es geht um ein einfaches Durchschnittsehepaar.

Schließlich taucht eine Anzahl von Problemen auf, wenn zwei Menschen miteinander eine Beziehung beginnen: Was bedeutet es für die beiden, verheiratet zu sein? Was bedeutet es, ein Mann zu sein? Eine verheiratete Frau zu sein? Vater oder Mutter zu sein? Sofort beschäftigen sie sich mit einer Anzahl von Fragen. Wie wichtig ist das Arbeiten für uns: sehr wichtig oder nicht wichtig? Und wenn wir dann Arbeit haben, wie wichtig ist Geld für uns? Sparen wir? Oder geben wir es aus? Beschränken wir die Ausgaben? Wollen wir ein eigenes Haus oder nicht? Leben wir für unsere Kinder, oder nehmen wir sie als etwas, das einfach dazugehört? Wie Gäste, die kommen und die dann doch wieder die Familie verlassen werden? Gehen wir regelmäßig aus? Werden wir Freundschaften schließen? Wollen wir ein offenes Haus oder wollen wir eher zurückgezogen leben? Ein gemeinsames, gemütliches Zuhause? Was soll es sein?

Aufgepaßt! Es gibt hier kein gut oder schlecht. Es gibt nur das, was der eine will und was der andere will, und damit müssen die Partner fertig werden. Was es nun für sie bedeutet, verheiratet zu sein, darauf müssen sie selbst zusammen eine Antwort finden. Ein Beispiel: Ein Vater sollte sich mit seinen Kindern beschäftigen. Dies bedeutet in der einen Familie ein paar Stunden im Monat, und dann ist es noch keine echte Beschäftigung. Er liest zum Beispiel die Zeitung, während die Kinder abseits sitzen und spielen. In der anderen Familie bedeutet die Beschäftigung mit den Kindern, daß er jeden Tag die Hausaufgaben der Kinder nachsieht. Sie sehen schon: Was ist Beschäftigung? Was ist die Rolle eines Vaters? Was ist die Rolle einer Mutter? Was beinhaltet sie? Darüber gibt es die unterschiedlichsten Meinungen. Es sind also die Unterschiede in den Auffassungen, in Erwartungen, in Modellvorstellungen. Der Unterschied in der Modellvorstellung, was eine Ehe nun eigentlich ist. Die Folgen sind groß, weil die Auffassungen sehr tiefgreifend sind.

Unterschiede gibt es immer, aber in einer Ehe befindet sich jeder doch in einer sehr besonderen Situation. Wenn man unter Kollegen eine Meinungsverschiedenheit hat, dann redet man einmal darüber und gut. In einer Ehe aber befindet man sich in einer sehr besonderen Beziehung. Man sitzt sehr dicht aufeinander. Es ist die engste Beziehung, die es gibt. Außerdem ist es eine Beziehung, die für eine lange Zeit bestimmt ist.

Wenn eine Ehe beginnt, hat jeder die Absicht, daß sie lange dauern wird. Also könnte man sagen, daß diese Unterschiede hier in einer ganz besonderen Beziehung auftauchen, einer Beziehung, die für die Teilnehmer dazu bestimmt ist, eng zusammenzugehören und lange anzudauern. Diese zwei Eigenschaften bewirken, daß die kleinen ebenso wie die großen Unterschiede sich viel tiefer eingraben, viel wichtiger werden, denn sie wiederholen sich. Es bedeutet nicht: »Wir sind verschieden, aber im nächsten Jahr spielen wir in einer anderen Mannschaft, mit anderen Kollegen.« Nein, es bedeutet: »Ich bin anders als du, und ich habe vor, solange wie möglich und am liebsten ein ganzes Leben mit dir zu leben und eng zusammenzugehören.« Hierdurch bekommt man in einer Ehe eine Erscheinung, die mit dem Wundliegen verglichen werden kann.

Durch das Wundliegen erleidet man Verletzungen, indem man einfach still im Bett liegt. Dadurch, daß man sich nicht bewegt, entsteht an der Stelle, die aufliegt, eine Wunde, die einer Brandwunde sehr ähnelt und die sehr schlecht heilt.

In einer Ehe ist das auch so. Die kleinen Unterschiede sind gleichsam Sandkörner. Durch das enge Zusammenleben entsteht eine permanente Reibung, immer wieder aufs neue. Jeden Tag wieder. Zu jeder Stunde wieder diese seltsame Angewohnheit, diese Marotten, das irritierende Verhalten usw. Und man ärgert sich immer wieder und immer wieder, und schließlich hat man eine Art »Durchliegewunde«. Mit anderen Worten: Es scheuert, es nervt. Immer, wenn Bert den Tisch abräumt. Immer, wenn Erik seine Zähne putzt. Immer, wenn Sonja das Badezimmer betritt. Stets aufs neue, wenn er etwas vergißt, ärgert sie sich. Nicht ein einziges Mal, sondern tausend Mal. Stets aufs neue, wenn sie im Bett einen Apfel ißt ...

Stets aufs neue, wenn er sagt: »Ich werde es schon machen ...«, und er es nicht tut, ärgert sie sich. Diese zwei Eigenschaften, die lange Dauer und das enge Zusammenleben, machen die Ehe zu einer schwierigen Sache. Eine Ehe ist schwierig, weil zwei verschiedene Menschen sehr nah beieinander leben und das über einen langen Zeitraum. Das führt dazu, daß kleine Wunden, kleine Schwierigkeiten über die Jahre hinweg ein großes Problem werden.

Wenn man das alles aufzählt, folgt daraus, daß Probleme mit der Ehe untrennbar verbunden sind. Probleme sind ein Teil der Ehe, das ist normal. Sie sind gesund, könnte man sagen. Es kann nicht anders sein, eine Ehe muß von Zeit zu Zeit Anlaß zu Problemen geben. Probleme sind in einer Ehe unvermeidlich. Aber so, wie jemand in einem Freundeskreis oder in einem Team oder in einem Verein bestimmte Probleme lösen kann und danach eine Chance besteht für eine noch engere Freundschaft, eine tiefere Beziehung, einen fester verbundenen Verein, so ist es auch mit der Ehe. Trotzdem ist es wahr, daß doch immer wieder Konflikte auftauchen werden.

Durch das enge Zusammenleben entsteht eine permanente Reibung

Probleme sind ein Teil der Ehe

Nun geschieht mit Problemen in einer Ehe etwas sehr Merkwürdiges. Sie verschlimmern sich zunächst eher, als daß sie sich verbessern. Warum? Dafür gibt es vier Gründe.

Erstens: Meistens ist es so, daß einer der beiden zuerst an der Notbremse zieht, zuerst Hilfe sucht. Daß einer der beiden dem anderen plötzlich sagt: »Es geht nicht mehr, ich gehe zum Rechtsanwalt oder zu einem Therapeuten.« Für den anderen ist dies meist ein schwerer Schock. Jeder sagt zwar irgendwann einmal, daß es so nicht weitergeht. Aber der andere denkt: »Ach, er oder sie hat das schon so oft gesagt, und es ist doch nichts passiert.« In einem bestimmten Augenblick ist es dann aber doch soweit. Dann geht einer doch zum Hausarzt und sagt, daß es nicht mehr so weitergeht. Wenn der Partner das hört, dann ist es für diesen Partner ein Schock. »Ich wußte nicht, daß es so schlimm war! Ich dachte, daß es von selbst vorübergehen würde.« Sie sehen: Das Problem verschlimmert sich, weil einer von den beiden die Notbremse zieht. Für den anderen ist das ein Schock.

Zweitens: Eheprobleme verschlimmern sich auch, wenn beide etwas daran tun wollen, ohne zu verstehen, was nicht in Ordnung ist. Wie kommt es, daß wir alle beide Sachen machen, die wir nicht wollen? Viele sagen hinterher oft: »Wie konnten wir uns so kindisch benehmen? Ich will keinen Streit, du willst keinen Streit, und doch streiten wir ab und zu. Warum machen wir das nur?« Jeder macht Dinge, die er nicht machen will. Aber keiner sieht ein, wie diese Verhaltensmuster entstehen. Wenige haben gelernt, wie das in einer Ehe vor sich geht. Wenige haben gelernt, wie es kommt, daß man etwas in Gang setzt, das man nicht will. Es wird also schlimmer, weil die Einsicht fehlt. Keiner hat Denkmodelle dafür. Niemand hat auf der Schule etwas darüber gelernt. Man hat in seiner Herkunftsfamilie wenig darüber gehört. Man fragt sich: »Was passiert hier eigentlich?« In diesem Sinne wird es schlimmer, weil die Einsicht fehlt.

Eheprobleme verschlimmern sich auch, wenn beide etwas daran tun wollen

Drittens: Es wird schlimmer, weil die Partner über keine *gemeinsame Einsicht* verfügen. Ein klassisches Beispiel hierfür ist die Ehe mit einem Mann, der nichts sagt.

Keine gemeinsame Einsicht

17

Der schweigsame Jan. Ein stiller, schweigsamer Mann, der geschüttelt werden muß, bevor etwas herauskommt. Er sitzt da und sagt nichts oder zumindest nicht viel. Das ärgert seine Frau Andrea natürlich. Andrea ist verärgert, weil Jan so wenig sagt, weil er ihr so wenig Aufmerksamkeit schenkt, weil es so wenig Kontakt gibt. Sie fühlt sich allein gelassen. Sie findet, daß sich daran etwas ändern muß. Jan findet das auch. Aber ihrer beider Sicht auf die Sache ist unterschiedlich. Andrea sieht das folgendermaßen: »Wenn man in einer Ehe reden will, wenn man das wirklich will, dann kann man das auch.« Ihre Meinung ist: Eheprobleme sind eine Sache des Wollens. Willenskraft, darum geht es. Sie wird ihm das auch sagen: »Wenn du etwas mehr *wolltest,* dann würdest du auch mit mir reden. Aber du willst einfach nicht!« Für sie sind Eheprobleme ein Zeichen für mangelnde Willenskraft. Seine Meinung ist ganz anders (und er hat auch recht). »Wenn man in einer Ehe etwas sagen will, dann muß das *von selbst kommen.* Es hat keinen Sinn, daß ich mich zwinge, mir etwas auszudenken, das ich dann zu dir sagen könnte. Wenn ich etwas zu sagen habe, kommt das von selbst.« Das ist auch wahr, es muß spontan sein können. Es ist schließlich nicht schön, mit einem Mann zusammenzuleben, der nur aus Pflichtgefühl redet. Das ist seine Meinung. Seine Meinung ist also, daß Eheprobleme eine Frage von Spontaneität sind. Und wenn man sich zwingen muß, dann geht es nicht. Da sitzen sie nun. Andrea ärgert sich, weil er nichts sagt. Und er ärgert sich, weil er etwas sagen muß, obwohl er nichts sagen kann, weil es nicht von selbst geht. Beide sind unglücklich.

Was macht das Problem hier schlimmer? Das Problem könnte unter der Überschrift »der schweigsame Jan« beschrieben werden. Aber es könnte auch »Andrea, die sich einsam fühlt« genannt werden. Es geht um dasselbe Problem, aber es wird von zwei unterschiedlichen Warten aus betrachtet. Willenskraft oder Spontaneität? Der dritte Grund, weshalb Eheprobleme sich verschlimmern, wenn etwas daran geändert werden soll, besteht darin, daß jeder die Sache ganz anders sieht.

Es gibt aber noch einen vierten Grund, und dieser hängt mit dem dritten zusammen. Es fehlt oft eine gemeinsame Methode, um etwas zu ändern. Die Partner sind sich uneins über die Methode, die sie eventuell anwenden wollen. Lassen Sie uns kurz auf das Beispiel eingehen. Was ist ihre Methode? Andreas Methode ist: Willenskraft! Daraus ergibt sich, daß sie zu Jan sagt: »Willst du nicht 'mal 'was sagen! Du sitzt da nur 'rum! Du schweigst wieder! Wann werden wir uns endlich einmal unterhalten!« Er wird sagen: »Ich kann mich jetzt nicht zwingen. Ich habe nichts zu sagen.« Seine Strategie ist die des Geschehenlassens, die der Spontaneität.

Keine gemeinsame Methode, um etwas zu ändern

Dies sind vier Gründe, warum normale Eheprobleme – die jeder hat – drohen, schlimmer zu werden, wenn die Partner darauf eingehen. Allgemein heißt das dann eine Problemsituation. Das bedeutet, das Problem dauert an, und es wird schlimmer. Es wird schlimmer, weil die Einsicht in die Sache fehlt, weil keine gemeinsame Einsicht vorhanden ist, weil einer der beiden das Problem zuerst signalisiert und weil niemand eine Methode hat, um etwas daran zu ändern.

Nun gibt es aber noch einen weiteren Grund, warum Konflikte untrennbar mit der Ehe verbunden sind und sich zu verschlimmern drohen.

Eine Ehe ist nichts, was ein für allemal fertig ist. Eine Ehe verändert sich ständig. Zwei Menschen, die gerade geheiratet haben, die noch keine Kinder haben, führen eine ganz andere Ehe als Leute, die fast erwachsene Kinder haben, die die Familie zu verlassen beginnen. Eine Ehe mit Kleinkindern ist ganz anders als eine Ehe mit Heranwachsenden oder Pubertierenden. Wenn ich Leute bei ihren Beschäftigungen sehe, habe ich manchmal den Eindruck: Dieses Ehepaar könnte heranwachsende Kinder haben. Oder: Dieses Ehepaar könnte eher Babies haben. Ärgerlicherweise kann man meistens nur dann heranwachsende Kinder haben, wenn man sie vorher als Baby »eingekauft« hat. Dennoch ist sehr deutlich zu erkennen, daß es Menschen gibt, die gut mit Babies umgehen können, und andere, die dafür überhaupt keine Begabung haben. Die nicht wissen, wie so ein Baby anzufassen ist, aber die auf der anderen Seite gut mit

Eine Ehe verändert sich ständig

19

Heranwachsenden über Lebens- und Beziehungsprobleme sprechen können.

Jede Ehe hat Phasen. Wir zählen sie kurz auf: die Phase
ohne Kinder; die Phase mit dem Baby im Haus; die Phase mit dem ersten Kind im Kindergarten (oft ein Drama
für sich) oder in der Grundschule; die Phase, in der die
Kinder die weiterführende Schule besuchen; die Phase,
in der sie die Familie verlassen; die Phase des leeren Nestes, wenn die Kinder aus der Familie verschwunden
sind. Diese letzte Phase zum Beispiel ist manchmal für
beide Partner sehr schwierig, weil jeder dann erneut mit
dem anderen konfrontiert wird. Wenn zwischen den
beiden nichts anderes war als die Kinder, dann bleibt
nun nichts mehr übrig. Es gibt keine Ehe mehr. Kinder
können ein Puffer zwischen den Eltern sein, ein Keil
oder etwas, das sie zusammenhält.

Zwischen jeder Phase liegt ein Übergang. Jede dieser
Phasen bedeutet eine Krise. Schwierigkeiten in einer Ehe
sind also auch deshalb normal, weil jede Ehe durch diese
verschiedenen Phasen hindurch muß. Es ist nicht so, daß
jeder automatisch, auch wenn es ihm gelungen ist, mit
kleinen Kindern ein gutes Familienleben zu führen, auch
ein gutes Familienleben mit großen Kindern haben muß.
Es geht um eine ganz andere Art zu leben. Auch die
verschiedenen Phasen in einer Beziehung, die immer
wieder einen Übergang erfordern und immer wieder
auch eine Krise mit sich bringen, machen eine Ehe kon-
fliktbeladen und verbinden die Probleme daher un-
lösbar mit der Ehe. Es ist nicht evident. Es läuft nicht alles von selbst.

Hundertprozentiges
Eheglück

Wenn man das alles zusammennimmt, könnte man sagen: Es ist wichtig, in einer Ehe nicht per se das hundert-
prozentige Eheglück zu erstreben. Wer das versucht, er-
strebt nach allem, was hier gesagt wurde, etwas
Unmögliches. Das geht einfach nicht. Man muß es an-
dersherum betrachten. Wenn zwei Menschen verheiratet
sind, müssen sie sich von unten nach oben arbeiten. Jeder
muß abwägen, was er oder sie in diese Beziehung steckt
und was er an Gewinn herausholen will. Nun ist eine Ehe
etwas, in das man sehr viel hineinsteckt. Eine Ehe erfordert viel von einem. Eine Ehe kostet eine Menge; nicht

20

finanziell, sondern an Gefühl, als Person. Oft ist es sehr schmerzhaft und sehr schwierig. Jeder Partner wird gezeichnet durch eine Ehe. Aber er oder sie kann auch sehr viel herausholen. Eine Ehe kann einem guttun und Spaß machen. Die Ehepartner können viel in ihr finden: Unterstützung, Gemütlichkeit, Verständnis, Intimität usw. ... Eine Anzahl von Dingen, die sie nirgends anders finden können. Also nehmen sie die Waagschale und legen auf die eine Schale alles, was sie selbst in die Partnerschaft hineinstecken: viel Geduld, das Ertragen von vielen Dingen, viel Energie, viel Zeit, viel Mühe usw. Auf die andere Schale legen sie, was es ihnen einbringt: Spaß, Wohlbehagen, Gemütlichkeit, Zufriedenheit und Selbstverwirklichung; Dinge, die manchmal sehr bereichernd sein können und Dinge, die einem innerlich angenehm sind. Nun werden die beiden Schalen miteinander verglichen. In dem Augenblick, in dem die Schale sich auf die positive Seite neigt, kann man sagen, daß die Ehe gut ist. Was ist eine gute Ehe? Eine gute Ehe ist eine Ehe, in der schließlich dasjenige, das herausgeholt wird, der Gewinn, der darin enthalten ist, schwerer wiegt als die Anstrengungen, der Schmerz usw. Eine Ehe wird also von dem Moment an gut, in dem die Balance in die richtige Richtung abweicht. Danach kann jeder der Partner versuchen, noch ein paar Prozent hinzuzufügen. Vielleicht sagt einer von ihnen: »Ich will noch mehr davon haben.« Aber man beginnt unten. Eine Ehe ist beinahe eine unmögliche Sache. Man darf schon sehr zufrieden sein, wenn, alles in allem gesehen, ein Gewinn dabei herausspringt. Dann kann man danach streben, den Gewinn zu vergrößern. Keiner sollte nach dem hundertprozentigen Glück in der Ehe streben, nach der vollkommenen Ehe, nach dem Eheglück. Es geht vielmehr um eine Art der reifen Zufriedenheit. Das bedeutet immer eine eingeschränkte Zufriedenheit. »Wenn ich alles abwäge, bin ich froh, daß ich diese Ehe habe. Manchmal bedeutet es Verzicht. Ab und zu ärgere ich mich riesig. Manchmal bin ich ganz allein, manchmal fühle ich mich total schlecht, manchmal bin ich gehässig. Aber alles in allem finde ich es gut. Letztendlich lohnt es die Mühe. Es ist der Mühe wert.« Bis hierhin unser erster Abschnitt.

Es ist der Mühe wert

In diesem ersten Abschnitt wurde gesagt: Vorsicht, eine Ehe ist gar nicht so einfach! Genau betrachtet, ist sie in dieser Zeit fast unmöglich. Warum? Weil viele mit sehr hohen Erwartungen in sie hineingehen. Romantische Erwartungen von Einheit, Zusammengehörigkeitsgefühlen, Harmonie. Anschließend werden sie konfrontiert mit einer Anzahl von radikalen und scharfen Unterschieden. Unterschiede, die auf zwei Ebenen liegen: die kleinen Unterschiede, von denen gezeigt wurde, daß sie nicht unwichtig sind, und die großen, bei denen sich zeigt, was es für jemanden bedeutet, verheiratet zu sein. Jeder der beiden Partner wird sehr stark konfrontiert mit diesen Unterschieden, weil sie eng und für lange Zeit zusammenleben. Das bedeutet also, daß eine Anzahl von Problemen auftreten muß. Das kann gar nicht anders sein. Es gehört dazu. Diese Probleme werden zunächst nur dann schlimmer, wenn man darauf eingeht. Weil einer von den beiden sie zuerst sieht. Weil oft die Einsicht in die Gründe fehlt. Weil keine gemeinsame Einsicht vorliegt und keine Methode, um etwas daran zu ändern. Eine Ehe ist außerdem auch schwierig, weil sie etwas ist, das sich ständig verändert, in dem Übergänge bewältigt werden müssen und wobei ab und zu Krisen auftreten.

Im folgenden werden bestimmte Erkenntnisse über die Ehe angeboten sowie Methoden aufgezeigt, um einige dieser Eheprobleme in den Griff zu bekommen.

Dieses Buch enthält also Modelle, Betrachtungsweisen, eine Anzahl von Rastern, durch die man besser sieht, worum es geht; durch die leichter Lösungen gefunden werden können. Auf der anderen Seite werden auch bestimmte Handlungsweisen vorgeschlagen. Es geht um Denkmodelle und Methoden, die von vielen Menschen als nützlich erfahren und die viele Jahre hindurch aus dem herausgefiltert wurden, was für Eheleute wichtig zu sein scheint. Was nach dieser Auswahl übrigblieb, ist dasjenige, von dem die Leute meinten, es gebrauchen zu können.

2. Zwei Arten von Beziehungen

In diesem zweiten Abschnitt wird unterschieden zwischen zwei Arten von Beziehungen: sachlichen Beziehungen und intimen Beziehungen.

Zunächst werde ich auf die sachliche Beziehung eingehen. Eine sachliche Beziehung ist eine Beziehung, eine Verbindung zwischen Menschen, in der Menschen für ein Ziel zusammenarbeiten, das außerhalb der Beziehung selbst liegt. Was hat das mit der Ehe zu tun? Es gibt in der Tat Menschen, die eine rein sachliche Ehebeziehung haben.

Die sachliche Beziehung

Peter und Margot: die sachliche Beziehung. Sie sind fünfzehn Jahre verheiratet und haben drei Kinder zwischen zehn und dreizehn Jahren. Peter hat eine Ganztagsstelle, Margot einen Halbtagsjob. Sie haben ihr Leben vorausschauend eingerichtet, ein geräumiges Haus, zwei Autos. Die Organisation in der Familie ist sehr gut. Die Kinder werden nicht ihrem Schicksal überlassen. Zwar ist es schon so, daß, wenn einer von den Eltern nach Hause kommt, der andere weggeht. Aber alles ist gut organisiert. Die Familie verfügt über ein geregeltes Einkommen, das Essen steht auf dem Tisch, für Kleidung ist gesorgt. Die Hausaufgaben der Kinder werden nachgesehen. Sie werden zum Zahnarzt, zur Musikschule, zum Turnverein und anderem gebracht. Das ist alles sehr gut abgesprochen und geregelt. Nur schlafen Peter und Margot getrennt. Margot hat eine intime Beziehung mit einem anderen. Untereinander haben sie eigentlich kein Gefühlsband mehr. Alles in allem finden sie es am besten, wenn sie unter demselben Dach wohnen bleiben, wegen der materiellen Vorteile. Es ist schließlich vorteilhafter, in *einem* Haus zu wohnen: Sie benutzen eine Anzahl von Einrichtungen gemeinsam, und die Kinder haben ein Zuhause. Das Ziel des Zusammenseins ist nicht die Beziehung, die Peter und Margot miteinander haben, sondern bestimmte andere Dinge, die außerhalb davon liegen. »Wir haben das Haus nun einmal, warum sollten wir auseinandergehen? Dann müßten wir es verkaufen!« Eine sachliche Beziehung ist eine Beziehung, in der Menschen mit dem Ziel zusammen sind, das außerhalb der Beziehung liegt. In der Ehe bedeutet dies zum Beispiel, daß man wegen einer Anzahl materieller Vorteile zusammenbleibt. Es ist immer billiger, zu zweit in einem Haus zu leben als getrennt. Es ist einfacher, zu zweit einen Kühlschrank zu benutzen, eine Waschmaschine usw.

Die intime Beziehung

Wir wollen nun zur intimen Beziehung übergehen. Was ist darunter zu verstehen? Eine intime Beziehung wird durch die Tatsache gekennzeichnet, daß das Ziel der Beziehung in der Beziehung selbst liegt. Menschen leben zusammen, um zusammen zu sein. Das Zusammensein selbst ist der Zweck. »Weil ich bei dir bin, weil ich es schön finde, mit dir zu leben. Weil es interessant ist, mit dir zu leben. Weil ich etwas davon habe, bei dir zu sein.« Eine intime Beziehung ist eine Beziehung, in der das Zusammensein selbst der Zweck ist. Diese Menschen leben zu keinem anderen Zweck zusammen. Sie leben zusammen, weil das Zusammensein selbst guttut. Nehmen wir als Beispiel zwei junge Leute, die tanzen gehen. Sie wollen tanzen. Und sie benötigen dazu jeder einen Partner. Sie suchen daher jemanden, der auch tanzen kann. Die meisten Pärchen gehen aber nicht aus diesem Grund tanzen. Sie gehen tanzen, um beieinander zu sein. Und dann wird das Tanzen ein Vorwand, um zusammen zu sein. Das Zusammensein steht an erster Stelle, und das Tanzen ist eine der Möglichkeiten, außer Haus und zusammen zu sein. Im ersten Fall suche ich einen Partner zum Tanzen (sachliche Beziehung), im zweiten Fall tanze ich, um bei jemandem zu sein (intime Beziehung). Das ist der Unterschied. Ein anderes Beispiel dafür sind Kartenspieler. Es gibt Kartenspieler, die nur wegen des Spiels spielen. Aber es gibt auch Kartenspieler, die spielen, um einander gelegentlich zu sehen, um zusammen zu sein. Manchmal hat man zwei Arten von Kartenspielern in einer Runde. Es gibt dann zum Beispiel zwei Spieler, die per se Karten spielen wollen, und es gibt zwei, die etwas erzählen wollen über ihren Tag, wie es zu Hause steht usw. Dann bekommt man Streit während des Spielens. Die beiden ersteren sagen: »Sei still und spiel' weiter.« Die anderen entgegnen: »Nun sitzen wir

24

hier gemütlich zusammen, jetzt haben wir doch die Möglichkeit, miteinander zu reden.« Man könnte dies sachliche bzw. intime Kartenspieler nennen.

Auf die intime Beziehung müssen wir etwas tiefer eingehen, denn das ist ein wichtiger Punkt. Die moderne Ehe, die Freundschaftsehe, ist eigentlich eine Ehe, in der die Intimität viel wichtiger geworden ist, als es früher der Fall war. Für viele junge Menschen ist das unvorstellbar, aber früher war die Ehe in den meisten Fällen eine eher sachliche Angelegenheit, weniger eine intime. Ich will zuerst die Intimität noch etwas ausführen. Was ist Intimität? Was ist eine intime Beziehung? Zunächst ist es eine Beziehung, in der sich jemand erlauben kann, er selbst zu sein. Vielleicht denkt man: »Was für ein Unsinn, ich bin ich selbst, oder ich bin es nicht.« Das ist nicht wahr. Die meisten von uns sind in eine Menge Lebensumstände eingebunden, in denen wir eine bestimmte Rolle spielen müssen. In denen wir nicht wirklich sein können, wer wir wirklich sind. Das berichten die Leute immer wieder. Zum Beispiel bei der Arbeit oder im Verkauf oder gegenüber den Kunden muß man immer gute Laune haben; immer freundlich sein. In einer intimen Beziehung nicht. In einer intimen Beziehung darf ich sein, wer ich bin. Ich darf entmutigt sein, ich darf Mängel haben. Ich darf unglücklich sein, ich darf unzufrieden sein. Ich darf traurig sein, ich darf mich verrückt benehmen usw. In diesem Sinn ist eine intime Beziehung eine Beziehung, in der ich ich selbst sein darf. Das ist ein Luxus. Ich brauche mich nicht besser darzustellen, als ich in Wirklichkeit bin. Es ist eine Beziehung, in der ich keine Maske zu tragen brauche. Es ist eine Beziehung, in der ich mich nicht größer machen muß als ich bin, um die Erwartungen der anderen zu erfüllen. In einer intimen Beziehung brauche ich mich nicht immer zu zwingen, besser oder anders zu sein, als ich eigentlich bin. Ich darf sein, wie ich bin. Unter Einschluß der eigenen Begrenztheiten, und das ist sehr wichtig. »Ich darf mich ab und zu verrückt verhalten, ich darf ab und zu albern sein, ich darf mich ab und zu dumm stellen. Ich darf mich irren. Ich darf manchmal etwas vergessen. Ich darf sein, wer ich bin.«

Ich darf sein, wer ich bin

25

Zweiter Punkt: Eine intime Beziehung ist auch eine Beziehung, in der die Partner die eigenen Gefühle äußern *Gefühle zeigen* dürfen. Es ist eine Beziehung, in der sie eigene Gefühle zeigen können. Wenn ich traurig bin, dann darf ich so sein. Der Akzent liegt nun auf den Gefühlen. Es gibt keine intime Beziehung ohne den Austausch von Gefühlen. »Ich bin unglücklich, und ich darf unglücklich sein. Ich darf ab und zu traurig sein. Ich darf dann und wann überschwenglich sein. Ich darf mich verrückt verhalten, wenn ich mich so fühle.« Es ist also eine Beziehung, in der Gefühle gezeigt werden dürfen.

Drittens: Es ist eine Beziehung, in der sich Menschen ineinander einfühlen, miteinander mitfühlen und mitempfinden. Es ist eine Beziehung, in der der eine, wenn der andere traurig ist, dies mitempfinden kann. Wenn der eine heiterer Stimmung ist, der andere dies auch mitempfinden kann. Mitempfinden bedeutet nicht: »Ich habe dasselbe Gefühl wie du.« Mitempfinden will sagen: »Ich kann das verstehen. Ich sehe ein, daß du dich so fühlst. Ich kann verstehen, daß du traurig bist. Ich kann verstehen, daß du dich allein fühlst. Ich fühle mich deswegen zwar nicht allein, aber ich begreife, daß du dich so fühlst.« Es geht also um echtes Begreifen. Nicht so sehr das Begreifen mit dem Verstand, sondern das Begreifen des Herzens: »Ich empfinde mit dir mit.« *Sich einfühlen* Dafür gibt es allerlei Worte: sich einfühlen, Empathie, mitempfinden, mit jemandem Freud' und Leid teilen können.

Viertens: Intimität bedeutet auch einen guten körperlichen Umgang miteinander. Körperlich bedeutet er nah beieinander sein, Sexualität in einem sehr weiten Sinne. Sexuell im Sinne von Berührung, beieinander sitzen, die Hand des anderen festhalten, den Arm reichen, Arm in Arm irgendwo spazierengehen, einander gegenübersitzen, auf dem Schoß des jeweils anderen sitzen, einmal angelehnt aneinander in Schlaf fallen, sexueller Umgang, streicheln usw. Körperlich nah beieinander sein, ist das vierte Element der Intimität. Eine wirklich intime Beziehung bedeutet, einander küssen, den Arm reichen, plötzlich den anderen festhalten, liebkosen, einen zärtlichen Stoß geben, den anderen über den Arm streichen oder über die Haare usw. Alle diese Formen von körperlichem Kontakt, die körperliche Nähe, dieses nah Beieinandersein, gehören zu einer intimen Beziehung. Das Sexuelle ist auch ein Teil davon. Es geht um angenehmen körperlichen Umgang. Es geht nicht um körperlichen Kontakt, bei dem Unwille oder Irritation entstehen; bei dem der eine den anderen nicht mehr ertragen kann. Diese vier Aspekte zusammengenommen, liefern die Umschreibung einer intimen Beziehung.

In der modernen Ehe, der Freundschaftsehe, liegt der größere Akzent auf der Intimität. Jede Ehe hat sachliche und intime Seiten. Die sachlichen Seiten beinhalten: gemeinsamer Erwerb des Einkommens, eines Hauses, der Kleidung oder was auch immer. Das ist alles wichtig. Das ist äußerst notwendig. Manchmal gibt es jüngere Leute, die von sanfter Intimität träumen, die sich aber nicht vorstellen können, was es bedeutet, für alle diese materiellen Dinge zu sorgen, die sich bald einstellen: Arbeit finden, ein Einkommen erwerben, Vorkehrungen treffen usw.

Dennoch ist in der modernen Ehe die intime Seite wichtiger geworden, die sachliche Seite ist demgegenüber etwas zurückgetreten. Weil die Gesellschaft als ganze sich mehr um die sachliche Seite kümmert als früher. In der Zeit beispielsweise, als es noch keine Rente gab, war es für jeden lebenswichtig, Teil einer großen Familie zu sein, in der die jüngeren für die älteren arbeiteten, um diesen im Alter Nahrung und Unterkunft zu bieten. War man kein Teil einer solchen Großfamilie, dann war man ausgestoßen, verfügte über kein Einkommen, war ohne Nahrung, ohne Kleidung usw. Die sachliche Seite war damals eng verbunden mit der Großfamilie, der Verwandtschaft, mit der Ehe, mit dem Clan. In einigen Kulturen ist das noch immer so. Zum Beispiel wird die Erziehung der Kinder in unserer Kultur zum Teil von der Schule übernommen; der Erwerb eines Einkommens wird geregelt; es gibt Tariflöhne; im Alter erhält jeder Rente. Es gibt eine Krankenversicherung usw. Es ist eine Anzahl von Vorkehrungen getroffen worden, durch die ein Teil der sachlichen Seite, die früher mit der Ehe verbunden war, überflüssig geworden ist.

Auf der anderen Seite ist in unserer Gesellschaft eine Art
Anonymität entstanden, eine Namenlosigkeit, die ziemlich viele Beziehungen trocken und sachlich macht. Beim
Einkaufen in der Großstadt zieht man an einer langen
Reihe unbekannter und anonymer Schicksalsgenossen
vorbei. Dadurch ist ein gewaltiger Druck auf die Ehe
und das gemeinsame Wohnen als intimer Beziehung
entstanden. Dies ist wichtiger geworden. Untersuchungen zeigen, daß Menschen, die eine Ehe schließen, dies
nicht aus sachlichen Erwägungen tun. Der Grund ist die
Intimität, die Geborgenheit, die Gemütlichkeit, der Ver-
laß auf den anderen. Das alles wird hier zusammengefaßt unter dem Nenner »intim«. In der modernen
Ehe ist das Intime sehr wichtig geworden. Wenn dieses
Intime nicht mehr da ist, wollen die Menschen keine Ehe
mehr. Ehescheidungen heutzutage rühren daher, daß
Menschen von der Ehe etwas anderes erwarten. Früher
war es einfach. »Er trinkt nicht. Er gibt sein Geld ab, und
er schlägt seine Frau nicht. Warum ist sie dann nicht
glücklich?« Aber nun ist »sie« nicht ohne weiteres glücklich, wenn er nicht trinkt und sie nicht schlägt und sein
Geld abgibt. Nur deswegen ist sie nicht mit ihm verheiratet. Im übrigen hat sie vielleicht selbst ein Einkommen!
Sie verlangt nach Aufmerksamkeit, dem Austausch von
Gefühlen, nach Mitempfinden und angenehmer Sexualität. Wenn es das nicht gibt, findet sie nicht, was sie erwartet hat. Oder er findet nicht, was er erwartet hat. In
diesem Augenblick wird die Ehe zur Diskussion gestellt.
Die Elemente der Intimität sind jedoch nicht so einfach
festzustellen und aufzuzählen. Wann gibt es *genügend*
Intimität? Wie kann so etwas gemessen werden? Auf der
sachlichen Ebene kann man die Dinge manchmal schon
messen. Haben die Kinder heute gegessen? Oder haben
sie nicht gegessen? Gibt es ein ausreichendes Einkommen? Oder gibt es kein ausreichendes Einkommen? Das
kann man feststellen, kann man messen, kann man zählen. Aber wie soll man Intimität messen? Im übrigen ist
das davon abhängig, welches Verlangen danach jemand
hat. Es gibt Menschen, die ein großes Bedürfnis nach Intimität haben. Manche haben vielleicht sogar ein zu
großes Bedürfnis nach Intimität. Es ist also auch eine

subjektive Sache. In der modernen Ehe ist diese Intimität ein sehr wichtiger Wert geworden. Wenn nun Menschen heiraten, dann doch wohl, um auf dieser Ebene etwas aneinander zu haben. Die moderne Ehe wird gekennzeichnet durch die Wichtigkeit der Intimität. Sie ist eine an Personen gebundene Sache geworden.

In diesem zweiten Abschnitt wurde also gesagt, daß es einen Unterschied zwischen funktionalen oder sachlichen und intimen Beziehungen gibt. Und aufgepaßt, beide Aspekte sind in jeder Ehe vorhanden. Eine Ehe ist in besonderer Weise eine Beziehung, in der diese zwei Aspekte ständig miteinander verwoben sind. Mit derselben Frau, die Karotten mit Kartoffeln gekocht hat, schläft man am Abend im Bett. »Wie kann sie nur Karotten kochen? Ich hasse warme Karotten!« Mit demselben Mann, der den ganzen Tag vor dem Fernseher sitzt, soll man am Abend schlafen müssen. Mit demselben Mann, der die kleinen Hausarbeiten nicht erledigt, soll man gemütlich zusammensitzen und reden usw.

Eine Ehe ist gekennzeichnet durch die Tatsache, daß diese beiden Aspekte immer miteinander verbunden sind: der intime und der sachliche. Deshalb streiten die Leute zum Beispiel über kleine materielle, sachliche Dinge. Weil die großen Gefühle auch damit zusammenhängen. Wenn er seine Schuhe nicht in den Schrank stellt, explodiert sie. Warum ärgert sie sich nun über Schuhe? Wie kann sie sich nur das Leben wegen einem Paar Schuhe schwermachen? Aber es ist ja nun gerade dieser Mann mit dieser Schlampigkeit, mit dem sie nachher gemütlich zusammensitzen will. Diese Gefühle sind auch mit den Schuhen verbunden, und auch mit dieser Jacke und dieser Art des Kochens und der Weise der Freizeitgestaltung. Eine Ehe ist typischerweise etwas, das sowohl sachliche als auch intime Aspekte in sich vereinigt.

Manche Ehen haben vor allem Probleme auf sachlicher Ebene. Es handelt sich dann um Partner, die Dinge innerhalb der Ehe nicht bewältigen können. Improvisateure, die mit viel Liebe zusammenwohnen, aber vergessen, daß sie, um zusammenzuwohnen, auch einen Gasherd brauchen oder einen Kühlschrank oder was auch immer.

Sie denken, daß die Liebe alles lösen wird. Das ist *ein* Extrem. Diesen Leuten mangelt es an Sachlichkeit, an Regelungen und Absprachen. Es muß immer alles von selbst gehen. Es muß spontan passieren. Nichts wird geregelt, nichts wird abgesprochen. Normalerweise haben sie dann auch nichts zusammen, wenn sie nichts absprechen. Das ist *ein* Pol: viel Intimität, aber wenig Organisation.

Auf der anderen Seite gibt es auch viele Ehen, in denen die Organisation im allgemeinen zwar klappt, aber in denen die Aufmerksamkeit füreinander vernachlässigt wird, die Zeit füreinander, das Zusammensein. Viel Organisation, aber keine Intimität.

3. Sich ändern?

Das dritte Thema heißt: sich ändern. Wer dieses Buch liest, tut dies doch mit dem Ziel, eine Anzahl von Dingen innerhalb der Beziehung zu verbessern und eventuell zu ändern.

Können sich Menschen ändern? Geben wir erst die Antwort des Mannes auf der Straße. Dessen Antwort ist sehr pessimistisch, denn der sagt: »Menschen und Beziehungen können sich nicht ändern. Sie können sich nicht ändern, weil ihre Eigenschaften angeboren sind. Wenn jemand ein schweigsamer Mensch ist, dann ist er ein schweigsamer Mensch von der Geburt bis zum Tod. Das Sprichwort sagt: Einmal ein Dieb, immer ein Dieb. Jemandem, dem man einmal nicht vertrauen kann, dem wird man nie mehr vertrauen können. Man wird niemals wissen, was man an so jemanden hat« usw. Der Volksmund sagt also, daß sich niemand als Person ändern kann. Das sagt man auch von Beziehungen. Wenn diese beiden Leute sich schon zehn Jahre streiten, dann werden sie sich in den folgenden vierzig Jahren ihrer Ehe sicher auch noch streiten. Warum sollte sich das ändern? Man denkt dann über einen Menschen wie über eine Sache. Es wird in Charakterbegriffen gesprochen: »Es ist sein Charakter; was soll man machen. Er ist halt schweigsam.«

30

Als Jan heiratete, sagte seine Mutter zu Andrea: »Ja, du wirst dich ein bißchen anpassen müssen. Er ist immer still gewesen, er geht nicht aus sich heraus. Er ist niemals viel aus sich herausgegangen, und er wird nie viel aus sich herausgehen.« Man geht davon aus, daß es sich um eine Charakterfrage handelt. Er ist vom Charakter her so still. So schweigsam.

Wir wollen zunächst versuchen, herauszufinden, was genau mit *Charakter* gemeint ist. Mit dem Wort Charakter sind allgemein die Seiten einer Person gemeint, die sich nicht ändern, also dasjenige einer Person, das sie von der Geburt bis zum Tod hat. Wird dies jedoch auf die ganze Person angewendet, ist das verkehrt. Es ist eine übertriebene Vorstellung. Ich möchte das anhand einer Sache verdeutlichen, die mit der Ehe nicht viel zu tun hat. Aber es ist ein schönes Beispiel. Das Beispiel der Mathematikbegabung. Was ist eine Mathematikbegabung? Die muß man sich wohl wie eine kleine Kugel vorstellen von ungefähr einem Kubikzentimeter Größe (etwa wie eine Haselnuß), und wenn jemand die in seinem Hinterkopf hat, dann ist der Erfolg in Mathematik garantiert. Dann ist lernen nicht mehr notwendig. Es geht alles von selbst. Aber ..., wenn du dieses Kügelchen nicht hast, gib dir keine Mühe, versuch's gar nicht erst, es wird nicht klappen! Und wenn du dich auf den Kopf stellst, Mathematik wirst du niemals beherrschen! Die Mathematikbegabung, eine kleine Kugel in deinem Hinterkopf. Dieses Beispiel zeigt gut, daß eine bestimmte menschliche Eigenschaft, nämlich die Begabung für Mathematik, als eine Sache aufgefaßt wird, die in den Köpfen mancher Menschen vorhanden ist. Sie wird gleichsam ein Körperteil, ein Arm oder Bein. »Wenn du es hast, hast du Glück. Wenn du es nicht hast, versuch gar nicht erst zu rechnen, denn es klappt nicht. Du wirst dich nur überanstrengen.« Diese Auffassung ist in dem Sinne übertrieben, als eine Eigenschaft wie eine Sache gesehen wird. Nun wissen wir alle, daß es sich so nicht verhält. Aber dieses Beispiel verdeutlicht, wie über diese Dinge gedacht wird. Wenn jemand schweigsam ist, wenn jemand Schwierigkeiten hat, seine Gefühle mitzuteilen, oder wenn jemand keinen Spaß am Sex hat oder was immer, dann stellen sich die meisten das wie eine Sache in dieser Person vor. Du bist nun einmal so!

Ich meinerseits möchte dem etwas gegenüberstellen. Ich stimme nicht überein mit der Auffassung, daß Menschen und Beziehungen fest und unveränderlich sind. Ich möchte etwas anderes behaupten. Menschliche Eigenschaften sind *mehr erlernt als man denkt*. Die Vererbungslehre sagt, daß Eigenschaften als solche nicht vererbt werden. Was vererbt wird, ist die Anlage zu einer Eigenschaft. Das Milieu ist immer nötig, um eine Eigenschaft zu entwickeln. Wenn in diesem Augenblick in den Slums von Rio de Janeiro ein Kind geboren wird, das die Begabung eines Mozart hat, dann ist die Wahrscheinlichkeit hoch, daß das Kind den Rest seines kurzen Lebens mit der Suche nach Nahrung verbringen wird. Die Wahrscheinlichkeit ist hoch, daß das Kind niemals die Chance erhalten wird, seine Musikalität auszuüben. Ein großer Unterschied zu Mozart, der in einem musikalischen Milieu aufwuchs. Also bleibt festzuhalten, daß die Begabung eines Kindes vollständig verlorengeht, wenn das Milieu nicht die Chance bietet, die entsprechende Begabung zu entwickeln. Es kann natürlich auch anders sein. Es kann passieren, daß jemand auch aus solch einem Elendsviertel ausbricht. Aber das Gegenteil ist nur allzuoft der Fall. Das Kind hat die Anlage eines Mozart, aber es wird Hunger leiden. Es wird vielleicht schon mit fünfzehn Jahren sterben. Menschliche Eigenschaften werden als solche nicht vererbt, aber die Anlage dazu schon. In Wirklichkeit geht es um Verhalten, um Eigenschaften, die mehr erlernt sind, als man denkt. Menschen lernen zu schweigen. Menschen lernen zu sprechen. Menschen lernen, ihre Gefühle mitzuteilen. Menschen lernen, ihre Gefühle zu verschweigen usw. In dieser Hinsicht sind viele Verhaltensweisen erlernt – nicht alle, aber viele; erlerntes Verhalten in der Kindheit, sehr früh, und erlerntes Verhalten im Laufe der Ehe selbst.

Es gibt Eigenschaften, die sehr früh erlernt, aber es gibt auch eine Anzahl von Dingen, die erst in der Ehe erlernt werden. Das ist sehr merkwürdig. Die Leute lehren einander manchmal Dinge im Laufe einer Ehe, obwohl sie

Mehr erlernt als man denkt

das nicht wollen. Ich werde ein Beispiel dafür geben, das man nicht so leicht vergißt.

Peter, der Annemarie nörgeln lehrte. Er hatte aus ihr eine Nörglerin gemacht, aber er wußte selbst auch nicht mehr, wie es dazu gekommen war. Er konnte selber so darüber klagen, daß seine Frau so nörgelte. Wie war es so weit gekommen? Es ist eine Geschichte, die wirklich passiert ist. Sie wurde hinterher systematisch rekonstruiert. Peter war sich dessen selbst auch nicht bewußt. Es machte ihn immer so unglücklich, daß seine Frau so eine schreckliche Nörglerin war. Wenn er fertig mit der Arbeit war und er nach Hause mußte, dachte er: »Verdammt, nun muß ich wieder nach Hause, zu der Nörgeltante. Das wird wieder ein Genörgel geben!« Dann untersuchten wir, wie es dazu gekommen war, und was wurde deutlich? In der letzten Zeit nörgelte Annemarie tatsächlich, wenn ihr Mann nach Hause kam. Er fand sogar, daß sie einen nörglerischen Charakter hatte. »Sie ist nun einmal eine Nörglerin. Sie kann nur nörgeln.« Aber als wir uns näher damit befaßten, wurde deutlich, daß Annemarie vor ihrer Ehe in jedem Fall nicht nörgelte. In den ersten fünf Jahren der Ehe auch nicht. Dann wurde es interessant. Wie kann jemand nun nörgeln lernen? Wir wollten herausfinden, was passiert war. Die ersten Jahre waren gut verlaufen. Es war eine Ehe mit einer klassischen Rollenverteilung. Peter ging zur Arbeit, Annemarie war mit den Kindern zu Hause. In den ersten Jahren erzählte Annemarie, wenn Peter nach Hause kam – sie hatte ihn den ganzen Tag nicht gesehen –, ihm ein bißchen über ihren Tag. Dies und das über die Kinder, und ich hab' jenes gemacht … Er sagte, was er getan hatte, und er hörte ihr zu. Sehr wichtig: Er hörte ihr zu! Aber allmählich, nach ungefähr fünf Jahren Ehe, war es für ihn immer wieder dasselbe, wenn er nach Hause kam. Er begann, weniger und weniger zuzuhören. Er setzte sich hin und griff nach seiner Zeitung. Seine Frau begann zu erzählen. Er sagte: »Hm, fang nur an zu erzählen, ich lese inzwischen schon 'mal den Sportteil.« Sie erzählte. Er hörte nicht zu. Für sie war das sehr ärgerlich. Es gab aber bestimmte Momente, in denen er zuhörte. Das waren die Tage, an denen ein Drama passiert war. Die ganze Woche über hörte er nicht zu, aber wenn ein kleines Drama passiert war, dann hörte er durchaus zu. Annemarie sagte: »Der Kleine ist von der Treppe gefallen und hat sich eine Beule geholt. Ich dachte zuerst, er sei bewußtlos.« Peter reagierte sofort: »Ist das so? Und was hast du da gemacht? War der Doktor da? Du hast doch sicher einen Waschlappen draufgelegt?« Er war interessiert! Wenn sich ein Drama abgespielt hatte, hörte er durchaus zu. Wenn sie ganz normal erzählte, hörte er nicht zu. Dieses Muster wiederholte sich immer wieder. Darüber vergingen einige Jahre. Und was passierte? Annemarie lernte allmählich, alles, was den Tag über passiert war, so zu erzählen, als ob es ein großes Drama gewesen wäre, weil sie auf diese Weise seine Aufmerksamkeit weckte. Peter hatte recht: sie nörgelte. Die normalsten, alltäglichen Dinge über das Mittagessen und das Dessert und das Erzählen über die Kinder wurden wie ein großes Drama aufgeführt. Es war, als wäre das Ende der Welt angebrochen. Mit der Folge, daß Peter wieder allmählich lernte, nicht darauf zu hören. Wodurch sie noch heftiger nörgelte. Es entstand eine sehr merkwürdige Wechselwirkung: Indem sie immer lauter wurde, begann er, mehr und mehr seine Ohren zu verschließen. Er wurde mehr und mehr taub. Das war genau ihre Klage. Seine Klage bestand darin, daß sie immer nörgelte. Aber sie sagte dann: »Wenn ich es nicht dramatisiere, dann hört er nicht auf mich. Er ist wie taub.« Je mehr Genörgel, desto tauber. Je tauber, desto mehr Genörgel. Sie wurde immer lauter, und er lernte, seine Ohren zu verschließen. Sie landeten in einem Teufelskreis. Peter war fest davon überzeugt, daß seine Frau eine Nörgeltante war, daß sie einen nörglerischen Charakter hatte.

Wenn wir die Sache bei Licht betrachten, sehen wir, daß er sie darin trainiert hatte. Wie hat er das gemacht? Indem er nur dann zuhörte, wenn Dramen passierten. Das ist eine Form der Belohnung. Ein Verhalten, das belohnt wird, wird verstärkt. Mehr und mehr begann sie zu nörgeln. Aber dadurch entstand auch der Effekt, daß er lernte, seine Ohren mehr und mehr zu verschließen. Die Geschichte von der »Nörglerin und dem Tauben« zeigt, daß eine Menge Eigenschaften angelernt sein können. Es ist mehr Verhalten angelernt, als man denkt. Man könnte denken: Diese Frau, die ist doch eine Nörgeltante. Das ist nicht so, denn merkwürdigerweise war sie bei ihren Freundinnen nicht nörglerisch. Bei ihrer Familie war sie nicht nörglerisch. Aber ihrem Mann gegenüber schon! Das deutet darauf hin, daß sie es einander gelehrt haben. Bei der Arbeit konnte er gut zuhören, aber seine Frau konnte er nicht mehr hören. Denn dafür war er taub geworden. Sie hatte ihn darin trainiert. Sie hatte ihn gelehrt, nicht mehr zuzuhören, indem sie immer schrie und polterte. In Wirklichkeit geht es also um angelerntes Verhalten.

Was ist die Folge? Die Folge ist für die Auffassungen über die Ehe sehr wichtig. Es gibt nämlich zwei Arten von Auffassungen über die Ehe, zwei Philosophien.

Die erste ist die der Anpassung oder Veränderung. In einer guten Ehe müssen die Partner sich einander anpassen. Es ist die Wasser-in-den-Wein-Philosophie. Wenn einem die Ehe glücken soll, muß man schweigen und dulden und Wasser in den Wein gießen. Das ist eine Auffassung. Das ist eine Auffassung, die viele teilen, die es gehört haben von Eltern und Großeltern. »Ja, du mußt dich ein bißchen anpassen …«

Anpassung oder Veränderung?

Die zweite Auffassung ist: Es ist möglich, in einer Ehe den Partner darum zu bitten, sich zu ändern. Das scheint mir sehr wichtig. Denn, tatsächlich, man kann in einer Ehe darum bitten, sich zu ändern. Wenn es um angelerntes Verhalten geht, dann ist es möglich, sich zu ändern. Wenn es um angeborenes Verhalten ginge, dann könnte jeder sich nur anpassen. In einer guten Ehe müssen Menschen den Mittelweg finden zwischen Anpassung und Bitten um Veränderung. Sie müssen nicht alles dulden. Sie müssen auch nicht alles ändern wollen. Die Lösung liegt irgendwo dazwischen. Es ist also nicht so, daß in einer Ehe nur Anpassung glücklich macht. Manchmal ist es besser, den Partner um eine Änderung zu bitten. Zu sagen: »Ich habe das nicht gern. Ich möchte das anders.« Im Beispiel von Peter und Annemarie bedeutet das, daß Annemarie lernt, zu Peter zu sagen: »Schau 'mal, ich möchte gern, daß du 'mal die Zeitung weglegst, mir fünf

Minuten zuhörst und danach weiterliest.« Das ist auch eine Art, um Aufmerksamkeit zu bitten. Aber es ist etwas ganz anderes, als um Aufmerksamkeit zu bitten, indem sie beginnt, lauter zu sprechen. Sie kann um eine Änderung bitten. Sie muß sich nicht nur anpassen. Es muß ein gesundes Gleichgewicht bestehen zwischen Anpassung und der Bitte um Änderung. Das ist in jeder Ehe so.

Nun fragen sich manche: Wenn ich mich ändern soll, was soll ich dann ändern und wieviel soll ich ändern? Das hängt wiederum von jedem Partner ab. Richtig ist allerdings, daß in einer Ehe ohne Opfer nichts verändert werden kann. Jede Änderung kostet Mühe, kostet Anstrengung, kostet Zeit. Veränderung fordert Opfer. Es ist nicht so, daß Menschen, die in einer modernen Ehe zusammenleben, alles, koste es, was es wolle, ändern wollen. Nicht um jeden Preis, aber doch in gewissem Maß. Das ist sehr wichtig. Aber nun kann es passieren, daß der eine Partner den anderen bittet, sich zu ändern, und daß der andere darauf sagt: »Ich kann dir das nicht geben, das kostet mich zuviel. Wenn ich das auch noch ändern soll, dann bin ich nicht mehr ich selbst.« Damit meint er: Die Kosten für die Änderung sind zu groß. Man selbst sein ist ja auch eines der Dinge, die man in einer Ehe will.

Das ist einer der Gründe, warum sich Menschen scheiden lassen. Menschen lassen sich scheiden, weil das, was der eine unbedingt fordert, von dem anderen nicht gegeben werden kann, ohne daß dieser sich selbst aufgibt.

Keine Veränderung um jeden Preis

Weil die Kosten der Änderung also für einen von den beiden zu groß sind. Wann sind diese Kosten zu hoch? Was will ich noch ändern, weil du mich darum bittest, und wo sage ich: Hier mußt du mich nehmen, wie ich bin, also hier mußt du dich anpassen? Das ist von Ehe zu Ehe unterschiedlich. Es gibt Menschen, die bereit sind, in einer Ehe große Opfer zu bringen. Es gibt auch Menschen, die dafür nichts übrighaben. Die Regel heißt: Wenn die Kosten zu hoch werden, dann bedeutet das das Ende der Ehe. Die Ehe droht in dem Augenblick zu zerreißen, wenn Menschen voneinander Dinge verlangen, die sie nicht oder nur mit sehr großer Anstrengung geben können. »Ich muß mich jetzt jeden Tag drehen und wenden, um deinen Wünschen entgegenzukommen. Das mache ich nicht. Das kostet mich zuviel. Dann müssen wir anfangen, getrennt zu leben.«

Es gibt zwei wichtige Aspekte. Auf der einen Seite kostet eine Veränderung Anstrengung. Eine Veränderung in einer Ehe ist genau wie jede Veränderung im menschlichen Leben immer ein mühsamer Prozeß. Man ändert sich nicht von selbst. Zweitens: Menschen brauchen sich nicht um jeden Preis zu ändern. Das muß jeder mit sich selbst ausmachen. Wenn der eine will, daß der andere per se so und so wird, dann muß der andere darüber nachdenken, und kommt er zu dem Schluß, daß er einen Teil dieser Dinge doch niemals können wird oder daß er sich sonst so zwingen muß, daß er unglücklich sein wird, dann sollte er besser sofort sagen: »Es geht nicht mehr. Ich kann nicht mit dir leben. Es tut mir leid.«

Das dritte Thema, das wir hier besprochen haben, handelt also von Veränderungen. Dabei kam zur Sprache: Erstens, daß der Volksmund davon ausgeht, daß Menschen sich nicht ändern können, daß Beziehungen sich nicht ändern können. Hier wird behauptet, daß menschliche Verhältnisse, menschliche Eigenschaften, menschliches Verhalten stärker angelernt sind, als man auf den ersten Blick denken könnte. Daß man also auch in einer Ehe um eine Änderung bitten kann. Daß in einer guten Ehe eine Balance herrschen muß zwischen der Bitte um Änderung auf der einen Seite und der nach Anpassung auf der anderen Seite. Wenn dieses Gleichgewicht nicht mehr durchgehalten werden kann, dann ist der Moment gekommen, in dem Menschen beginnen, an Scheidung zu denken, weil sie das, was von ihnen innerhalb der Ehe gefordert wird, zuviel kostet.

4. Relationelles Denken

Als viertes Thema wird hier das relationelle Denken besprochen. Es geht eigentlich um eine bestimmte Art des Denkens, nämlich denken in Begriffen von »Beziehung«. Um dies zu verdeutlichen, vergleichen wir das

relationelle Denken mit anderen Denkmodellen. Die meisten von uns sind aufgewachsen mit einer Art des Denkens, die man »individuelles Denken« nennen könnte, d. h. wir haben gelernt, in ich oder du oder er usw. zu denken. Wie ist nun jemand, der individuell denkt, in einer Ehe wiederzuerkennen? Dieser kann an der Frage, die er stellt, wenn etwas schiefgeht, erkannt werden. Wenn etwas schiefgeht, dann wird jemand, der individuell denkt, die Frage stellen: »Wer? Wer hat schuld? Wer hat angefangen? Wer war der erste? Wer hat das getan? Wer ist hier anormal? Wer ist hier krank? Wer ist hier gesund? Wer ist hier verrückt? Wer ist hier närrisch? Wer ist hier vernünftig?« Die Frage: »Wer?« bei Eheproblemen zeigt also, daß angenommen wird, der Fehler liege beim jeweils anderen. Das nennen wir individuelles Denken. Entweder bin ich es oder du. In jedem Fall ist es einer von uns beiden. Individuelles Denken bedeutet also zu sagen: bei wem liegt der Fehler? Übrigens lautet die Antwort meistens: bei dir. Dann folgen die Urteile: »Du bist verrückt. Du bist dumm. Du bist schlecht. Du bist schuldig. Du hast angefangen …«
Es besteht die Neigung, die Ursache am Partner festzumachen. »Wer? Du!« Es gibt auch Menschen, die die umgekehrte Neigung haben und alles sich selbst vorwerfen: »Ich bin schlecht, ich liege falsch, ich bin schuldig, ich tue nicht mein bestes usw.« Aber in beiden Fällen geht es immer um die Frage: »Wer?«

» Wer? Du!«

Wir denken über Beziehungen nicht so. Unsere Art des Denkens ist ganz anders. Die Frage, die wir stellen, wenn wir über die Ehe relationell denken, ist die Frage: »Wie?« *Wie gehen Menschen miteinander um?* Das ist ein großer Unterschied. Wie ist der Umgang zwischen Menschen? Es ist eine ganz andere Art der Fragestellung, die Frage nach dem *Umgang.* Das ist relationelles Denken. Es bedeutet, auf die Beziehung achten zu lernen, auf den Umgang, auf die Wechselwirkung, auf die Interaktion, auf die Kommunikation. Das sind alles Synonyme. Es geht immer um dasselbe. Es heißt achten auf die Beziehung, und deshalb nennen wir es »relationelles Denken«. Also bedeuten die Worte Umgang, Interaktion, Kommunikation, Wechselwirkung oder Verhaltensänderung alle dasselbe. Die Begriffe, in denen wir bei Problemen denken, sind also relationelle Begriffe. Wir schauen auf den Umgang. Was beinhaltet dies? Wir wollen auf das Beispiel von Peter und Annemarie verweisen, die Nörgeltante und den Tauben. Individuelles Denken würde in diesem Fall bedeuten: Wie kommt es, daß Annemarie nörgelt? Liegt es in ihrem Charakter? Es liegt nicht daran, denn bei ihren Freundinnen tut sie es nicht. Individuelles Denken würde bedeuten, daß man sagt, daß Peter taub ist. Aber er ist nicht taub, denn bei der Arbeit hört er sehr gut. Was ist es dann? Das Problem liegt in der *Kombination* einer Nörglerin und eines Tauben. Also in ihrer Art des Umgangs miteinander. Er hat es sie gelehrt. Man könnte auch sagen: Sie hat es ihn gelehrt. Was uns interessiert ist, wie Menschen miteinander *umgehen*. Wenn man individuell denkt, dann würde man sagen, diese Menschen gehen so miteinander um, weil sie so sind. Ihr Charakter ist zuerst da, und daraus folgt ihr Umgang. Nun, wir drehen dies um. Wir sagen: Diese Menschen sind so geworden, weil sie so miteinander umgegangen sind. Also das Nörgeln, die Taubheit sind Resultate, es sind Durchschnittsresultate einer Interaktion, einer Art des Miteinanderumgehens. Diese Art der Betrachtung ist ziemlich ungebräuchlich. Aber sie ist in der Ehe sehr wichtig. Es geht darum, darauf achten zu lernen, wie Partner miteinander umgehen. Das eben behandelte Problem handelte von zwei Menschen, die andauernd streiten. Beide finden, daß sie das eigentlich nicht wollen. Und doch tun sie es immer wieder aufs neue. Die große Frage hieße also: Wie gehen sie miteinander um, daß sie andauernd streiten müssen? Das ist besser als zu behaupten: »Es geht hier um einen sehr aggressiven Mann und eine sehr aggressive Frau (jeder mit einem sehr aggressiven Charakter), und die streiten natürlich.« Streit ist ein relationelles Phänomen. Es gehören stets zwei dazu. Um dieses Spiel zu spielen, muß jemand gefunden werden, der mitspielen will. Alleine kann man nicht streiten. Ein Teil des Streits besteht manchmal darin, den anderen dazu zu bekommen, daß er mitmacht, denn allein ist es nicht spannend. Es ist jemand nötig, der reagiert.

Wie gehen wir miteinander um?

Der Umgang ist also wichtig, nicht die Person, nicht der Charakter, nicht was *in* einer Person angelegt ist, sondern was *zwischen* zwei Personen passiert. Dort spielt sich eine Beziehung ab. Im Umgang zwischen beiden. Das Miteinandersprechen ist davon ein Teil. Aber es ist noch viel mehr als das.

Relationelles Denken ist Denken in Beziehungsbegriffen und Verbindungen zwischen Menschen, vor allem in Interaktionen. Man denkt nicht, diese Person ist so, und deshalb geht er auch so mit seinem Partner um. Dies muß vorab gesagt werden, weil viele Menschen die falsche Gewohnheit haben, bei Schwierigkeiten einen Schuldigen zu bestimmen. »Entweder bist du der Schuldige oder ich.« Die Frage ist nicht, wer schlecht und wer gut ist. Die Frage ist: »*Wie* gehen die beiden Menschen miteinander um?« Die individuelle Schuldfrage wird also in gewissem Maße hinfällig. Trotz Lektüre eines Buches über Eheprobleme oder Teilnahme an einer Therapie, kann ein Mensch die Neigung haben, dies zu tun, mit dem Ziel zu beweisen, daß er selbst recht hat und der Partner unrecht. »Während des dreiwöchigen Kurses werden sie dir schon sagen, daß du schlecht bist und du dich ändern mußt! Da werden sie dir schon die Leviten lesen.«

Relationelles Denken teilt die Partner nicht in einen guten und einen schlechten ein. Es geht darum, in Begriffen denken zu lernen, die ausdrücken, wie Partner miteinander umgehen. Es läuft also darauf hinaus, eine neue Art des Umgangs zu suchen. Miteinander reden lernen, lernen, auf eine andere Weise miteinander umzugehen. Daß dies möglich ist, wird in der Beziehungstherapie immer wieder bewiesen. Das ist aber etwas ganz anderes, als einen Schuldigen zu suchen. Es ist nicht das Ziel dieses Buches, die Beziehung in einen guten und einen schlechten Partner aufzuteilen. Menschen übertreiben in zwei Richtungen: Manche übertreiben in dem Sinn, daß sie alle Schuld dem anderen zuschieben, aber es gibt auch solche, die alle Schuld bei sich selbst suchen. Das ist verkehrt, denn es liegt nicht ausschließlich an dem einen oder dem anderen Partner, sondern es liegt an der Beziehung.

Es liegt an der Beziehung

Verändert man die Art und Weise, in der miteinander umgegangen wird, dann ändern sich beide Partner, und dann ändert sich auch die Ehe. Erwarten Sie nicht, daß wir uns hier aufhalten mit der Schuldfrage, das ist nicht das Ziel. Wie ist es nun möglich, daß es zwischen zwei Menschen verkehrt läuft und daß es doch nicht der Fehler oder die Schuld von einem der beiden ist? Hier folgt ein Beispiel.

Hermann und Sabine auf der Fulda. Hermann und Sabine mieteten zusammen ein kleines Kajak für zwei Personen, um auf der Fulda zu fahren. Das Bootfahren selbst ist gar nicht so schwierig, denn das Wasser fließt stromabwärts. Nur ist es so, daß an manchen Tagen viel Betrieb herrscht. Es sind sehr viele Boote gleichzeitig im Wasser. Dann passiert es regelmäßig, daß zwei Boote miteinander in Berührung kommen oder sie drohen, am Ufer oder auf Felsen und Steinen, die aus dem Wasser ragen, aufzufahren. Die Fahrer müssen von links nach rechts lavieren, hin- und herkurven und ausweichen. Trotz der Tatsache, daß Hermann und Sabine ein normales Paar sind, gelingt es ihnen doch, recht kräftig in diesem Kajak zu streiten. Wie kommt das? Nun, Sabine will nach links, Hermann nach rechts ausweichen und sticht deshalb sein Ruder an dieser Seite ins Wasser. Das kleine Boot dreht sich in die verkehrte Seite, und sie fahren auf. Sie landen auf einer Steinplatte, sie steigen aus, es kommt Wasser ins Boot, das ins Schwanken gerät, und nun stehen sie da bis zu den Knien im Wasser und beginnen, aufeinander zu schimpfen.»Wieso fährst du nach links, du hättest doch ebensogut nach rechts fahren können?« Wichtig ist hier, daß es nicht darum geht, daß diese beiden Menschen nicht rudern können. Das Problem wird nicht dadurch verursacht, daß Sabine oder Hermann schlechte Ruderer sind, denn rudern geht von selbst. Das Problem entsteht, wenn Hermann nach links will und Sabine nach rechts und das im selben Augenblick. Das Boot steht dann quer zum Wasser und gerät ins Schwanken. Der Fehler liegt also nicht *bei* einem der Ruderer. Der Fehler liegt in dem Zusammenspiel, in der Kombination der Ruderer. Nun sind viele Kombinationen möglich. Es gibt Menschen, bei denen der vordere einfach weiterfährt und der hintere sich anpaßt. In diesem Fall gibt es keine Schwierigkeiten. Der vordere fährt nach links, der hintere fährt mit nach links. Es gibt kein Problem, weil jeder sich auf den Rhythmus abstimmt, der von dem anderen vorgegeben wird. In einem »Eheboot« sind es nicht die Ruderer, die schlecht sind, sondern es ist die Kombination, nämlich die Art und Weise, in der die beiden aufeinander abgestimmt sind. Hermann kann rudern, und Sabine kann auch rudern. Und doch geraten sie in die Klemme, weil ihr Rudern nicht aufeinander abgestimmt ist. Wenn der eine viel schneller fahren und der andere bremsen will, dann beginnt das Boot sich zu drehen, und es entstehen wieder Schwierigkeiten. Also geht es um Übereinstimmung zwischen beiden. Es geht nicht um etwas, das am ersten oder zweiten Ruderer liegt.

Nicht die Ruderer sind schlecht, sondern es ist die Kombination

Dieses Beispiel hat viel mit dem »Eheboot« zu tun. Auch da lautet die Frage: Wie reagiert der eine auf den anderen und umgekehrt? Das ist die Frage nach der Interaktion. Wenn der eine, um anzuhalten, das Ruder richtig in das Wasser hält, und der andere rudert weiter, dann dreht sich das Boot im Kreis. Es geht also um die Kombination der beiden Ruderer. Dies kann auch an einem anderen Beispiel illustriert werden. Es geht wieder um ein Boot.

Paul, Anne und das Segelboot. Paul und Anne besitzen ein kleines Segelboot. Nun ist es beim Segeln üblich, über Bord zu hängen, um so ein Gegengewicht zu bilden. Aber was sehen wir bei Paul und Anne? Wir sehen an der einen Seite Paul völlig über Bord hängen, und an der anderen Seite hängt Anne auch über Bord. Sie halten beide ein Tau fest, und sie hängen beide weit über Bord, jeder an der anderen Seite, völlig nach hintenüber gelehnt. Beinahe mit dem Kopf im Wasser. Wenn man Paul fragen würde: »Was machst du hier eigentlich?«, dann würde er sagen: »Hast du Anne schon hängen sehen? Ein Glück, daß ich an dieser Seite hänge, denn sonst wäre unser Boot schon längst gekentert.« Paul hat recht. Danach wenden wir uns Anne zu. Sie sagt: »Hast du meinen Mann schon gesehen? Er hängt völlig über Bord! Ein Glück, daß ich hier etwas Gegengewicht bilde, sonst wäre unser Boot schon längst gekentert!« Anne hat auch recht. In gewisser Hinsicht geht es hier um ein Eheboot. Die Tatsache, daß beide wie auch immer in diese extreme Position geraten sind, sorgt dafür, daß sie alle beide über den anderen reden. Wenn der andere nicht so weit über Bord hängen würde, dann könnte man etwas daran ändern. Es ist unmittelbar deutlich. Es hilft nichts, wenn einer der beiden sich aufrichtet. In unserer Hypothese ist es so, daß sich, wenn einer der beiden sich aufrecht hinstellt, das Boot sofort neigt und kentert. Ein Eheboot in Fahrt zu halten, ist nicht so leicht. Beide Partner müssen zugleich etwas tun. Sie könnten zum Beispiel gleichzeitig sagen: »Laß uns das Tau Stückchen für Stückchen verkürzen und so allmählich die Probleme lösen. Aber dafür sind zwei Dinge nötig, die in einer Ehe sehr wichtig sind. Das erste ist: Vertrauen. Wenn ich es tue, dann muß ich wissen, daß er es auch tun wird, denn wenn er weiter über Bord hängt, kentern wir. Also nehme ich an, daß, wenn ich aufstehen will, du das auch willst. Zweitens ist dafür nötig: Kommunikation. Wir müssen ein Zeichen geben, wir müssen Absprachen treffen. Wenn ich das Boot auf einmal zwei Meter in die Aufrechte bringe und du nur ein paar Zentimeter, dann werden wir auch kentern. Das heißt Vertrauen und Kommunikation sind sehr wichtig, um aus der Sackgasse zu geraten, wenn wir Eheprobleme haben. Es geht also gleichsam um ein kleines Boot, aus dem zwei Partner völlig über Bord hängen, aber jeder merkt, daß es nicht hilft, dies auf eigene Faust zu ändern, daß es nicht nur von einer Seite ausgehen darf oder kann. Es wäre sogar schlecht, wenn nur eine Seite sich ändern würde, denn dann lägen beide im Wasser. Das Verhältnis zwischen beiden spielt hier die zentrale Rolle. Es liegt nicht an Paul. Es liegt nicht an Anne. Es liegt am Verhältnis zwischen Paul und Anne. Wenn Paul das Boot 30 Zentimeter aufrichtet, dann muß auch Anne dies tun. Es ist eine Frage des Verhältnisses. Das Problem bei Ehen liegt im Verhältnis zwischen zwei Menschen, und dabei hilft es nicht, wenn einer von den beiden sich aufrichtet. Es hilft auch nicht zu sagen: »Was bist du dumm, daß du so über Bord hängst, wie kannst du das nur tun!« Selbst hängt man nämlich auch über Bord. Die Tatsache, daß der andere sich aufrichtet, könnte dann sogar das Gleichgewicht des kleinen Bootes stören. Wir kommen später noch darauf zurück, denn dies ist ein wichtiges Thema.

Das Beispiel der Nörgeltante und des Tauben und das Beispiel der Boote wurden angeführt, um zu illustrieren, was es bedeutet, »relationell« zu denken. Es bedeutet, in Begriffen von Beziehungen zu denken, auf die Verhältnisse zu achten und nicht auf die Individuen zu sehen. Wenn es in einer Ehe schwierig zugeht, such dann nicht nach dem Schuldigen, sondern erforsche, wie Ihr miteinander umgeht.

5. Die gleichberechtigte Beziehung

Nun sind wir bei unserem fünften Thema angelangt: der gleichberechtigten Beziehung. Das Ehemodell, das wir hier behandeln, ist nicht nur das einer intimen, sondern auch einer gleichberechtigten Beziehung. Was soll das heißen? Das Ehemodell der Gleichberechtigung ist neu. Bis vor gar nicht langer Zeit hatte der Mann zum Beispiel bei gesetzlichen Entscheidungen in der Ehe mehr zu sagen als die Frau. Es gab keine gleichberechtigte Beziehung. Zur Zeit wünschen die meisten Menschen eine gleichberechtigte Beziehung innerhalb der Ehe. Vielleicht ist die Ehe sogar der einzige Platz der Welt, auf dem wirklich eine gleichberechtigte Beziehung möglich ist. Die Gleichberechtigung umfaßt zwei Aspekte.

Erstens kann man die Gleichberechtigung in der Ehe vor dem Hintergrund all der anderen Systeme betrachten, die in einer Gesellschaft existieren. Es hat sich etwas geändert. Die Hierarchien, die es früher gab, wurden teilweise durch demokratischere Modelle ersetzt. Früher war die Gesellschaft stark hierarchisch gegliedert. Man holte sich Rat bei einer höheren Instanz; vielleicht bei den Eltern, beim Gesetzgeber oder bei einem Geistlichen. Es gab Hierarchien. In der modernen Ehe ist etwas sehr Merkwürdiges passiert. Die moderne Ehe ist eine Ehe, in der die Regeln des Spiels, die Regeln der Ehe, durch die Teilnehmer selbst bestimmt werden. Es sind die Partner selbst, die miteinander bestimmen, was es bedeutet, verheiratet zu sein. Sie müssen zu zweit die Regeln der Ehe bestimmen. Dabei ist der eine genausoviel wert wie der andere. Die Partner sind sehr stark und mächtig geworden. Beide stehen allein vor diesem Problem. Im Gegensatz zu einer hierarchischen Gesellschaft, in der die Macht entsprechend verteilt wurde, ist es nun so, daß beide Teilnehmer miteinander bestimmen, wie die Regeln ihrer Ehe lauten. Früher wurden die Regeln von oben erlassen: Sind zwei Menschen miteinander verheiratet, müssen sie immer freundlich zueinander sein. Sie müssen einander immer lieben, müssen eins werden. Oft waren es romantische Ideale, die von oben herab aufgezwungen wurden. Nun bestimmen die Betroffenen es selbst. Das ist ein Punkt der Gleichberechtigung. Und zwar der Gleichberechtigung gegenüber der Umgebung.

Zu zweit die Regeln der Ehe bestimmen

Ein zweiter Aspekt der Gleichberechtigung ist die Gleichberechtigung innerhalb der Beziehung selbst. Das bedeutet, daß die beiden Partner gleichviel wert sind. Hierüber gibt es ein Mißverständnis, das erst aus der Welt geschafft werden muß. Sehr oft faßt man Gleichberechtigung auf als »gleichsein«. Aber mit gleichsein hat es nichts zu tun. Es hat durchaus etwas zu tun mit *verschieden sein und gleichviel wert*. Die Emanzipationsbewegungen sind nicht darauf gerichtet, Weiße und Schwarze, Männer und Frauen gleichzumachen. Es geht vielmehr darum, daß Männer und Frauen verschieden sind und zugleich gleichviel wert. Das ist sehr wichtig. Gleichberechtigung in der Ehe bedeutet zum Beispiel nicht, daß, wenn der eine Lust auf Sahneeis hat, der andere auch Lust auf Sahneeis hat. Gleichberechtigung heißt, daß jeder zu gleichen Teilen die Beziehung bestimmt. Daß beide gleichviel wert sind. Daß mein Leben genausoviel wert ist wie dein Leben. Daß meine Zeit genausoviel wert ist wie deine Zeit. Daß das, was ich denke, genausoviel wert ist wie das, was du denkst. Daß das, was ich will, genausoviel wert ist wie das, was du

Verschieden sein und gleichviel wert

45

willst. Daß das, was ich fühle, genausoviel wert ist wie das, was du fühlst. Nicht mehr und nicht weniger. Genausoviel wert. Nun gibt es Ehen, in denen der eine denkt, daß er oder sie bessere Ideen hat als der andere. Daß er bessere Gefühle hat als der andere. Aber was die Ehe selbst angeht, ist das fast niemals wahr. Wir gehen davon aus, daß jeder eine Dosis gesunden Menschenverstandes hat und daß beide, wenn es um die Dinge rund um die Ehe geht, gleichviel wert sind. Daß meine Ideen auf diesem Gebiet gleichviel wert sind wie deine. Daß meine Interessen gleichviel wert sind wie deine. Eigentlich geht es um ein striktes Durchdenken des *Gleichviel-wert-Seins*. Verschieden und gleichviel wert. Das hat nichts zu tun mit einer dummen 50:50-Verteilung. Eine 50:50-Verteilung bedeutet, daß man alles strikt durch zwei teilt. Ich schäle eine Kartoffel, du schälst eine Kartoffel. Du schälst noch eine, ich auch eine. An Stelle von: Du schälst Kartoffeln, während ich zum Beispiel das Fleisch zubereite. Du kochst das Essen, und ich wasche ab. Eine gleichberechtigte Verteilung ist eine Verteilung, mit der beide zufrieden sind, von der beide finden, daß sie gut ist. Das soll nicht heißen, daß bei jeder Gebärde, die der eine macht, der andere genau dieselbe Gebärde macht. Es kann gut sein, daß beide verschiedene Dinge tun, aber das setzt voraus, daß beide damit zufrieden sind. Eine gute Verteilung ist also eine Verteilung, die beide Partner gut finden. Es kann gut sein, daß der eine die Kinder ins Bett bringt, während der andere sie am nächsten Morgen aufweckt, und daß es eine gute Verteilung ist, weil beide Partner das gut finden.

Nun gibt es eine Anzahl Bedingungen für eine gleichberechtigte Beziehung. Wir wollen diese einmal aufzählen. Die Partnerehe oder die Freundschaftsehe stellt neue Anforderungen an die Partner. Und es läuft oft schief, weil wir andere Dinge in der Ehe wichtiger finden als früher, aber nicht dazu erzogen worden sind. Was wird so alles gefordert?

Selbständigkeit Erstens: *Selbständigkeit*. In einer guten modernen Ehe sind beide Partner selbständig. Sie können eintreten für das, was ihnen wichtig erscheint. Sie können für ihren eigenen Anteil innerhalb der Ehe kämpfen. Sie können

46

ihren Bereich innerhalb der Ehe verteidigen. In einer guten Ehe gibt es zwei Partner, die selbständig funktionieren können. Die Verantwortung auf sich nehmen können. Die auf eigenen Beinen stehen können. Der eine ist also nicht die Verlängerung des anderen oder der Schlußstein des anderen. Es ist nicht wie im Schlager: »Mein Atem ist dein Atem«. Das ist romantisch. Die beiden Partner sind getrennte Personen, sie sind Individuen. Sie sind nicht deckungsgleich, sondern verschieden, und sie sind beide, jeder für sich, für die Beziehung verantwortlich.

Zweitens: *Kommunikation.* In einer modernen Ehe muß gesprochen werden. Früher war das oft nicht so. Als das Rollenmuster schon jahrhundertelang festlag. Als das, was ein Mann war oder eine Frau, eine Mutter oder ein Vater sein mußten, schon jahrhundertelang bestimmt war, war Sprechen sehr viel weniger notwendig. Daher vielleicht die Schweigsamkeit älterer Menschen. Als die Beziehung vor allem eine sachliche Beziehung war, war Sprechen viel weniger nötig als heute. In einer modernen Ehe liegt nichts vorher fest. Beide Partner müssen selbst die Regeln bestimmen. Also müssen sie miteinander sprechen. Kommunikation ist daher wichtig. Kommunikation, Offenheit und Sprechen sind grundlegend. Sprechen ist eine Bedingung für die Demokratie in der Ehe. Wenn ich nicht sage, was ich will, dann wird das, was ich will, in einer modernen Ehe nicht realisiert werden. Früher vielleicht schon. Früher gab es Regeln. Nun muß jeder sagen, was er oder sie will. Wir sind dabei, eine neue Art Ehe zu schaffen. Wir müssen reden. Kommunikation ist sehr wichtig.

Drittens: *Konfliktlösung.* Konfliktlösung ist wichtig geworden. Wenn wir zu zweit sind und wir beide sind gleichviel wert, was müssen wir dann tun, wenn wir beide etwas anderes wollen? Früher waren viele Lösungen in Regeln und Gewohnheiten festgelegt. Aber was müssen wir jetzt tun? Konfliktlösung ist eine Fertigkeit, die viele von uns während ihrer Erziehung nicht gelernt haben. Was machen wir, wenn ich »weiß« will und du willst »schwarz« und wir beide sind gleichviel wert? In einer modernen Ehe sorgt dies oft für Probleme. Viele Menschen weichen dem aus.

Kommunikation

Konfliktlösung

Robert und Diana gehen essen. Sie haben sich noch nicht entschieden, wohin sie gehen. Sie gehen zur Tür hinaus, und Robert sagt: »Wo gehen wir hin?« Er denkt: »Ich würde gern 'mal Chinesisch essen.« Aber er sagt das nicht, denn er ist ein netter Kerl, und er fragt sie also, wo sie gerne essen möchte. Und sie denkt: »Ich würde gern 'mal zu einem Italiener gehen.« Sie wagt das auch nicht so recht zu sagen, denn sie weiß, daß er gern Chinesisch ißt, und daher sagt Diana: »Vielleicht könnten wir … vielleicht … äh … zum Italiener gehen, oder so? Aber eigentlich ist es mir ziemlich egal.« Er antwortet: »Ja, der Italiener, ja, das geht schon, aber der Chinese ist doch auch nicht schlecht?« »Nein, das ist wahr.« Und es wird noch weiter hin- und hergeredet, und sie kommen zu dem Schluß, daß der Chinese auch ein Ausländer ist. Der Italiener ist ein Ausländer, der Chinese ist ein Ausländer, es sind beide Ausländer. Und es gibt bei beiden Reis. Und wenn sie in dieser Weise noch weiterreden würden, wären sie geneigt zu sagen: »Eigentlich läuft es auf dasselbe hinaus, ob Chinese oder Italiener.« Und die Folgerung wäre dann: Wir gehen zu einem chinesischen Italiener oder zu einem italienischen Chinesen. Sie lassen das Problem also verschwinden, das ist sehr deutlich. Sie haben niemals gelernt, sich den Konflikt scharf vor Augen zu führen, und deshalb können sie ihn auch nicht lösen. Sie sagen, daß es sowohl beim Chinesen als auch beim Italiener Beefsteak mit Pommes frites gibt, und sind dann plötzlich ganz erleichtert. Aber das Problem ist nicht gelöst! Es wird immer nur umschifft. Also werden wir dem Lernen, einen Konflikt zu lösen und scharf vor Augen zu führen, noch viel Aufmerksamkeit widmen müssen. Dies ist in einer modernen Ehe sehr wichtig. Was machen wir beide, wenn wir unterschiedlicher Meinung sind, denn unsere Meinung ist doch gleichviel wert! Wer hat denn dann recht? Natürlich, wenn Robert und Diana sich die Sache deutlicher vor Augen führten, dann könnten sie zum Beispiel einmal zum Chinesen gehen und das nächste Mal zum Italiener. Das ginge gut. Es ginge auch, daß sie etwas anderes wählten, womit beide zufrieden sind. Aber sie können es nicht lösen, wenn sie sich das Problem nicht deutlich klarmachen. Nun haben viele von uns nicht gelernt, Konflikte zu lösen. In der Schule haben wir gelernt zu schweigen. Wir haben gelernt, daß man sogar keine Konflikte haben darf. Wie kann man sie dann lösen lernen? Wenn in dem alten Erziehungssystem zwei Kinder in der Schule einen Konflikt hatten, dann wurden sie dafür beide bestraft. Und der Konflikt blieb ungelöst. Man stelle sich vor, der Lehrer hätte gesagt:»Ihr haut euch beide um den Ball. Hier ist der Ball. Kommt nach zehn Minuten zu mir und erzählt mir, wie ihr das gelöst habt.« In diesem Fall hätten sie das Problem in Angriff nehmen müssen. Sie hätten bestimmen können, abwechselnd mit dem Ball zu spielen, oder sie hätten bestimmen können, zusammen mit dem Ball zu spielen. Aber das ging nicht. Denn sie »durften« keinen Konflikt haben. Wie konnten sie dann lernen, ihn zu lösen? Und so sind viele aufgewachsen in der Überzeugung, daß man keine Konflikte haben darf. Das ist natürlich so in einem hierarchischen Modell. Da sind Konflikte verboten. Wir können das verdeutlichen an einem Beispiel aus dem Militärbereich. Das Militär ist keine Demokratie, es ist ein hierarchisches System. Man stelle sich vor: Ein Unteroffizier geht mit einem Zug los und fragt seine Untergebenen, was sie möchten. Es gibt fünf, die nach links wollen. Sieben wollen nach rechts. Einen gibt es, der noch etwas sitzen bleiben will. Und fünf, die erst noch eine Zigarette rauchen wollen. Dieser Unteroffizier würde an diesem Tag mit seinem Zug nicht sehr weit kommen! In einem hierarchischen System kann man mit Beratung nicht arbeiten. Autorität ist erforderlich. Aber in der Ehe ist es anders. Hier gilt ein Gleichberechtigungsmodell, und daher ist es durchaus notwendig zu lernen, Konflikte zu lösen. Eine gleichberechtigte Ehe fordert Konfliktlösung zwischen Gleichen.

Nun gibt es noch eine vierte und letzte Bedingung. Es ist die Grundvoraussetzung. Sie ist von ganz anderer Art. Die moderne Ehe steht und fällt mit dem *Einsatz* der beiden Partner. Es ist eine Beziehung, die sich um den Einsatz dreht, eine *Einsatzbeziehung*. Gehen zwei Menschen eine Ehe miteinander ein, dann stammen sie nicht aus derselben Familie, sind sie keine Blutsverwandte. Sie

Einsatzbeziehung

49

sind wildfremd füreinander. Die gesamte Beziehung stützt sich auf den Einsatz beider Partner. »Ich will mit dir gehen und am liebsten für sehr lange.« Das ist Einsatz. Es gibt einen Unterschied zwischen Selbstverständlichkeit und Einsatz. Die Selbstverständlichkeit der Verliebtheit ist kein Einsatz. Bei dir fühle ich mich gut, das ist kein Einsatz.

Einsatz beginnt erst, wenn die Selbstverständlichkeit aufhört. Trotz der Tatsache, daß du nicht bist, wie ich dich in meinen Träumen vor mir sah, setze ich mich doch für dich ein. Dieser Einsatz schwebt nicht irgendwo über deiner Ehe. Er ist konkret vorhanden im Tun und Lassen beider Partner. Einsatz in einer Ehe, den kann man sehen. Man muß nicht daran glauben, man muß ihn festhalten können, anfassen, aufzählen, empirisch feststellen. Sie steht auf nach dem Essen, er steht auch auf und räumt den Tisch mit ab. Das ist Einsatz. Sie besucht mit ihm ein Theaterstück, das er gern zusammen mit ihr sehen möchte: das ist Einsatz. Mitten in der Nacht steht jeder abwechselnd wegen des Babys auf. Das ist Einsatz. Er sagt:»Ich hole dich um Viertel nach sechs an der Bushaltestelle ab«, und dann ist er auch da. Das ist Einsatz. Sie beherrscht sich bei einer kleinen Irritation. Das ist Einsatz.

Einsatz in einer Ehe ist also verwoben mit allen Ereignissen dieser Ehe. Der Einsatz, das Engagement oder auch »gebende Liebe« genannt, ist die zentrale Achse und die treibende Kraft einer Ehe. Jede Verbesserung der Ehe hängt damit zusammen. Was habe ich für dich und für unsere Beziehung übrig? Einsatz bedeutet auch: freie Wahl. Man kann sich nur für etwas entscheiden, wenn man es auch ablehnen kann. Man kann in einer Beziehung nur ja sagen, wenn man auch nein sagen kann. Man kann sich nur einsetzen, nachdem man sich vorher dafür entschieden hat. Wer sich also für eine reichere Ehebeziehung einsetzen will, kann der Frage nach der Wahl nicht ausweichen. Will ich weiter mit dir? Alles zusammengenommen, Kosten und Gewinne, entscheide ich mich dafür, mit dir weiterzumachen! Diese Entscheidung ist eine persönliche und individuelle Wahl, die jeder Partner für sich selbst trifft.

Wer auf diese Frage positiv antwortet, findet in den folgenden Kapiteln eine Reihe von Meinungen und Methoden, deren Effektivität durch empirische Forschung erwiesen ist und aus einer mehr als fünfzehn Jahre dauernden Erfahrung mit mehr als tausend Paaren resultiert.

Für sich selbst eintreten in der Beziehung Kapitel 2

Selbständigkeit, Selbstsicherheit und individuelle
Bereiche sind wichtig in Lebensgemeinschaften.
Welche eigenen Bereiche brauchen Partner?
Wie soll man mit Grenzstreitigkeiten umgehen?

Innerhalb einer Ehe brauchen Partner eine Reihe von Dingen, die ihr exklusives Eigentum sind. Gesunde »Eigentümerschaft« ist wichtig in einer Ehe. Dieses Bedürfnis nach dem Besitz von Dingen für sich selbst wird auch territoriales Bedürfnis genannt. Diese Ansichten gehen zurück auf Verhaltensstudien über Mensch und Tier.

Tiere zeigen bestimmte Verhaltensweisen, die darauf abzielen, einen eigenen Lebensbereich (Territorium) abzustecken, einzunehmen, zu verteidigen und zu beherrschen. Dieses Verhalten wird territoriales Verhalten genannt. In dieser Hinsicht haben Tiere eine Art angeborene Umgangsform miteinander. Um ein Terrain einzunehmen und abzustecken, geben sie bestimmte Signale an ihre Artgenossen, mit denen sie deutlich machen, daß dieses Terrain schon besetzt ist. Meistens wird der Artgenosse diese Signale respektieren. Und darum kommt es zwischen Artgenossen nicht zu echten Kämpfen. Es handelt sich um ein eingebautes Verhaltensmuster, das eine bestimmte Tierart aufweist. So ist das Zwitschern der Vögel kein romantischer Herzenserguß, sondern ein Signal, das bedeutet: Dies hier ist mein Lebensbereich, mein Territorium. Und die Artgenossen werden dieses Terrain respektieren.

Auch der Mensch hat ein Bedürfnis nach bestimmten Territorien für seine Selbstverwirklichung

Dieses Verhalten kommt auch bei Menschen vor. Auch der Mensch hat ein Bedürfnis nach bestimmten Territorien für seine Selbstverwirklichung. Innerhalb der Ehe gibt es eine Reihe von wichtigen Terrains, die eine Rolle spielen. Verheiratete Partner haben ein Bedürfnis nach: Aufmerksamkeit, dem Verfügungsrecht über eigene Gedanken und Gefühle, nach einer Fluchtburg, bestimmten Gebrauchsgegenständen, einer Anzahl von Aufgaben, dem eigenen Körper.

Eines der wichtigsten Terrains innerhalb der modernen Ehe ist die *Aufmerksamkeit des Partners.* Jeder Verheiratete will ab und zu an die totale Aufmerksamkeit des Partners appellieren können. Jeder will während einer bestimmten Zeit die Aufmerksamkeit auf sich ziehen und festhalten. Jeder will ab und zu der Wichtigste für den anderen sein; fesselnd und anziehend gefunden werden. Das Beispiel, das hier unerwartet viel verdeutlicht, ist *das Fernsehen in der Familie.* Jahrelange Erfahrungen mit Hunderten von Beziehungen, in denen es Irritationen und Konflikte rund ums Fernsehen gab, machten eines deutlich: Das Problem wurde niemals durch Absprachen gelöst, einfach weniger fernzusehen. Das Problem wurde nur durch Absprachen gelöst, mit denen die Aufmerksamkeit füreinander erhöht werden sollte; wenn man Zeiten verabredete, in denen man zusammensitzt, den Fernseher abschaltet, das Radio abschaltet, die Zeitung weglegt und miteinander über Dinge redet, die für beide wichtig sind. Verabredungen, mit denen nur das Fernsehen geregelt wurde, lösten die Sache nicht. »Er sieht nun weniger fern, aber er liest Zeitung. Was hab ich davon.« Der Fernsehapparat ist der Staubsauger, der die Aufmerksamkeit einer Familie aufsaugt. Wenn eine Frau irritiert ist, weil ihr Mann zuviel fernsieht, dann heißt das immer wieder – bei gründlicher Analyse –, daß diese Frau meint, dieser Mann beachte sie zu wenig.

Aufmerksamkeit des Partners

Der Kampf um die Aufmerksamkeit innerhalb der Familie findet auch statt, wenn Eltern und Kinder nach einem anstrengenden Schultag zusammen essen. Jedes Kind will erzählen, am liebsten wollen sie alle zugleich erzählen, was passiert ist. Sie reden durcheinander und kämpfen um die Aufmerksamkeit. Jeder gebraucht dabei die Mittel, die ihm am besten liegen. Die Stimme zu erheben oder zu dramatisieren kann dabei hilfreich sein. Man denke an das Beispiel des Tauben und der Nörglerin zurück.

In einer Familie mit Heranwachsenden passiert es schon einmal, daß die Mutter zuwenig Aufmerksamkeit erhält. Die Kinder schenken ihrer Mutter keine Beachtung mehr. Sie reden untereinander, als ob es sie nicht gäbe. Bis Mutter plötzlich anfängt, über die eine oder andere körperliche Beschwerde zu klagen, Rückenschmerzen zum Beispiel. Wenn Mutter über ihren Rücken klagt, dann erhält sie plötzlich durchaus Aufmerksamkeit und Mitgefühl. Mutter lernt, über ihren Rücken zu klagen. Mutter lernt (ohne daß sie sich das klarmacht), daß Rückenschmerzen das einzige Mittel sind, um (noch) die Aufmerksamkeit auf sich zu ziehen. Mutter wird ihre Rückenschmerzen behalten, bis sie gelernt hat, auf eine andere Weise die Aufmerksamkeit für sich einzufordern. Familienmitglieder und Ehepartner kultivieren solche kleinen oder großen chronischen Leiden, die geradezu stellvertretend sind für die Aufmerksamkeit des Partners oder der Familienmitglieder. Vater hat es ein *Mutters* wenig am Magen, Mutter hat eher vage Rückenschmerzen, *Rückenschmerzen* die Tochter hat manchmal etwas Hautausschlag, der Sohn hat beim Sport das Knie verrenkt, und der andere Sohn hat eine Frisur, die die Aufmerksamkeit auf sich zieht usw. Es kann also auch die Kleidung, die Haltung, die Sorgfalt für das eigene Zimmer, die Art zu sitzen, zu stehen oder zu liegen sein, durch die man innerhalb einer Familie Aufmerksamkeit erfährt. Wir werden später sehen, daß selbst eine Strafe in einer Familie eine Belohnung sein kann, weil sich darin viel Aufmerksamkeit dokumentiert!

Aufmerksamkeit ist ein zentrales Terrain innerhalb einer Beziehung. Ich erinnere mich an ein Paar, bei dem alle möglichen sexuellen Beziehungen mit Dritten toleriert wurden, wenn sie nur nicht dazu führten, diesen intensive Aufmerksamkeit zu widmen. Sex mit Dritten war möglich, aber wirkliche Aufmerksamkeit für Dritte, das war erst wirklich Untreue! Für viele andere sind Sexualität und der Austausch von Zärtlichkeiten die wichtigste Art der Aufmerksamkeit füreinander.

In manchen Partnerbeziehungen gibt es Schwierigkeiten mit der Tatsache, daß ein Partner sich ab und zu absondert. Bei jungen Paaren bedeutet Verheiratetsein oft Zusammensein. Partner fühlen sich dann schuldig, weil sie sich gut fühlen, wenn sie 'mal allein sind oder sich absondern. Sich zurückzuziehen, wird nicht immer als sozial empfunden. *Was ist eine Fluchtburg?* Eine Fluchtburg ist ein Ort oder eine Situation, an dem bzw. in der man sich mit seinen eigenen Gedanken beschäftigen kann, ungestört vom Partner oder den Familienmitgliedern. Es kann zum Beispiel ein Ort sein: Der Mann, der sich in sein Arbeitszimmer zurückzieht und der Partnerin deutlich macht, daß er in den nächsten Stunden nicht gestört werden möchte, hat eine günstige Fluchtburg. Es kann auch ein Hobbykeller sein. Ein gutes Beispiel war *Frank mit seiner Dunkelkammer.* Frank war Hobbyfotograf. Er besaß eine Dunkelkammer, in der er Fotos entwickelte. Dieses Zimmer war mit einer roten Lampe an der Tür ausgestattet. Solange die rote Lampe brannte, durfte seine Frau ihn nicht stören. Wenn sie dann nämlich hereinplatzen würde, wären die Fotos zerstört. Für manche kann die Fluchtburg die Küche sein, der Hobbyraum. Aber eine Fluchtburg kann auch eine Situation sein, in der man sich ungestört mit seinen eigenen Gedanken beschäftigt. Wenn eine Frau dabei ist, ein Buch zu lesen, wenn ein Mann ungestört fernsieht und es für den Partner deutlich ist, daß man nicht gestört werden will, kann das eine Fluchtburg sein. Wenn eine Frau morgens eine Stunde früher aufsteht, um einmal eine Stunde allein für sich zu sein; wenn ein Mann eine Stunde länger aufbleibt, um einmal das ruhige Haus zu genießen, während Frau und Kinder schlafen, dann sind das Arten, sich Fluchtburgen zu schaffen. Ehepartner brauchen Fluchtburgen. Der eine bleibt länger im Bad, weil er dann in aller Ruhe allein sein kann, der andere bleibt länger auf dem WC, weil er dann ungestört die Zeitung lesen kann. Meistens sind das Notlösungen, weil weder Bad noch WC so ausgestattet sind, daß sie zu einem längeren Aufenthalt einladen.

Eine Fluchtburg

Frauen mit kleinen Kindern sind schon einmal überlastet. Größtenteils kommt dies durch die permanente Aufmerksamkeit, die sehr kleine Kinder erfordern und wobei keine Absonderung möglich ist. Sie folgen der Mutter bis ins Bett, ins Bad und auf die Toilette. Sie kann niemals allein sein. Wenn Linda während der Ferien frühstückt, sitzt Alex auf ihrem Schoß, Anna sieht sie schelmisch an, während Sarah mit ihr redet und ihr über den Kopf streichelt. Bei jungen Paaren wird die Tatsache, daß einer von beiden sich zurückzieht, manchmal vom anderen – zu Unrecht – als ein Zeichen von Ärger oder Abneigung aufgefaßt. Das liefert dann wiederum Anlaß für Konflikte und Streit, die für sich genommen sehr intensive Formen des Austausches von Aufmerksamkeit sind.

Auch in einer Lebensgemeinschaft, in der die Partner juristisch gesehen über alles gemeinsam verfügen, haben sie das Bedürfnis, eine *Anzahl von Dingen für sich* zu besitzen. Es irritiert Jan, wenn Lisa seine Lieblingsplatte unachtsam behandelt. Es irritiert sie, wenn er ihre Schere *Mein und dein* herumliegen läßt. »Du hast wieder meinen Stift benutzt! Wo ist meine Nagelfeile? Meine Tasche? Mein Portemonnaie? Mein Tennisschläger? Mein Auto? Meine Bücher? Meine Stereoanlage?« Auch Ehepartner entwickeln Besitzansprüche für eine Anzahl von Gebrauchsgegenständen. Sie wollen das Gefühl haben, daß diese Dinge zur Verfügung stehen. Daß sie sie benutzen können, wenn sie sie brauchen. Daß der Partner oder die Kinder sie nach Gebrauch zurückstellen oder -legen, so daß sie sie sofort wiederfinden können. Der Partner soll sorgfältig damit umgehen. Dies alles deutet darauf hin, daß man das Gefühl entwickelt, Besitzer dieser Dinge zu sein. Es geht also nicht um das rechtliche Eigentum, sondern um das psychologische Eigentum. In einer Ehe können um diese kleinen Dinge große Konflikte entstehen, die oft sehr gefühls- und bedeutungsbeladen sind. Den Füllfederhalter, den ich von dir bekommen habe, den hast du jetzt verloren! Es ist die gute Gartenschere, die die Kinder im Garten verbummelt haben! Diese Empfindlichkeiten gibt es auch zwischen Eltern und Kindern. Konflikte zwischen Kindern über sogenanntes gemeinsames Spielzeug werden schnell gelöst, indem jedes Kind wirklich etwas eigenes erhält, so daß sie es einander leihen oder tauschen können und danach immer wieder zurückbekommen. Auch hier gilt, daß man nur dann etwas geben kann, wenn man wirklich etwas besitzt.

Gedanken und Innerhalb einer Partnerbeziehung haben die Partner ein *Gefühle* Bedürfnis danach, Eigentümer einer Anzahl von *Gedanken und Gefühlen* zu bleiben. Hinsichtlich der Gedanken geht es manchmal um persönliche Erinnerungen, eigene Phantasien und Tagträume.

Ein Partner ist leicht irritiert, wenn der andere sich ungefragt damit beschäftigt. »Was denkst du? Worüber grübelst du nach?« Er kann diese persönlichen Gedanken durchaus mitteilen, wenn er sich selbst dazu entschließt. Wenn er aber verpflichtet wird, sie zu erzählen, fühlt er sich beraubt. Wenn der Partner das Tagebuch des anderen einsieht, ohne daß dieser das weiß, dann ist er sich darüber im klaren, daß er sich auf fremdem Terrain befindet. Wenn du in meinen alten Fotos oder in meiner Privatschublade neben meinem Bett herumschnüffelst, dann bin ich einigermaßen irritiert. Wenn du den Inhalt meiner Handtasche untersuchst oder wenn ich deine Briefmappe leere, dann ruft das eigenartige Gefühle hervor. Wenn du den Brief von meiner Mutter oder Freundin liest, ohne daß ich ihn dir gegeben habe, erweckt das ein Gefühl des Unbehagens. Wenn du durchaus willst, daß ich meine Meinung über einen bestimmten Gegenstand ändere, erwachsen daraus Irritationen. Jeder Partner hat darüber ganz eigene Vorstellungen.

Was die Gefühle angeht: Wenn der eine etwas schön findet, dann findet er oder sie das schön; selbst wenn der Partner es abscheulich findet. Wenn dieser dann sagen würde: »Bach ist nicht schön« oder »Wir mögen Bach nicht«, entstehen daraus Irritationen. Wenn der andere sagt: »Ich mag Bach nicht«, ist das kein Problem. Ein Gefühl hat man nicht unter Kontrolle; Gefühlen ist man unterworfen. Wenn ich Jan nicht sympathisch finde und mein Partner schon, dann ist das einfach so. Wenn ich gerührt bin durch Providence von Alain Resnais und mein Partner nicht, dann bleibt das meine Gerührtheit. Wenn mir bei einer Kantate von Bach die Tränen in die Augen steigen und mein Partner findet nichts Besonderes daran, dann ist das nun einmal so. Die Rührung überkommt mich. Sie ist nicht gut oder schlecht. Sie ist einfach da. Ich kann sie nur mitteilen. Ich habe überhaupt keinen Grund, dich auszulachen, wenn du mit Tränen in den Augen einen melodramatischen Film ansiehst. Du bist doch gerührt.

Innerhalb einer Ehe spielt auch das Gefühl, *Herr über den eigenen Körper zu sein*, eine große Rolle. Nur wenn jemand das Gefühl hat, Herr über den eigenen Körper zu sein und über die angenehmen Gefühle dieses Körpers, dann kann dieser Körper und dieses körperliche Wohlbehagen mit jemand anderem geteilt werden. Dein Körper, das bist du selbst. Darum legen Menschen Wert auf die eigene Erscheinung und auf die des Partners. Es scheint, als ob es in unserer Kultur wichtiger ist, schön zu sein als gut zu sein. Bemerkungen über die Kleidung

Herr über den eigenen Körper sein

und das Äußere verletzen tief. »Was hast du nur mit deinen Haaren gemacht!« Schwierigkeiten auf sexuellem Gebiet kommen schon einmal vor, wenn ein Partner zu schnell auf das körperliche Terrain des anderen vordringt. Der andere fühlt sich dann überwältigt, und das vermindert das sexuelle Vergnügen oder macht es sogar unmöglich. Wenn man aber aufgefordert wird, das heißt, wenn der andere ja sagt, wenn er die Möglichkeit hatte, ja oder nein zu sagen, dann ist die Vorbedingung für guten Sex erfüllt. Es ist so, als müßte ein Gefühl des Herr-über-sich-selbst-Seins einem Gefühl des Sich-preisgeben-Dürfens vorausgehen.

In manchen Ehen überläßt ein Partner die Sorge für das Äußere dem anderen. Wenn dies für beide klar ist, wird das keine Schwierigkeiten machen. In der klassischen Ehe war das Äußere des Mannes das Terrain seiner Frau. Sie wurde nach seinem Äußeren beurteilt. Sah er ordentlich aus, dann war das eine Leistung seiner Frau. Sie wurde dafür gerühmt. Er widmete seiner Kleidung denn auch wenig Sorgfalt. Wenn er Flecken auf seinen Anzug machte, dann war sie böse. Ihm konnte das egal sein, außer der Tatsache, daß sie böse wurde.

Aufgabenverteilung Die *Aufgabenverteilung* ist innerhalb vieler Ehen ein Problem. In der klassischen Ehe war die Aufteilung klar. Sie war an das Geschlecht gebunden. Ein Mann beschäftigte sich mit dem Garten und den großen Aufgaben oder Reparaturen im Hause. Die Frau war für alles andere zuständig. Machte er etwas in der Küche, dann tat er dies unter ihrer Aufsicht, »um ihr zu helfen«. In der modernen Ehe herrscht mehr Unsicherheit darüber, wer was tut oder wer für was aufkommt. Beide Partner bestimmen ja selbst die Spielregeln. Jeder Partner hat ein Bedürfnis danach, eine Reihe von Terrains für sich selbst abzustecken. Es gibt ein gutes Gefühl, für eine Anzahl von Aufgaben verantwortlich zu sein und darüber die Kontrolle auszuüben. Die Tatsache, daß man verantwortlich ist, kann eine Aufgabe angenehm machen, auch wenn diese Aufgabe für sich genommen unwichtig und eintönig ist. In vielen Beziehungen entstehen Schwierigkeiten, weil der Unterschied zwischen dem »Verantwortlichen« für eine Aufgabe und dem »Ausführenden«

nicht klar ist. Der Verantwortliche ist derjenige, der über die Aufgabe die letzte Kontrolle hat, der eigentliche Chef. Der Ausführende ist derjenige, der die Aufgabe ausführt. Er mäht den Rasen; sie sagt wann, sie sagt wie, und sie sagt wie oft. Sie sagt: »Wenn du schon den Rasen mähst, willst du dann nicht gleich die Rosen verpflanzen?« Er pflanzt die Rosen um. Sie sagt: »Nein, doch nicht, ich finde die Rosen da nicht so gut. Setzt du sie wieder auf ihren ursprünglichen Platz zurück?« Er setzt die Rosen wieder zurück auf ihren Platz. Er ist der Ausführende. Sie ist die Verantwortliche für das Rasenmähen, obwohl sie immer sagt: »Es ist *deine* Aufgabe.«

Die Kontrolle und die Ausführung einer Aufgabe aufzuteilen, führt in den meisten Ehen zu Problemen. Er denkt, daß er der Verantwortliche ist, weil er die Arbeit macht, und ärgert sich dann über ihre Qualitätskontrolle. Im Prinzip gibt es nun drei Lösungen. Sie übergibt ihm auch die Kontrolle über das Rasenmähen und fürchtet das Schlimmste. Er wird sicher seiner Verantwortung nicht nachkommen und den Garten verwildern lassen. Meistens geschieht aber das Gegenteil: Wenn er wirklich die Verantwortung hat, wird er diese Aufgabe sehr gründlich ausführen. Die erste Lösung ist also, daß Kontrolle und Ausführung wieder in einer Person vereinigt werden. Die zweite Lösung besteht darin, daß der Ausführende auf einem anderen Terrain eine Kompensation erhält von demjenigen, der die Verantwortung innehat: »Ich tue es für dich, weil ich auf einem anderen Gebiet von dir soviel erhalte.« Der Ausführende wird gleichsam belohnt für seine Anstrengungen. Die dritte Lösung – die recht selten vorkommt – kann darin bestehen, daß der Ausführende selbst eine Anzahl von Vorteilen aus dem Ausführen der Aufgabe zieht. Er will zum Beispiel im Sommer draußen tätig sein, um seinen Oberkörper in der Sonne bräunen zu können. Was auch immer sie in dieser Zeit verlangt, er tut es mit Vergnügen, wenn es sich nur draußen abspielt. Er wird ja inzwischen doch braun. Wenn dieser Unterschied zwischen Kontrolle und Ausführung einmal entdeckt wurde, können in einer Beziehung ziemlich viele Schwierigkeiten gelöst werden. Auch beim Weitergeben von Aufgaben

Kontrolle und Ausführung

61

spielt dieser Unterschied eine Rolle. Sie läßt ihn zum Beispiel am Dienstag den Abwasch machen, schaut ihm aber die ganze Zeit auf die Finger und gibt Kommentare ab. So wird er niemals abwaschen lernen. Sie gibt schließlich nur die Ausführung ab und behält selbst die Kontrolle. Es ist nicht sein Abwasch, es ist der Abwasch für sie. Er wird daran wenig Freude haben. Wenn er aber auch die Verantwortung erhält, dann wird er schnell und gut abwaschen und auch noch Spaß daran haben!

Soweit eine Anzahl von Terrains, die für viele in der Partnerehe wichtig sind. Wieviele dieser Privatbereiche muß man nun haben? Der eine braucht eine Fluchtburg, der andere viel Aufmerksamkeit. Dafür gibt es keine Regeln. Das einzige, was es wirklich gibt, sind die Bedürfnisse beider Partner. Was jeder wirklich braucht, um gut leben zu können. Partner können hierbei sehr unterschiedlich sein. Auch dies kann zu Konflikten führen. Ein gutes Beispiel dafür ist der sogenannte *Aufmerksamkeit-Fluchtburg-Konflikt*. Bei diesem Konflikt hat der eine das Bedürfnis nach Aufmerksamkeit genau zu dem Zeitpunkt, an dem der andere das Bedürfnis nach einer Fluchtburg hat. Ein klassisches Moment in vielen Familien ist das Heimkommen des Partners, der außer Haus arbeitet, zu demjenigen, der schon den ganzen Tag zu Hause ist. Der eine will Ruhe und Stille, der andere will Aufmerksamkeit und ein Gespräch. Beides kann nicht gleichzeitig geschehen!

Schwierigkeiten bei der Terrain- aufteilung

Womit muß man bei Schwierigkeiten wegen der Terrainaufteilung in einer Beziehung rechnen? Hierbei spielen vier Phänomene eine Rolle, nämlich drei Verhaltensweisen: Aggression, Selbstbewußtsein, Feindschaft, und ein Gefühl: Irritation.

Was ist *Aggression?* In den Forschungsmeinungen über »menschliche Territorialität« (Bakker & Bakker-Rabdau, 1974) wird Aggression neutral bewertet. Das Wort erhält eine neutrale Bedeutung. Viele von uns verstehen unter Aggression in der Familie: Zorn, Gebrauch von Gewalt, Schreien und Poltern usw. Damit hat Aggression in diesem Zusammenhang nichts zu tun. Aggression bedeutet hier: Ausweitung seines Terrains, mit welchen Mitteln auch immer. Wenn jemand in der Beziehung sein Terrain vergrößert, dann nennen wir das Aggression. Die Frage lautet also: Hatte er dieses Terrain schon vorher inne? Wenn nicht und nun doch, dann ist er aggressiv gewesen. Wir betrachten also nur den Effekt, nicht die Absicht. Wie im folgenden klar werden wird, schafft dies in vielen Ehen Deutlichkeit.

Ein Beispiel: *Franz, Maren und der Frauentreff.* In dieser Beziehung ist es schon seit Jahren so, daß Maren Donnerstag abends zum Frauentreff geht. Dieser Abend ist ihr Terrain. An einem bestimmten Tag jedoch tut Franz etwas, was sie veranlaßt, an diesem Abend bei ihm zu bleiben und ihm ihre Aufmerksamkeit zu widmen. Ob Franz nun bewußt daraufhinarbeitete oder es ihm zufällig gelang: Einen ihrer Abende beim Frauentreff war sie los. Wie er das gemacht hat, ist hier nicht wichtig. Er kann es durch Überredung (»Du bist immer weg, könntest du nicht einmal bei mir bleiben?«) bewirken, durch Tränen, indem er zu spät nach Hause kommt, indem er die ganze Woche hindurch herumnörgelt, indem er sich krank fühlt, indem er müde und schläfrig ist ... Die Mittel sind unwichtig, genauso wie die Absichten. Ob er es nun tut, um Maren zu bestrafen oder aus Besorgtheit um sie (»Du siehst so schlecht aus, bleib 'mal zu Hause ...«) oder aus Liebe (»Wir sind so lange schon nicht gemütlich zusammen zu Hause gewesen ...«) oder aus welcher Absicht auch immer, wir betrachten ausschließlich den Effekt. Diesen Effekt kann man gleichsam auf dem Kalender eintragen: Donnerstag, 1. Mai: Treff, Donnerstag, 8. Mai: Treff, Donnerstag, 15. Mai: zu Hause. Diesem Mann ist es gelungen, seiner Frau einen Abend abzunehmen. Ob dies nun »gut« oder »schlecht« ist, bleibt hier unberücksichtigt, nur der Effekt zählt. Aggressivität gegenüber dem Partner entspricht ja *effektiver Terrainausweitung* in das Gebiet hinein, das vorher dem Partner gehörte. Früher war er für die Finanzen zuständig, seit einem Jahr ist es sie. Sie ist aggressiv gewesen. Wie sie ihm diese Aufgabe abgenommen hat, tut nichts zur Sache!
Was ist *Selbstbewußtsein?* Selbstbewußtsein ist eine Haltung von »Ich hab' es, und ich halte es fest«. Es läuft dar-

auf hinaus, daß bei Aggressionsversuchen des Partners das eigene Territorium verteidigt werden kann. Wenn wir zu unserem Beispiel mit der Frau zurückkehren, die Donnerstag abends immer zum Frauentreff geht, dann bedeutet das, daß sie zum Treff geht, trotz seines Versuches, sie zu Hause zu halten. »Ja, Schatz, ich verstehe, daß du sehr müde bist, aber dies ist mein Abend, und ich gehe zum Treff!« Sie hat diesen Abend und sie hält ihn fest; darum geht es. Oder wenn er Bemerkungen über ihre Art zu kochen macht: »Schatz, ich weiß, daß dich das stört, aber das ist mein Stil, so koche ich am liebsten.« Selbstbewußtsein gibt ein gutes Selbstgefühl. Es führt zu einem deutlichen Verhältnis zueinander. Man wird als Partner respektiert.

Was ist *Feindschaft?* Feindschaft ist ein vernichtendes Verhalten als Reaktion auf die Tatsache, daß der eine Partner dem anderen ein bestimmtes Terrain abgenommen hat. Feindschaft heißt: Es ihm oder ihr heimzahlen. Feindschaft ist die ohnmächtige Reaktion des Partners, der Terrain verloren hat. Feindschaft bringt nichts ein, sie zerstört nur das Terrain des Partners. Feindschaft ist oft eine nicht unmittelbare und verspätete Reaktion. In unserem Beispiel kann die Frau sich verpflichtet fühlen, doch – gegen ihren Wunsch – zu Hause zu bleiben, und sie verdirbt ihm zum Beispiel seinen Abend: Die Musik ist nicht schön, der Tee ist zu bitter, das Salzgebäck ist alt, es ist zu kalt oder zu warm im Wohnzimmer, er sieht nicht vernünftig aus, sie nörgelt über Geldsorgen, sie meckert über die Kinder, sie klagt bei den Kindern über ihren Vater. Sein Abend ist auf diese Weise zum Teufel. Dennoch hat sie dadurch nichts zurückgewonnen, denn sie ist nicht beim Frauentreff gewesen. Feindschaft ist also in diesem Sinne destruktiv. In vielen Ehen entsteht – indem Partner einander auf eine verkehrte Weise lieben und mehr geben, als sie von Herzen geben wollen – nach Jahren eine tiefe Feindschaft. Er bat um etwas, und sie sagte ja. Er bat wieder um etwas, und erneut sagte sie ja. Er nahm etwas anderes, und sie schwieg. Sie sagte immer wieder, ja Schatz, du darfst das haben. Nach zehn Jahren Ehe haben sie ein völlig gestörtes Verhältnis. Er genießt die angenehmen und interessanten Seiten; sie hat die Last. Darum wird sie feindselig reagieren: Sie wird krank oder depressiv. Sie bekommt sogenannte »hysterische« Anfälle, die überhaupt nicht zu begreifen sind und die Nachbarn und Freunde mitleidig betrachten. Sie zerschlägt Porzellan. Sie vergißt wichtige Dinge. Sie erzählt in einer Gesellschaft seinen Kollegen sehr intime, negative Dinge über ihn, ohne daß sie sich das klarmacht. Sie weint. Sie ist unglücklich. Sie macht die Atmosphäre in der Familie kaputt. Sie schreit und wendet sich gegen jeden. Sie verübt einen Selbstmordversuch. Sie hat einen Kloß im Hals. Das sind alles Beispiele für feindseliges Verhalten. An einem bestimmten Tag geht sie zum Rechtsanwalt und reicht die Scheidung ein. Er versteht das alles nicht. Oder hat sie vielleicht eine Beziehung mit einem anderen angefangen ... Viele problematische Verhaltensweisen in einer Ehe können auf einmal sehr verständlich werden, wenn die territoriale Situation beider Partner genau unter die Lupe genommen wird. Es ist dann erkennbar, daß der eine zum Beispiel beinahe alles hat und der andere nichts als Lasten. Es wird dann auch sehr verständlich, daß derjenige, der sich stets alles hat abnehmen lassen (unbemerkt, Stück für Stück), destruktiv wird. In diesem Sinne ist das Leben mit einem Partner, der immer »ja« auf deine Bitten sagt, langfristig gefährlicher als mit einem Partner, der auch einmal nein sagt.

Wenn das alles so ist, ist *Geben* in einer Ehe dann überhaupt noch möglich? Sicherlich, aber das *wirkliche* Geben setzt voraus, daß zumindest die Chance besteht, das zu behalten, was man hat. Daß man sich also nicht verpflichtet fühlt zu geben. Von Herzen geben bedeutet, sich klarzumachen, daß man etwas hat, daß man es auch behalten kann, aber daß man sich entscheidet, es wegzugeben. Dadurch wird man nicht feindselig. Im Gegenteil: Wirklich etwas zu geben, gehört zu den großartigsten Formen der Erfüllung in einer Beziehung. In unserem Beispiel von dem Frauentreff würde dies bedeuten, daß die Frau frei von jedem Schuldgefühl die Situation betrachtet und aus freien Stücken beschließt: »Ich bleibe bei dir«, weil sie ihm diesen Abend schenken will. Es wird keine Spur von Feindseligkeit in dieser Re-

Ist Geben in einer Ehe überhaupt noch möglich?

aktion sein. In einer Ehe sind darüber hinaus allerlei Tauschmöglichkeiten vorhanden, auf die wir später noch zurückkommen werden.

Bei all dem spielt eine der wichtigsten Gefühle in einer Beziehung eine große Rolle: die *Irritation*. Irritation ist das Zeichen, daß mein Partner in mein Terrain eindringt. Irritation ist die Alarmglocke, die läutet, die rote Lampe, die aufleuchtet. Irritation ist ein sehr wichtiges Gefühl. Wenn ich meiner Irritation rechtzeitig bewußt werde, kann ich die territoriale Situation beurteilen und eine Entscheidung treffen. Ich gebe es dir, oder ich behalte es. Viele von uns haben in ihrer Erziehung gelernt, *über ihre Irritation hinwegzugehen*. Dies fördert aber die Feindseligkeit. Wenn ich nämlich nicht merke, daß der andere einen Überfall auf mein Terrain vornimmt, und ich es geschehen lasse, dann ist es sehr wahrscheinlich, daß ich nur noch hinterher reagieren kann. Nachträgliche Reaktionen sind Feindschaftsreaktionen. Ein Partner muß also immer gut auf seine eigenen Irritationen achten. Sie bilden eine wichtige Informationsquelle. Sie bewirken, daß ein Partner rechtzeitig selbstbewußt reagieren kann und verhindern, daß er feindselig wird.

Dies alles betrachtend, müßte man sich Zeit nehmen, die eigenen Irritationen aufzuspüren und die Grenzstreitigkeiten zu lösen, die damit einhergehen. Gedanken über die Bedeutung des »Etwas-für-sich-selbst-Habens« in einer Ehe gelten vor allem für die Situationen, in denen ein Partner feindselig zu werden droht oder Grenzstreitigkeiten das Leben schwer machen.

Gemeinschaftliches Terrain?

Kann man auch gemeinsam ein Terrain haben? Natürlich, sehr viele Terrains in einer Ehe sind gemeinsame und machen keine Schwierigkeiten. Es herrscht Vertrauen, daß beide ihr gemeinschaftliches Terrain gut verwalten. Es gibt eine gemeinsame Kontrolle. Die Normen werden gemeinschaftlich festgelegt. Die einzelnen Aufgaben werden entweder aufgeteilt oder zusammen ausgeführt. Wichtige Bedingungen hierfür sind Vertrauen und Kommunikation. Jeder muß darauf vertrauen, daß der andere sich wirklich einsetzen wird. Daß der andere die Aufgabe wirklich erfüllen kann. Darüber hinaus muß ständig über die Ausführung und die Kontrolle

66

kommuniziert werden. Nehmen wir das Beispiel der Kindererziehung. Beide Partner sind für die Erziehung ihrer Kinder verantwortlich. Sie besprechen sie gemeinsam. Sie stellen zusammen die Grenzen und die Regeln auf. Tatsächlich kann dies bedeuten, daß der eine sie ins Bett bringt, während der andere sie morgens herausholt. Aber wenn der eine sie ins Bett bringt, führt er dies nach den Normen aus, die von ihnen zusammen aufgestellt wurden: erst Händewaschen, Zähneputzen, eine Geschichte erzählen usw. In einer gut funktionierenden Ehe ist eine Reihe von Terrains selbstverständlich gemeinschaftlich: das Haus, der Garten, das Auto, die Bücher, die Erziehung der Kinder … Dieses Besitzgefühl gilt vor allem gegenüber Dritten. Wenn aber Streitigkeiten zwischen den Partnern entstehen, dann wird es manchmal nötig, die Grenze zwischen mein und dein genau zu ziehen. Scharf abgesteckte Grenzen sind eine Zeitlang nötig, bis es wieder »von selbst« besser läuft. Diese territorialen Probleme können anhand der Verwaltung der Finanzen innerhalb einer Beziehung verdeutlicht werden. Es sind verschiedene gute Lösungen möglich. In manchen Ehen wird eine Kasse eingerichtet, und jeder kann daraus nehmen, was er oder sie braucht oder will. Dies läuft ausgezeichnet, wenn beide die Gemeinschaftskasse gut verwalten. Das wird dann deutlich werden, wenn es keine Irritationen wegen der Finanzen gibt. In anderen Ehen behält jeder sein eigenes Einkommen. Dies kann zu Frustrationen bei demjenigen führen, der weniger verdient und sich benachteiligt fühlt, weil er oder sie weniger hat. Eine dritte Möglichkeit besteht darin, zwei Kassen zu haben: Eine große Gemeinschaftskasse für alle Kosten der Familie, von der jeder für dasjenige Gebrauch machen kann, was die Familie betrifft: Lebensmittel, Kleidung, Heizung usw. Auch die gemeinsamen Hauskosten werden daraus bezahlt. Jeder Partner hat aber noch eine kleine eigene Kasse für das, was man einfacherweise »Extras« nennen könnte: die kleinen persönlichen Ausgaben, Geschenke, eine Tasse Kaffee trinken mit einer Freundin, Zigaretten, eine Zeitschrift usw. Diese Extras werden von beiden Partnern bezahlt, aber mit dem kleinen Betrag macht jeder schließlich, was er selbst will, ohne im Detail dem Partner darüber Rechenschaft ablegen zu müssen. Beide tragen zur Gemeinschaftskasse bei, sei es durch ein Gehalt, sei es durch die Führung des Haushalts, was es dem anderen erst möglich macht, außer Haus ein Einkommen zu erwerben. Diese dritte Möglichkeit verhindert, daß einer von beiden immer den anderen um Taschengeld bitten muß. Es gibt dem Partner ein angenehmes Gefühl von Autonomie.

Wenn in einer Ehe alle Territorien aufgeteilt würden, liefe das natürlich auf eine Trennung von Tisch und Bett hinaus. Das ist sicher nicht der Zweck dieser Darlegung. Mit diesem territorialen Denken wollen wir vielmehr die Aufmerksamkeit darauf lenken, daß jeder Partner ein Besitzgefühl über eine Reihe von Dingen entwickelt. Eine gewisse Autonomie ist wünschenswert. Klassische Ehen sind von einem Mangel an Autonomie beider Partner gekennzeichnet. Manche Jungverheirateten führen aber eine Art Junggesellenleben weiter, in dem zuwenig Gemeinschaft vorhanden ist. Sie werden mehr Nutzen in dem finden, was über Intimität und Einsatz gesagt wurde, als an dieser Darlegung über Autonomie.

Territoriale Probleme können sich auch zwischen den Generationen abspielen. So war Bea eine Frau, die im Haushalt übertriebene Sauberkeit an den Tag legte. Das fand sie selbst. Es konnte nie ordentlich genug sein. Sie machte sich selbst ganz kaputt mit Scheuern und Saubermachen. Sie tyrannisierte ihre Mitbewohner. Selbst hatte sie sehr wenig Zeit, um auszuspannen. Ihre einzige Freude war der Spaß am Abstauben und ähnlichen Aktivitäten. Immer wieder, wenn sie sich 'mal erlaubte, sich auf einen Stuhl zu setzen, mußte sie sofort wieder aufstehen und weiterputzen. Auf dem Stuhl fühlte sie sich regelrecht schuldig. 'Mal ausspannen, das ging nicht. Wenn sie tiefer darüber nachdachte, schien es Bea, daß, wenn sie saß, sie ihre Mutter sagen hörte: »Das darfst du nicht; eine wirkliche Hausfrau ist nie mit der Arbeit fertig!« Ihre Mutter, die schon Jahre tot war, schien aus ihrem Grab heraus noch nach dem Territorium zu greifen, dessen Herrin ihre Tochter schon lang zu sein glaubte! Erst nachdem sie von den Normen, die ihre Mutter ihr eingeprägt hatte, Abstand genommen hatte, erst nachdem sie gleichsam ihrer Mutter gesagt hatte: »Mutter, dies ist mein Leben«, wurde sie selbst Herrin ihres Haushalts. Diese Geschichte zeigt sehr gut, was Erwachsenwerden in territorialen Begriffen bedeutet. Erwachsenwerden bedeutet hinsichtlich des Territoriums, daß man sein Leben in die eigenen Hände nimmt, sich von den Einflüssen freimacht, denen man unterworfen war, und selbst das Steuer ergreift.

Offene und verborgene Techniken Kapitel 3

In einer Beziehung gebrauchen beide Partner Mittel und Wege, um ein Territorium zu erwerben. Manche Mittel sind offen, andere Mittel sind verborgen. Diese verdeckten Mittel für den Terrainerwerb nennen wir Waffen. Diese Waffen haben nichts mit einem lärmenden und gewalttätigen Arsenal zu tun. Es geht im Gegenteil um sehr verdeckte Techniken, die es dem einen Partner leicht machen, von dem anderen etwas zu erhalten, ohne daß diesem klar ist, daß er Terrain verliert.

Jeder Partner hat seine eigenen Kampftechniken, die schon mehrmals angewandt worden sind und die effizient zu sein schienen.

Wir gehen nun auf diese verdeckten Techniken ein und zeigen danach, was darauf die angemessene Reaktion ist.

1. Waffen

Definition

Definition. Eine erste Waffe, die im Ehestreit gebraucht wird, ist die Definition. Definition bedeutet: sagen, wie jemand oder etwas ist. Wenn in einer Ehe ein Mann den Windelwechsel des Babys als »Frauenarbeit« definiert, dann liegt es auf der Hand, daß seine Frau das erledigt. Definiert sie den Abschluß der Versicherungen als »Männerarbeit«, dann wird er sie übernehmen müssen, zumindest wenn er die Definition akzeptiert. Wenn eine Frau sagt: »Du kannst die Kinder besser bestrafen als ich«, und ihr Mann akzeptiert diese Definition, dann wird er die Kinder bestrafen müssen. So gibt es viele Definitionen, die in einer Ehe eine Rolle spielen.

Mia, Robert und der Volleyballverein. Zwischen Mia und Robert entstanden Streitigkeiten wegen Roberts Volleyballspiel Freitag abends. Mia fand, daß ihr Mann von seinem Verein zu spät nach Hause kam. »Das Volleyballspiel ist um zehn Uhr zu Ende«, und tatsächlich, er akzeptierte diese Definition und fühlte sich schuldig, wenn er länger fortblieb. Würde man aber Robert fragen, wann das Volleyballspiel vorbei war, würde er sagen: um halb eins! Für ihn war Volleyball: spielen, sich duschen und umziehen und mit den Freunden noch gemütlich ein paar Biere trinken. Für sie war Volleyball: das Spiel selbst plus einige Minuten, in denen man sich schnell umzog. Es gelang ihr, ihm ihre Definition der Situation aufzudrängen, und dadurch verlor er Terrain. Er fühlte sich nämlich immer wieder schuldig, wenn er länger bei den Freunden sitzen blieb. Die effizientesten Definitionen sind die über den Partner oder über sich selbst. Immer wieder wenn man den Partner definiert, belegt man das Terrain des anderen mit Beschlag. Immer wieder, wenn der andere sich definieren läßt, droht Terrainverlust. »Du magst Theater nicht, ich gehe aber doch.« »Du verstehst nichts von Geldanlagen, ich werde die Geldsachen schon regeln.« »Du magst diese Freunde nicht, ich werde sie aber doch besuchen.« Immer wieder, wenn man sich selbst definiert, kann dies zur Terrainvergrößerung führen. »Du weißt, ich muß ab und zu 'mal brüllen können.« »Du weißt, daß ich manchmal flunkere.« »Ich brauche manchmal ein Glas mehr!« In Wirklichkeit führen strikte Selbstdefinitionen für lange Zeit auch zu einer verminderten persönlichen Freiheit, weil man selbst das eigene Terrain für die Zukunft festzulegen droht.

Schmeichelei. Ein Partner erhält etwas von dem anderen, nachdem er oder sie dem anderen ein kleines Kompliment gemacht hat. »Niemand kann das so gut wie du! Willst du das nicht machen? Du bist wirklich gut darin!« und dann wird dem anderen eine Arbeit übertragen und Freizeit abgenommen. Indem sich der Partner zunächst geschmeichelt fühlt, ist er eher geneigt nachzugeben. Der Terrainverlust wird ihm erst später deutlich.

Schmeichelei

Hilflosigkeit. Hilflosigkeit heißt, daß man den Partner für etwas zu Hilfe ruft, was man selbst (angeblich) nicht kann. »Ich kann das nicht mit den Kindern besprechen, dafür bin ich zu nervös. Du kannst das viel besser.« Oft entpuppt sich der Hilflose in dem Augenblick als ein strenger Chef, wenn der andere die Aufgabe übernimmt. Der Hilflose gibt dann an, wie es sein soll, macht Bemerkungen über die Qualität usw. »Die Tür klemmt. Ich kann sie nicht abhobeln. Ich weiß nicht, wie das geht. Das ist zu schwer für mich.« »Gut, Schatz, ich erledige das eben.« »Aber paß auf, daß du nicht zuviel abhobelst, denn dann kriegen wir Zug. Paß auf mit den Hobelspänen in der Küche! Jetzt kann man an der Kante sehen, daß an der Tür gehobelt worden ist! Könntest du die Tür nicht wieder streichen? Übrigens, ich finde, daß sie ein ganz klein wenig schief hängt. Kannst du daran nichts machen? Und wo du nun doch an dieser Tür arbeitest: Das Schloß der Küchentür klemmt. Könntest du daran nichts machen? Die Schublade des Kleiderschranks klemmt übrigens auch …« Der hilflose Schwache erweist sich schnell als ein unzufriedener Chef! Derjenige, der die Hilfe leistet, wird schnell überfahren und verliert mehr Terrain, als er ursprünglich gedacht hat.
Die Technik »ich tue es zu deinem Besten« ist oft sehr effizient. Man tritt als Herr des Terrains des anderen auf:

Hilflosigkeit

»zum Besten des anderen«. Ein Mann steht bereit für sein wöchentliches Volleyballspiel. Seine Frau sagt: »Schatz, du sieht nicht recht gut aus, du siehst blaß aus. Fühlst du dich auch gut? Willst du nicht 'was dagegen tun? Es scheint mir am besten, wenn du zwei Aspirin nimmst und eine Tasse heißen Tee und dich ins Bett legst. Das wird dir gut tun. Ich sag' es zu deinem Besten.« Er nimmt das Aspirin und den Tee und legt sich ins Bett. Erst am nächsten Morgen macht er sich klar, daß er den gestrigen Volleyball-Abend los ist. »Wenn du heute den Rasen mähst, dann hast du das ganze Wochenende frei. Ich sage es zu deinem Besten.« »Ich sage es zu deinem Besten: Gib diese Freunde auf, denn die bringen dir nur Unglück!«

Schuldzuweisung

Schuldzuweisung. Die Technik der Schuldzuweisung besteht darin, den anderen davon zu überzeugen, daß er ein ihm nicht zustehendes Terrain innehat. Danach ist es ganz leicht, ihm dieses Territorium abzunehmen. Schuldgefühl heißt das Gefühl, das sich einstellt, wenn man meint, sich auf dem Territorium eines anderen zu befinden. Ein Mann sagt: »Warum kommst du so spät von der Arbeit. Du hast doch gewußt, daß ich auf dich warte. Ich war entsetzlich unruhig. Ich bin ganz krank vor Anspannung. Das Essen ist nun verdorben. Ich habe mir soviel Mühe damit gegeben, und alles für nichts und wieder nichts!« Es ist deutlich, daß dieser Mann, wenn seine Frau nach Hause kommt, ihr das Gefühl aufdrängen will, daß die Entscheidung über den Zeitpunkt, wann sie von der Arbeit kommen muß, nicht bei ihr liegt. So ist er in der Lage, ihr dieses Terrain abzunehmen. »Wenn du so lange im Bett liegen bleibst, dann haben die Kinder nichts von ihrem Vater, und dann habe ich auch kein gemütliches Frühstück mehr!« »Und ich darf mich kaputt arbeiten, während du das Geld für nutzloses Zeug zum Fenster 'rauswirfst.« In unserer Kultur sind viele Menschen für Schuldzuweisung anfällig. Wir machen hier aber einen wichtigen Unterschied zwischen Schuldgefühl (dem Eindruck, schuldig zu sein, ein vages Gefühl) auf der einen und echtem Schuldbewußtsein (der Tatsache, einzusehen, einen Feh-

74

ler gemacht zu haben) auf der anderen Seite. Manche Partner leiden sehr schnell unter Schuldgefühlen. Anderen fehlt es an jeglichem gesunden Schuldbewußtsein! Die Waffe der Schuldzuweisung scheint aber bei den meisten zu funktionieren.

Erpressung. Bei der *Erpressung* gelingt es einem, den anderen glauben zu machen, daß es nur zwei Möglichkeiten gibt. »Wenn du das wagst, verlasse ich dich!« »Wenn ich diese Pelzjacke nicht bekomme, springe ich aus dem Fenster!« »Wenn du nicht bei mir bleibst, nehme ich Tabletten und mache Schluß!« »Entweder hörst du mit dem Fußball auf, oder ich gehe daran zugrunde!« Diese knappe Umschreibung der Situation wirkt bedrohlich. Der Partner gibt schnell nach, »um kein Unglück zu verursachen«. Oft führt dies in einer Beziehung zu einer Eskalation von immer stärkeren Drohungen. Wenn ein Partner mit Selbstmord droht, trifft das den anderen hart. Manchmal ist es für den anderen eine regelrechte Erleichterung, wenn er begreift, daß er den Selbstmord doch nicht verhindern kann. Daß Tabletten zwar versteckt werden können, aber daß es andere Möglichkeiten gibt, sich umzubringen. »Ich würde es sehr schlimm finden, wenn du Selbstmord begingst, aber ich sehe ein, daß ich dich schließlich nicht hindern kann.« Solch eine Art der Reaktion hat oft zur Folge, daß der andere mit den Selbstmorddrohungen aufhört, zumindest wenn die Ursache in der Beziehung liegt.

Erpressung

Verführung. Bei der *Verführung* wird eine Scheinübereinkunft angeboten. Derjenige, der die Waffe gebraucht, kommt aber seinem Teil der Übereinkunft nicht nach. Der eine Teil der Übereinkunft wird sehr scharf umschrieben, der andere oft sehr vage. Es geht um ein unmögliches Versprechen. »Wenn du mich zum Fußball gehen läßt, dann komme ich nie mehr zu spät von der Arbeit.« »Wenn ich jetzt mit meinen Freunden ausgehen darf, dann gehe ich mehrere Wochenenden mit dir aus!« »Wenn du jetzt mit mir schläfst, werde ich immer lieb zu dir sein.« »Wenn du die Fenster beizt, werde ich niemals mehr nörgeln.«

Verführung

75

Nebelwerfer *Nebelwerfer.* Wird die Waffe des Nebelwerfers angewendet, bleibt alles vage und allgemein. Man schweift vom Thema ab und antwortet nicht auf die gestellten Fragen. Das sind alles Techniken, die zur Nebelwerfer-Taktik gehören. Die Sache wird umkreist. Auf die Frage, ob der Mann zu gemeinsamen Freunden mitkommen will, antwortet er mit einer philosophischen Tirade über Freundschaft, oder er spricht über *seine* Freunde. So erhält die Frau keine klare Antwort, keine Stellungnahme.

Pazifismus *Pazifismus.* Eine der interessantesten Entdeckungen von Bakker und Bakker-Rabdau auf dem Gebiet der menschlichen Beziehungen ist die Waffe des *Pazifismus.* Sie läuft darauf hinaus, daß man unter dem Motto »kein Streit« macht, wozu man Lust hat. Meistens sind Männer Meister in dieser Technik. Es geht darum, sich ruhig und friedlich zu verhalten, um durch dieses Mittel bestimmte Dinge zu erreichen. Wenn sie darauf drängt, einmal mit ihr auszugehen, dann sagt er: »Schatz, darüber werden wir uns doch nicht streiten! Wir werden uns darüber doch nicht aufregen!« Und bleibt ruhig vor seinem Fernseher sitzen. Wenn sie ihn bittet, zusammen gegenüber den Kindern einen Standpunkt einzunehmen, dann sagt er schnell ja (um Streit zu vermeiden), aber er tut es nicht, er vergißt es. Er weicht jedem Standpunkt unter dem Vorwand »darüber werden wir uns doch nicht streiten« aus. Dabei bleibt er sehr ruhig, höflich und freundlich, zum großen Ärgernis der Partnerin, die sich machtlos fühlt. Und wenn sie dann ärgerlich wird, fühlt sie sich schuldig. Wie kann ich nur auf so einen vernünftigen, lieben Mann böse werden! Meistens reicht eine gründliche Analyse der territorialen Situation aus, um die Wut der Frau und ihre Feindseligkeit zu verstehen. Die interessanten Terrains, die aufregenden und bereichernden Territorien scheinen dann auf seiner Seite zu liegen. Die Lasten und schweren Aufgaben auf ihrer Seite. Mit seiner freundlichen Geschmeidigkeit hat er sich angeeignet, was er haben wollte, ohne Säbelrasseln oder Geschrei. So entsteht dann das bekannte *Verhältnis zwischen Pazifist und Nörglerin.* Sie ist unzufrieden, unglücklich, und sie fühlt sich schuldig, daß sie so ist. Er ist

76

eine Mauer, eine Festung von Ausgeglichenheit und Zufriedenheit. Er ist »geschmeidig«, nicht zu greifen wie ein Aal. Sie beginnt, oft zu nörgeln und zu klagen. Er sieht darauf ein wenig mitleidig herab. Nimmt noch immer nicht Stellung, vermeidet klare Absprachen. Der Pazifist hat noch eine andere eigenartige Eigenschaft: Er leidet unter Gedächtnisverlust. »Habe ich das versprochen? Wirklich? Das habe ich vergessen?« »Hast du das gesagt? Ärgerlich, aber daran erinnere ich mich nicht mehr ...« »Haben wir das damals verabredet? Wie? Wo? Was? Wann? Ehrlich, ich dachte, daß das Vorschläge waren und keine Absprachen!« Der Pazifist lebt im Nebel, aber macht schlicht und einfach, was er selbst will. Die feindselige und verzweifelte Haltung der Frau ist in diesem Fall gut zu verstehen. Frauen von Pazifisten zeigen auch Reaktionen wie Depressionen und Zerschlagen von Porzellan. Diese Reaktionen sind deutlich nicht aggressiv, wie er ihr gelegentlich vorwerfen wird, aber feindselig, das heißt: Es sind Reaktionen aus Ohnmacht.

Psychoanalyse. Eine bequeme Art, den Partner in Schach zu halten, ist die Waffe der *Psychoanalyse.* Das bedeutet, daß man beginnt, nach den tieferen Motiven zu fragen, nach dem Warum. Die angegebenen Gründe werden dann durch andere widerlegt oder ersetzt. Für viele Dinge, die wir erstreben, haben wir keinen bestimmten Grund. Wenn der Partner warum fragt, dann wird man festgenagelt. »Laß uns 'mal ein Wochenende zusammen wegfahren!« »Warum?« »Um 'mal zusammen zu sein, zu zweit!« »Warum willst du zusammen sein, wir sind schon soviel zusammen!« »Du fühlst dich zu abhängig von mir, das kommt durch deine Mutterbindung!« Wie wir in dem Kapitel über Kommunikation sehen werden, sind die meisten Warum-Fragen keine echten Fragen. Die Technik der Psychoanalyse macht auch von der Interpretation des Verhaltens eines anderen Gebrauch. »Ich weiß, warum du dies oder das tust!« Dem Partner werden tiefere, verborgene Motive zugeschrieben. »Du tust das nur, weil du in deiner Kindheit nicht genug Zuwendung erhalten hast!« »Du tust das nur, um mich kaputt zu machen.«

77

Spott

Spott. Spott ist in Ehen eine gefährliche Technik. Er ähnelt dem Hänseln, aber geht viel weiter. Spott heißt, daß der Partner lächerlich gemacht wird, so daß sein Selbstvertrauen untergraben wird und er sich nicht mehr gut verteidigt. »Oh, du hast ein neues Gericht kreiert!« in dem Moment, wenn ein angebranntes Essen auf dem Tisch erscheint. »Das mußt du einschicken. Wir haben einen neuen Bocuse im Haus! Wie hast du das hinbekommen?« Spott wirkt sehr tief, vor allem, wenn Dritte dabei sind.

Krankheit

Krankheit. Wenn wir hier Krankheit als Technik behandeln, müssen wir erst deutlich sagen, daß wir nur die Effekte von Krankheit auf die Territorienverteilung beobachten. Es wird nicht behauptet, daß ein Partner mit der Absicht krank wird, diese Effekte zu erreichen. Was hier über die territorialen Effekte von »Krankheit« gesagt wird, gilt für jede Form von Krankheit: die »echte«, die »vorgetäuschte« und die »eingebildete« Krankheitsform. Krankheit wird hier verwandt als ein Sammelname für: schlicht Kranksein, Müdigkeit, Regelbeschwerden, Schlaflosigkeit, Verletzungen usw. Was ist der Effekt des Krankseins? Es gibt zwei Folgen: Auf der einen Seite bringt Krankheit eine Vergrößerung des Territoriums mit sich, auf der anderen Seite kann sie den Verlust einer Reihe von Terrains bedeuten.

Krankheit bedeutet Terrain*gewinn*. Tatsächlich, in einer Beziehung wird der eine Partner demjenigen, der krank ist, meistens mehr Sorgfalt, mehr Aufmerksamkeit, mehr Zeit widmen. Die Kinder müssen ruhig sein. Das Radio wird leiser gestellt. Das Essen wird geändert. Besuche bei Freunden oder Verwandten finden nicht statt. Bestimmte Aufgaben müssen von dem anderen übernommen werden usw. Krankheit bedeutet aber auch Terrainverlust. Man ist ans Bett gebunden, kann nicht gehen und stehen, wo man will. Manche Kontakte werden zeitweise unterbrochen. Man darf oder kann nicht alles essen, was man möchte und dergleichen. Hierbei müssen wir noch eine Form der Definition nennen, die den Partner untergräbt. Wenn man den Partner als krank, unfähig oder überspannt abstempelt, dann droht

78

eine Verminderung des Terrains des anderen. »Was bist du so böse, hör 'mal! Hast du deine Beruhigungsmittel schon genommen?«

Infiltration. Durch Infiltration kann man auch bequem Terrain übernehmen. Hier wird sehr behutsam vorgegangen, ohne daß der andere es deutlich merkt. Stück für Stück des anderen Terrains wird infiltriert. Einer der Partner ist zum Beispiel Mitglied einer Theatergruppe. Er hält sehr darauf, weil es seine eigene Art der Entspannung ist. Er will das auch ganz für sich behalten. Der andere geht von Zeit zu Zeit mit zu den Proben, hilft hier und da mit kleinen Arbeiten, bastelt mit an der Dekoration und hilft bei der Verwaltung der Finanzen. Langsam arbeitet der andere sich bei der Theatergruppe ein und wird schließlich Vereinsschriftführer. Während doch der erste das Theaterspielen als eine eigene Form der Entspannung betrachten wollte! Diese Technik ist auch bekannt als die Schwiegermutter-Technik. Die Schwiegermutter kommt ab und zu in der jungen Familie helfen, die so viel Arbeit mit den kleinen Kindern hat. Manchmal paßt sie auf die Kinder auf. Gelegentlich hilft sie kochen oder bügeln. Sie hilft beim Saubermachen. Allmählich beginnt sie, Ratschläge zu geben. Langsam beginnt sie, immer mehr Terrain zu übernehmen. Sie fängt an, Entscheidungen aufzudrängen. Sie kontrolliert die Erziehung der Kinder. Und schließlich übernimmt sie die Kontrolle des ganzen Haushalts.

Schnelle Eroberung. Ein Terrain kann auch abgenommen werden, bevor reagiert werden kann: durch schnelle Eroberung. Der Partner wird vor eine vollendete Tatsache gestellt. »Ich bin zufällig diesem früheren Freund begegnet. Da hab ich gesagt: Komm nur mit, meine Frau kocht gut, du kannst ruhig zu uns essen kommen.« »Ich hab' zwei Karten für die Oper gekauft, für Donnerstag.« Eine Art der schnellen Eroberung, die sehr oft vorkommt, ist das Zuspätkommen. Immer wenn der eine zu spät kommt, hat er schon dem Partner und der Familie ein Stück Zeit abgenommen. Diese Zeit ist für immer vorbei! Man kann nur noch feindselig reagieren und Lösungen für die Zukunft suchen. Auch das Telefon ist ein Mittel für die schnelle Eroberung. Wenn sie ihn bei der Arbeit anruft und er den Hörer abnimmt, ist sie schon auf sein Terrain vorgedrungen. Dann hat sie seine Aufmerksamkeit schon auf sich gezogen. Auch wenn er sagt, daß es im Augenblick nicht geht und daß er wirklich zu beschäftigt ist. Wenn ich das letzte Parkgeld aufbrauche oder ich verfahre das letzte Benzin deines Wagens, dann kann das für dich wichtigen Terrainverlust bedeuten. Wenn ich, ohne dich zu fragen, deine Lieblingsplatte verleihe …, wenn ich – ohne dich zu fragen – im Namen von uns beiden Verabredungen mit Freunden treffe. »Papa wird dein Fahrrad schon reparieren, wenn er heute abend von der Arbeit nach Hause kommt …« »Papa geht am Sonntag sicherlich mit euch surfen.«

Was sind die Vor- und Nachteile dieser verdeckten Waffen? Kurzfristig sind sie für den Partner, der sie anwendet, sehr nützlich. Er bekommt schnell, was er will. Aber langfristig sind sie für die Beziehung sehr schädlich. Alle diese verdeckten Mittel sind ja darauf aus, Terrain des Partners zu erobern, ohne daß sich der Partner des Verlustes unmittelbar bewußt wird. Das bedeutet, daß er nur noch *nachher* reagieren kann. Er hat das Terrain schon verloren. Er wird also *feindselig* reagieren müssen. Diese Feindseligkeit ist sehr nachteilig für die Beziehung: Der Partner wird verbittert, wird ohne klaren Grund unzufrieden, gereizt, leicht verstimmt. Er oder sie wird schnell müde, schlaflos, klagt und jammert, bricht in Wutanfälle aus. Dies alles ist für die Beziehung bedrohlich.

2. Reaktionsarten

Reaktionsarten Wie ist hierauf zu reagieren? Zunächst einmal müssen beide lernen, die Waffen zu erkennen, die jeder einsetzt. Dann ist schon einiges gewonnen. Wenn die Waffe erkannt wird, kann reagiert werden. Wichtig ist, daß derjenige, der das Terrain zu verlieren droht, zuerst gründlich überlegt, ob er das Terrain abtreten will oder nicht.

80

Der sicherste Reflex könnte darin bestehen, zunächst vor allem Aufschub zu erbitten: »Wart erst 'mal.« Oder vorläufig nein zu sagen, bis er weiß, was er will. »Ich will das Terrain behalten« oder »Ich trete es ab«. Wichtig ist dann, daß er bei seinem Standpunkt bleibt, ohne sich verführen oder umstimmen zu lassen. Darum kann es manchmal sehr nützlich sein, als Verteidigungsreflex eine hängende Schallplatte zu imitieren: »Ich verstehe, daß du es gern hättest, wenn ich die Türe repariere, und ich mache es nicht. Ich mache es nicht.« Alle anderen Reaktionen sind weniger effektiv. Sobald begonnen wird, Begründungen zu geben, warum etwas nicht getan oder gegeben wird, wird die Möglichkeit eines Verlustes größer.

Es scheint uns ein hervorragender Gedanke, später an einem geeigneten Augenblick dem Partner zu erklären, wie wichtig das betreffende Territorium ist.

Was sind nun die *offenen Mittel*, um ein Terrain zu erobern? Es gibt drei Methoden, die man nach den zunehmenden Kosten für den Aggressor, für den Eindringling, einteilen kann.

Drei Methoden, um ein Terrain zu erobern

Die erste Methode ist das *Bitten ohne Gegenleistung*. Wichtig ist, daß es sich hierbei um *echtes Bitten* handelt. Beim echten Bitten wird deutlich gesagt, was los ist, und um das gebeten, was man haben will. Der andere wird zunächst auf sein Territorium hingewiesen, ihm wird die Frage gestellt. »Schatz, Donnerstag abend ist dein Ausgehabend, ich möchte dich fragen, ob wir am Donnerstag in drei Wochen zusammen die Freunde besuchen könnten? Findest du das gut?«

Eine zweite Methode besteht im *Tauschen* oder dem »wie du mir, so ich dir«. Dies werden wir sehr ausführlich in dem Kapitel über die Lösung von Konflikten und das Verhandeln lernen.

Die dritte Methode ist für den Bittenden die teuerste. Der Partner wird gebeten, selbst einen *Preis zu bestimmen*. »Was kann ich für dich tun, um zu verhindern, daß du nein sagst auf meine Bitte, Donnerstag abend auszugehen?« »Wenn du mein Schreiben eben korrigierst, wenn du das Kinderzimmer aufräumst und wenn du meinen Rücken eben massierst, dann gehe ich gern mit!«

81

Da der eine es so schrecklich gern will, wird er auch bei einem hohen Preis noch zufrieden sein!

Der große Vorteil der offenen Kampftechniken besteht darin, daß so Feindseligkeiten leichter vermieden werden können. Wenn der Partner etwas gibt, dann ist es deutlich, daß man es gibt. Wenn der Partner etwas erhält, dann weil der andere es gern geben will. Wenn getauscht wird, wissen beide, worum es geht, und sie tun es, weil der Preis angemessen ist. Das heißt also, daß beide es für einen guten Tausch halten. Die Wahrscheinlichkeit, hinterher unzufrieden zu sein, ist geringer.

Kommunikation in der Ehe

Kapitel 4

Viele Schwierigkeiten in der Ehe haben mit der
»Kommunikation« zwischen den Partnern zu tun.
Viele Leute sagen, daß es schwierig sei, miteinander zu
reden. Viele Leute finden, daß sie keinen Kontakt
zueinander haben. Daß sie an den anderen nicht
herankommen. Daß sie meinen, in der Klemme zu
sitzen. Daß es heftige Ausbrüche und Streitigkeiten gibt.
Alle diese Probleme fallen unter den Nenner
»Kommunikation«. In diesem Kapitel erhält das Wort
»Kommunikation« aber eine Bedeutung, die
umfassender ist als das, was gewöhnlich darunter
verstanden wird. Was bedeutet »Kommunikation«?
Welche Aspekte sind dabei zu unterscheiden? Welche
Widersprüche können hier aufgedeckt werden? Wie
kann dem abgeholfen werden? Darum geht es hier.

1. Jedes Verhalten in der Ehe ist Kommunikation

In einer Ehe lebt jeder Partner in nächster Nähe des anderen. Sobald sie zusammen sind, senden sie einander andauernd Botschaften. Alles was ein Partner sagt, tut oder läßt, übermittelt dem anderen Partner Informationen. Es beeinflußt das Verhalten des anderen. Die Veränderungen im Verhalten des zweiten wirken ihrerseits wieder auf den ersten ein. Ehepartner beeinflussen einander also andauernd. Wir geben einige Beispiele. Er kommt nach Hause und schlägt die Tür mit einem Knall zu. Sie schreckt auf und denkt: »Er hat wieder so einen Misttag gehabt.« Er schiebt sich im Bett in ihre Richtung, und sie schiebt sich weiter weg zum Rand. Er sagt ein ganzes Wochenende lang nichts. Sie wird ganz nervös davon! Er ißt nur widerwillig. Sie denkt: »Er würdigt nicht mehr, was ich koche«. Sie seufzt. Er seufzt. Er hört nicht zu, was sie erzählt. Sie bittet um Aufmerksamkeit. Er ist völlig überrascht. Sie will nichts mehr sagen. Er dringt darauf. Sie weint und läuft ins Schlafzimmer. Er geht ihr hinterher. Er sagt, daß er ihr in Zukunft zuhören wird. Aber er tut es nicht … Er verabredet, daß er sie beim Kaufhaus abholen wird. Er ist nicht da. Sie ist verärgert … usw.

In diesem Kreislauf gegenseitiger Beeinflussung gibt es einen gleichzeitigen Beginn von beiden Seiten. Von dem Augenblick an, wo sich beide im selben Raum aufhalten, senden beide zugleich einander Botschaften. Beide werden dann gleichzeitig voneinander beeinflußt. Diese Kommunikation setzt sich immer weiter fort, Tag und Nacht, solange sie zusammen sind. Ob sie wollen oder nicht. Selbst wenn einer versucht, sich dem zu entziehen, gelingt dies nicht. Sogar wenn er sich in der Ecke auf einen Stuhl setzt und beginnt, die Zeitung zu lesen. Auch dadurch beeinflußt er sie! Sogar wenn er seine Augen schließt, mit den Händen seine Ohren bedeckt, auch diese Gebärde ist eine Botschaft für sie: »Ich habe genug davon. Es wird mir zuviel!« Wenn sie ins Schlafzimmer geht, dann sagt sie sogar dadurch noch etwas: »Für mich ist es auch zuviel.« Man kann eine Ehe also sehen als einen permanenten Austausch von Botschaften, eine andauernde gegenseitige Beeinflussung.

Permanenter Austausch von Botschaften

Jeans Klage. Jean beklagt sich über seine Frau. Sie macht nichts mehr im Haushalt. Sie spricht nicht mehr mit ihm. Es wird schon einige Monate nichts mehr gesagt. Man grüßt sich sogar nicht mehr. Sie haben schon lange keinen Sex mehr. Seine Frau geht abends und nachts weg. Er darf nicht wissen, wohin und wie lange. Sie hat schon drei, vier Jahre ein Verhältnis mit einem anderen Mann. Ihre Schwestern unterstützen sie dabei. Sie hat ein Zimmer mit diesem Mann bei ihrer Schwester. Wenn Jean nach Hause kommt, sitzen seine Schwiegermutter, seine Frau und ihre Schwestern zusammen und reden. Sie tun alle so, als ob er Luft sei. Seine Frau unternimmt keinerlei Schritte, um sich scheiden zu lassen. Er soll sie in Ruhe lassen. Sie will auch nichts tun, um die Beziehung zu verbessern. Sie will nicht mehr mit ihm ausgehen oder zusammen mit ihm verreisen. Jean weiß keinen Rat mehr. Mit den Nerven am Ende. Dieses sogenannte »nichts Tun« seiner Frau verursacht bei ihm große Ohnmacht und Ratlosigkeit. Hier wird deutlich, daß das Verhalten dieser Frau, das vor allem durch die Tatsache gekennzeichnet wird, daß sie eine Reihe von Dingen *nicht* tut, großen Einfluß auf Jean hat und ihn völlig in die Sackgasse manövriert. Wenn wir hier also Kommunikation behandeln, dann steht das Wort hier synonym für gegenseitige Beeinflussung, Interaktion, Wechselwirkung, Umgang usw.!

2. Die Worte und das andere

In diesem Wirrwarr von Beeinflussungen sind zwei Arten von Kommunikation unterscheidbar: die Kommunikation mittels Worten und die non-verbale Kommunikation. Für die Kommunikation mittels Worten sind die meisten Paare durchaus empfänglich. Das Miteinander-Reden ist ein sehr wichtiger Teil der ehelichen Kommunikation. Dennoch kann in einer Ehe der Kommunikation ohne Worte nicht genug Aufmerksamkeit gewidmet werden. Es geht hier um eine Kommunikation, die auch »analog« genannt wird. Die Zeichen, die hier verwendet werden, sind direkt mit der Botschaft verbunden, die mitgeteilt wird. Weinen ist mit Ärger verbunden. Der Ärger und die Tränen hängen direkt miteinander zusammen. Die Tränen übersetzen den Ärger. In der Kommunikation mit Worten ist das meistens anders. Dort sind die Zeichen, die verwendet werden, durch Absprachen festgelegt. Wir benennen die Dinge, aber es gibt keinen direkten Zusammenhang zwischen einem Stuhl und dem Wort »Stuhl«. Dieses andere also, diese non-verbale Kommunikation, ist für eine Lebensgemeinschaft viel wichtiger, als man normalerweise denkt! Untersuchungen haben gezeigt, daß die übergroße Menge an Information, die zwischen zwei Partnern stattfindet, über diesen non-verbalen Weg verläuft. Untersuchungen haben auch erwiesen – was die meisten schon lange wußten –, daß zufriedene und unzufriedene Ehepaare sehr leicht von einem unabhängigen Beobachter auf der Basis ihres non-verbalen Umgangs unterschieden werden können. Es reicht aus, in einem Supermarkt oder an einer Haltestelle die Paare zu beobachten, die vorbeigehen, um aus ihrem Umgang (ohne daß man sie reden hört) zu erkennen, wie sie zueinander stehen. Woraus besteht nun diese non-verbale Kommunikation?

MIMIK

Die *Mimik:* der Gesichtsausdruck. Wenn er aufsteht, schaut er, ob sie heiter ist. Ist das so, dann ist er glücklich. Ist das nicht so, dann fürchtet er das Schlimmste. Die Mimik übersetzt viel von dem, was sich in jemandem abspielt. Die Mimik setzt sich nach Jahren im Gesicht fest. So sieht man Menschen mit einer verbitterten, einer milden, einer verhärmten, einer verschlossenen, einer offenen Mimik. Könnte es sein, daß wiederholtes Zeigen einer bestimmten Mimik die Gesichtszüge einer Person bestimmen kann?

HALTUNG

Die *Haltung:* Die Körperhaltung ist eine Informationsquelle für den Ehepartner. Auch hier ist es wie mit der Mimik: Es wird immer die eine oder die andere Haltung eingenommen. Man »plumpst« in einen Sessel. Man »hängt« auf einem Stuhl. Man wippt mit den Beinen. Der Partner kann eine offene oder eine geschlossene Haltung einnehmen. Man kann sich stark stellen oder gerade schwach erscheinen. Man kann eine abweisende oder eine verführerische Haltung einnehmen.

86

Die *Gebärden:* Der Partner kann seinen Worten mit Gebärden Nachdruck verleihen, zum Beispiel mit der Faust auf den Tisch schlagen, eine Faust ballen oder eine offene Hand zeigen.

Der *Ton,* mit dem etwas gesagt wird, ist in einer Beziehung auch sehr wichtig. Der Ton kann etwas relativieren oder verstärken. Ob etwas eine Bitte oder ein Befehl ist, hängt zum großen Teil vom Ton ab. Wortspiele, humorvolle Bemerkungen, Witze werden in hohem Maße vom Ton bestimmt. Ob etwas hänselnd oder grob gemeint ist, hängt vom Ton ab.

Die Betonung bestimmt zum großen Teil die Bedeutung eines ausgesprochenen Satzes. Der Satz »Hast du für mich noch eine Tasse Kaffee?« ändert seine Bedeutung vollständig, je nachdem, wie man die Betonung setzt: »*Hast* du; hast *du;* hast du für *mich;* hast du für mich *noch;* hast du für mich noch *eine;* hast du für mich noch eine *Tasse;* hast du für mich noch eine Tasse *Kaffee?*«

Die *Körpersprache:* Die Farbe zu wechseln, ist eine Botschaft. Er wird weiß vor Wut, errötet vor Scham, wird rot vor sexueller Erregung. Er sagt zu ihr: »Eigentlich hast du all die Jahre schon so viel für mich getan. Ich weiß, daß du mich liebst.« Sie errötet. Sie ist gerührt. Ihr steigen Tränen in die Augen. Sie lacht ihre Rührung ein bißchen weg. Die körperlichen Seiten von Lachen und Weinen gehören zu diesem Bereich; auch die Äußerungen von körperlicher Freude, so wie Erröten vor Freude oder sexuelle Erregung: eine Erektion bekommen oder Feuchtwerden. Auch die Äußerungen von körperlicher Unzufriedenheit gehören in diesen Bereich. Ein Gesicht, das sich vor Schmerz verzieht, ein Arm, der gelähmt ist. Eine Hand, die bebt. Die körperlichen Erscheinungsformen von Schmerz und Genuß, darum geht es. Die Körpersprache im Schmerz spielt eine wichtige Rolle in der menschlichen Kommunikation. Schmerz »sagt« manchmal etwas. Kopfschmerzen sagen manchmal: Ich hab genug davon, genug von deinem Gejammer, oder ich habe genug von dir. Rückenschmerzen: Ich kann diese Lasten nicht mehr ertragen! Schmerzen im Bein: Ich gehe lieber nicht mehr weiter mit dir! Magenschmerzen, Schmerzen in der Herzgegend, alle Arten des Schmerzes umfassen Botschaften an die Umgebung, in erster Linie an den Partner und die Familienmitglieder. Wir haben schon gezeigt, daß Schmerzen zu haben ein Mittel ist, um Aufmerksamkeit zu erregen. Die Schmerzen werden manchmal durch diese Aufmerksamkeit heraufbeschworen und durch sie beibehalten. Eine Ehe ist eine Aufmerksamkeitsbeziehung. Zu diesen Äußerungen des Körpers zählt auch das Seufzen. Tiefes Seufzen enthält natürlich eine Botschaft an den Partner, der es hört.

Das *sexuelle Spiel* umfaßt viele der aufgezählten Äußerungen. Streicheln ist eine Gebärde der Zärtlichkeit. Sexueller Umgang kann eine Wertschätzung, eine Zärtlichkeit, eine Würdigung ausdrücken. Ein Kuß, einen Arm reichen, die Hand nehmen, sind Zeichen einer positiven Haltung füreinander.

Blickkontakt: Der Blickkontakt ist auch eine Art der Kommunikation. Es ist eines der direktesten Signale gegenseitiger Anziehung.

Etwas tun oder lassen: In einer Beziehung wird sehr viel durch Tun oder Lassen ausgedrückt. Sie steht auf und räumt den Tisch ab. Er liest weiter seine Zeitung und unterläßt es, ihr zu helfen. Er versäumt es, rechtzeitig zu kommen. Er vergißt, seine Aufgabe auszuführen.

Auch das »etwas lassen« kann sehr viel bedeuten! Wenn sie jahrelang den Tisch abräumt und plötzlich tut sie das nicht mehr, dann hat das auch etwas zu bedeuten!

Das *Tempo*, in dem etwas geschieht, ist in einer Beziehung von Bedeutung. Sie kann ihm ein Butterbrot schmieren, so langsam, daß er wütend wird. Er kann ihr auf eine Art eine Tasse Tee einschenken, daß keine Spur einer freundlichen Hilfeleistung mehr zu erkennen ist. Aus Beobachtungen innerhalb von Familien wird deutlich, daß ein ruhiges Tempo in glücklichen Familien vorherrscht. Sich für jemanden Zeit zu nehmen, ist angesichts der Kürze des menschlichen Lebens so ziemlich das Kostbarste, was jemand geben kann.

Was sind nun die Vorteile dieser beiden Kommunikationsformen?

Die Kommunikation mittels Worten kann feiner sein, detaillierter als die non-verbale. Sie ist logischer. Es ist mehr Nuancierung möglich; dies oder das, dies und das, einerseits und andererseits. Es kann auch zu einer scharfen Ja-Nein-Gegenüberstellung kommen. Es kann etwas abgestritten werden usw.

Die non-verbale Kommunikation ist oft vage und immer für mehrere Interpretationen offen. »Streicheln« kann »Trost« bedeuten, aber auch »Zärtlichkeit« und »Liebkosung« oder »Ermutigung«, und es kann sogar zu sexueller Erregung stimulieren. Bedeutet der Faustschlag auf die Tafel Macht oder Ohnmacht? Wenn ein Mann seine Frau schlägt, ist das dann Destruktion, Haß oder ein allerletzter Kontaktversuch bzw. ein Versuch, Anerkennung und Würdigung zu erzwingen? Gerade durch die verbale Übersetzung dieser non-verbalen Phänomene kann Deutlichkeit gewonnen werden, wo dies nötig ist. Andererseits ist der Reichtum einer Gebärde, eines Streichelns, eines verständnisvollen Tons niemals vollständig in Worte zu fassen.

3. Inhalt und Beziehung

Wir machen nun einen zweiten Unterschied innerhalb der Kommunikation. In jeder Kommunikation kann ein Unterschied zwischen dem *Inhaltsaspekt* und dem *relationellen Aspekt* (Beziehungsaspekt) einer Botschaft gemacht werden. Grob unterschieden, sagt der Inhaltsaspekt einer Botschaft etwas über die Welt, über die Dinge. Der relationelle Aspekt sagt etwas über die Beziehung zwischen den Partnern selbst. Beide Aspekte sind stets in jeder Kommunikation vorhanden. Wir wollen von einem Beispiel ausgehen.

Gerhard und Linda auf der Terrasse. Es ist Sonntag nachmittag. Gerhard und Linda sitzen ruhig auf der Terrasse in der Sonne. Die Kinder sind mit einer Jugendgruppe unterwegs. Gerhard sagt:»Schatz, meine Tasse ist leer.« Linda springt auf, rennt in die Küche, holt die Kaffeekanne, kommt zurück, füllt Gerhards Tasse, geht wieder in die Küche, kommt zurück und setzt sich wieder. Der Inhalt der Botschaft lautete: Es ist nichts mehr in meiner Tasse. Aber wer nur das gehört hat, versteht nicht, was passiert ist. Der relationelle Aspekt, der ebenso dabei war, hieß: »Ich bin hier der Chef. Du mußt für mich rennen, und zwar schnell!« Im relationellen Aspekt wird also die Stellung des Senders gegenüber dem Empfänger ausgedrückt, hier also, wie Gerhard die Beziehung sieht. Es wird ein Versuch unternommen, die Beziehung zu bestimmen. Wie wir meinen, geht es oft um drei Dimensionen. Wer ist hier der Chef, und wer ist hier der Untergeordnete? Wer liegt hier richtig, und wer liegt hier falsch? Wer liebt hier wen, oder wer kann hier wen nicht leiden? In jeder Kommunikation wird immer etwas darüber gesagt, wie der eine die Beziehung mit dem anderen sieht, ob er sich dessen nun bewußt ist oder nicht.

Jedes Gespräch ist – neben der Informationsübermittlung über bestimmte Dinge – auch ein Gespräch über die Beziehung. In jeder Botschaft ist etwas enthalten, wie ich mich selbst sehe, wie ich dich sehe, wie ich diese Beziehung sehe. In einer Ehe *gibt es keine neutralen Botschaften*, jedenfalls in dem Sinn nicht, daß sie völlig objektiv wären. Kehren wir zu dem Beispiel von Gerhard und Linda zurück.

In einer Ehe gibt es keine neutralen Botschaften

Angenommen, Linda beugt sich, nachdem Gerhard gesagt hat: »Meine Tasse ist leer«, nach vorne und sagt entrüstet: »Na und!« und setzt sich ruhig wieder hin. Damit sagt sie auch etwas darüber, wie sie die Beziehung sieht. Sie propagiert damit die Gleichberechtigung. (Wer Kaffee will, holt ihn sich selbst.) Gesetzt den Fall, Gerhard steht dann auf, um Kaffee zu holen. Dann akzeptiert er ihre Definition der Beziehung. Und dann sagt sie: »Wenn du sowieso Kaffee holst, bringst du dann auch das Gebäck mit?« Hier versucht sie die Beziehung so zu bestimmen, daß er etwas für sie tut. Er hat die untergebene Position, sie steht über ihm. Er antwortet: »Ich weiß nicht, wo das Gebäck ist!« Dadurch stellt er das Gleichgewicht wieder her. Wenn man aufmerksam hinsieht, merkt man, daß in jeder Botschaft nicht so sehr etwas darüber gesagt wird, wie die Beziehung ist, sondern vor allem darüber, wie man sich die Beziehung wünschen würde. Die Reaktion des Partners darauf ist daher wichtig. Gibt es denn in einer Ehe gar keine neutralen Botschaften? Wir wollen auf die Suche gehen. »Wieviel hat das Kleid gekostet?« »Wo bist du denn gestern abend

noch gewesen?« »Hast du am Wochenende noch Freizeit?« Alle diese Fragen sind gefärbt, sie sind nicht neutral. Und die Frage, wie spät es ist? Ein Beispiel. Leo
steht an der Treppe. Sie müssen zu zweit ins Theater. Es
ist spät. Er ist nervös. Christine ist noch oben und macht
sich fertig. Leo ruft: »Schatz! Wie spät ist es?« Christine
antwortet auf den relationellen Aspekt mit: »Ja, ja, ich
komme schon!« Die Frage »wie spät ist es« umfaßt auch
einen relationellen Aspekt. Wenn Leo und Christine sich
gerade gestritten haben, dann wird Christine von oben
über das Treppengeländer auf seine Frage: »Schatz, wie
spät ist es?« das Folgende rufen: »Beim dritten Ton des
Zeitzeichens ist es 19 Uhr 33 Minuten und 40 Se-
kunden!« Und dann weiß er auch, »wie spät es ist«!
Dieser relationelle Aspekt wird hauptsächlich non-ver-
bal ausgedrückt, es geht, wie man sich anhand der Beispiele vorstellen kann, um den Ton, die Betonung, die
Mimik. Es ist der Ton, der deutlich macht: »Ich fühle
mich in unterlegener Position, und ich fühle, daß du
über mir stehst.« Für viele ist gerade die Sexualität eine
Sprache, die besonders Nähe, Wertschätzung und
dergleichen ausdrückt.

4. Widersprüche

Eheprobleme werden hier betrachtet als Widersprüche
in der Kommunikation.
Worte gegen Worte. Bei der ersten Form von Widersprüchen innerhalb von Partnerbeziehungen widerspricht sich jemand selbst. »Willst du noch eine Tasse
Kaffee?« »Nein, danke ... ja, doch!« Der Partner wird
dann aufsehen, um zu erfahren, was der andere genau
sagen will. Aber dieser Widerspruch kann auch ganz
subtil, beinahe unbemerkt passieren. Der Partner wird
sich dann in die Enge getrieben fühlen und nicht gut verstehen, was da passiert. Das *Ja-aber-Spiel* ist hierfür ein
gutes Beispiel.

Rolf, Brigitte und das Ja-aber-Spiel. Rolf und Brigitte, ein
junges Ehepaar mit zwei kleinen Kindern, geraten im-

*Worte gegen
Worte*

91

mer wieder in Streit; diese Streitigkeiten gehen bis zu physischer Gewalt. Immer wenn sie bei Brigittes Eltern übernachten, entstehen diese Streitigkeiten, und sie drehen sich immer um dasselbe (wie so oft in einer Ehe). Der strittige Punkt ist, ob sie die Kinder in ihrem Zimmer schlafen lassen sollen oder nicht. Was sagt Rolf? Er sagt: »*Ja*, ich finde es gut, wenn die Kinder in unserem Zimmer schlafen, *aber* es ist schon lästig, daß wir dann das Licht früh ausschalten müssen; daß wir still sein müssen, daß wir nicht reden oder miteinander schlafen können.« Brigitte sagt: »*Ja*, ich finde es gut, wenn sie in einem anderen Zimmer schlafen, *aber dann* höre ich den Kleinen nicht atmen, und dann werde ich unruhig. Ich fürchte, daß die Große aus dem Zimmer läuft, ohne daß wir es merken. Vielleicht fällt sie dann in dem fremden Haus die Treppe 'runter.« Er antwortet: »Ja, das ist wahr, sie liegen sicherer bei uns, *aber* wenn sie bei uns liegen, dann müssen wir früher schlafen gehen und dann können wir nicht miteinander schlafen. Außerdem sagst du doch selbst, daß du es gut findest, wenn sie in einem anderen Zimmer schlafen.« Brigitte antwortet: »Ja, natürlich finde ich das gut, *aber* dann mache ich kein Auge zu. Ich bin viel zu unruhig. Ich könnte es mir selbst nie vergeben, wenn ihnen etwas zustieße! Im übrigen sagst du doch selbst, daß du es gut findest, wenn sie bei uns schlafen.« »Ja, natürlich Schatz, aber …« usw. Beide Partner sprechen hier mit doppelter Zunge. Rolf sagt in Wirklichkeit: »Ich will sie zwar im Zimmer haben, aber ich will sie nicht im Zimmer!« Brigitte sagt: »Ich will sie eventuell schon in einem anderen Zimmer, aber ich will sie nicht in dem anderen Zimmer!« Beide widersprechen sich selbst. Sie lieben den anderen (wollen auf den anderen Rücksicht nehmen), und zugleich wollen sie deutlich das Gegenteil des anderen. Beide wollen den anderen nicht verletzen. Und nein sagen fällt so schwer. Werden aber beide Partner gebeten, alle »jas« und »abers« aufzusagen, dann wird alles schnell deutlich. Rolf will nicht, daß die Kinder im Zimmer schlafen. Brigitte will nicht, daß die Kinder in einem anderen Zimmer schlafen. Nun sind die Botschaften deutlich. Nun ist der Gegensatz klar, und es kann verhandelt werden. In ihrer normalen

Antwort wird also ihrem »ja« immer wieder durch ein »aber« mit einer ganzen Reihe von Argumenten widersprochen. Statt »nein« zu sagen, sagt man also »ja, aber«. »Gehst du mit mir spazieren?« »Ja, aber ich bin so müde!« Mit anderen Worten: »Nein, denn ich bin zu müde!«

Widersprüche im Non-verbalen. Auch innerhalb des Non-verbalen sind Widersprüche möglich! Ein Mann streichelt seine Frau auf so hölzerne Art und Weise, daß es eher Reiben als Streicheln ist. Eine Frau bereitet das Lieblingsdessert ihres Mannes zu, aber sie läßt es anbrennen. Er repariert ihr Bügeleisen, aber sehr geräuschvoll und mit sichtbarem Widerwillen. Ein Mann geht mit seiner Frau einkaufen, aber meckert die ganze Zeit, daß alles zu teuer sei oder nicht schön. Oder er läuft neben ihr wie abwesend her. Ein Mann geht für seine Frau einkaufen, aber »vergißt«, das Wichtigste zu kaufen. Eine Frau fordert ihren Mann zum Sex auf, aber stößt ihn ab, als er darauf eingeht. Der Effekt dieser Zweideutigkeit besteht für den Partner darin, daß dieser sich immer wieder in die Enge getrieben fühlt. Der andere übermittelt zwei einander widersprüchliche Botschaften zugleich. Was will er denn nun eigentlich sagen?

Worte gegen das andere. Eine wichtige Reihe von Widersprüchen in Ehen besteht darin, daß jemand etwas tut, was dem Gesagten widerspricht. Die Worte stimmen nicht mit den Gebärden, der Mimik, dem Ton überein, in dem etwas gesagt wird. Rolf sitzt an einem ruhigen Sonntag nachmittag da und liest Zeitung. Lydia hat mehrere Gänge zubereitet und steht vor einem Berg Abwasch. Rolf sagt: »Wäschst du denn immer noch ab! Du hast es wohl sehr schwer! Du tust mir richtig leid!«, während er ruhig sitzen bleibt. Eine Viertelstunde später sagt er: »Ich bedaure euch Frauen, mit all der Arbeit!« Lydia fühlt sich durch zwei verschiedene Botschaften in die Enge getrieben: Auf der einen Seite *sagt* er, daß er Mitleid mit ihr hat (Worte), auf der anderen Seite steht er nicht auf und hilft nicht (Taten)!

Willi, Agnes und der Spaziergang. Willi geht sehr gern spazieren. Agnes ist spazierengehen zuwider. Es ist

Sonntag nachmittag. Er will wieder in die Wälder. Er will, daß sie mitgeht. Er sagt: »Schatz, kommst du mit spazierengehen? Es ist herrliches Wetter.« Sie möchte lieber nicht, aber sie liebt ihn. Sie sagt: »Sicher, heute komme ich mit!« Sie gehen in den Wald. Zusammen beginnen sie eine stramme Wanderung. Sie sind noch nicht 500 Meter weit gekommen, und Agnes' Bein beginnt schon zu schmerzen. Es ist ein heftiger Schmerz, der das Spazierengehen schrecklich schwierig macht. Aber Agnes ist eine mutige Frau, und sie geht weiter. Sie verzieht das Gesicht und hinkt ein wenig. Sie läuft neben ihm her, als ob sie sagen wollte: Schau nur, wie ich mich aufopfere, um dir eine Freude zu machen! Seine Freude aber ist vorbei! Sie hat kaum Freude daran gehabt. Der Spaziergang ist verdorben, beide fühlen sich schlecht. Er fühlt sich einigermaßen betrogen. Sie wirft sich selbst vor, daß sie sich hat überreden lassen. Es ist deutlich: In dem was Agnes tut, ist eine widersprüchliche Botschaft. Einerseits sagt sie: »Ja, ich will mit dir spazierengehen«, andererseits sagt ihr Körper (ihr Bein): »Nein, ich will nicht spazierengehen!« Hätte Agnes ein Fazit gezogen, hätte sie zunächst gut abgewogen: »Ich will ihm eine Freude machen, ich liebe ihn«, gegenüber: »Mir ist spazierengehen entsetzlich zuwider«, dann wäre sie zu dem Schluß gekommen, daß es besser gewesen wäre zu sagen: »Nein, ich gehe nicht mit dir spazieren. Ich schlage vor, daß du ein gutes Stück alleine spazierst, das letzte Teil gehe ich dann mit dir zusammen. Danach trinken wir zusammen irgendwo Kaffee, und dann fahren wir wieder nach Hause.« Nun wird aber Willi in die Enge getrieben durch den Gegensatz zwischen dem, was sie sagt (»Ich gehe spazieren.«) und was sie tut (»Mein Bein tut entsetzlich weh.«). Viele Gegensätze im sexuellen Umgang weisen dasselbe Muster auf. Er sagt, daß er Sex mit ihr will, aber er hat keine Erektion … Sie sagt, daß sie Lust hat, aber sie liegt da wie gelähmt … Für den Partner ist es dann schwierig, richtig zu reagieren. Geht er darauf ein, dann gegen die körperliche Botschaft; geht er nicht darauf ein, dann gegen die Worte des anderen. Darum sagen Menschen mit Eheproblemen regelmäßig: »Nie mache ich es richtig! Was ich auch tue, es ist immer falsch!«

Der Inhalt gegen die Beziehung. Wenn der eine Partner vom anderen ein bestimmtes Verhalten oder eine bestimmte Reaktion verlangt, die unmöglich auf Befehl gegeben werden kann, dann bringt er den anderen in die Klemme. Der Widerspruch liegt hier zwischen dem Inhaltsaspekt (etwas, das nur auf freiwilliger Basis geschehen kann) und dem relationellen Aspekt (es wird ein Befehl gegeben). Immer wenn ein Mann von seiner Frau ein bestimmtes Gefühl fordert, macht er diesen Fehler. »Du mußt Jazz schön finden. Du mußt Sex genießen. Du mußt einen Orgasmus bekommen.« Wenn eine Frau von ihrem Mann spontanes Verhalten fordert, verfällt sie in denselben Fehler: »Du mußt mit Freuden in der Küche helfen, ohne daß ich dich darum bitte. Du mußt von dir aus mit mir reden. Du mußt mir mit deinen Liebkosungen deutlich machen, daß du mich liebst und daß ich etwas wert bin.«

In einem Café sitzt ein älteres Ehepaar an einem niedrigen kleinen Tisch. Sie ist eine korpulente, große Dame. Er ist ein kleines, schmächtiges Männchen. Plötzlich fährt sie ihn an, indem sie sich über ihn beugt und ihn am Kragen packt: »Wann wirst du nun endlich einmal ein richtiger Mann!« Das Männchen sitzt in der Klemme. Tut er, was sie sagt, stößt er sie von sich weg, dann macht er immer noch das, was sie von ihm verlangt! Ein richtiger Mann kann man nicht auf Befehl sein! Reagiert er nicht, dann bleibt er ein Pantoffelheld!

Dasselbe Problem taucht auf, wenn ein Mann mit Gewalt seiner Frau Respekt abzwingen will. Erzwungene Wertschätzung ist keine. Das ist das große Drama bei manchen Paaren, bei denen physische Gewalt vorkommt. Eine Frau will, daß ihr Mann sie liebt, »nicht weil ich es dir sage, sondern von dir selbst aus!« Alle diese Beispiele werden dramatischer, je nachdem, ob derjenige, der den Befehl oder die Bitte äußert, über dem anderen steht.

Eine Variante, die gelegentlich von der unterlegenen Partei angewandt wird, lautet: »Schatz, laß mich ich selbst sein, bitte!« Ich bin ich selbst, oder ich bin es nicht; der Partner kann schwerlich anstelle des anderen bestimmen, daß dieser »er selbst« ist. Das Einfordern von

Gefühlen beim Partner kann auch aus Besorgtheit geschehen: »Du mußt dir keine Sorgen darüber machen. Setz dich darüber hinweg! Sei nicht beunruhigt!«

Die Entwicklung in der Ehe hin zu einer größeren Gleichberechtigung von Mann und Frau fördert manchmal seltsame Widersprüche zutage. So wollte Klaus unbedingt, daß Ellen, seine Frau, selbständiger werden sollte. Bei allem, was er ihr sagte, klang stets die Botschaft mit: Du mußt selbständig sein. Ellen blieb aber in der Widersprüchlichkeit gefangen. Immer wenn sie ein Zeichen von Selbständigkeit zeigte, blieb der Zwiespalt bestehen. Tut sie es, weil sie es selbst will, oder tut sie es, weil er es ihr aufträgt? Man kann nicht auf Befehl selbständig sein, denn einen Befehl zu befolgen, ist schon ein Zeichen von Unterordnung. Die Widersprüchlichkeit arbeitet in zwei Richtungen. Für ihn gibt es immer den Zweifel: Tut sie es, weil ich es sage oder von sich aus? Für sie ist ihre eigene Reaktion auch stets zweideutig: Bin ich nun eine selbständige oder eine gehorsame Frau? Klaus reagierte dann wieder, indem er sagte: »Tu nicht so gehorsam!« Eine andere Form dieser Widersprüchlichkeit in einer Beziehung, in der die Frau eine eher klassische Eherolle anstrebt, ist die Botschaft an ihren Mann: Ich will (Befehl), daß du mich dominierst (daß du mir Befehle gibst). Auch dieser Mann kann unmöglich angemessen reagieren. Wenn es ihm gelingen würde, sie zu dominieren, dann befolgt er immer noch ihren Befehl!

Wie können diese Widersprüche vermieden oder gelöst werden?

Doppeldeutigkeiten, Wortspiele und Widersprüche sind Teil jeder Beziehung. Sie können beim Necken, spielerisch und mit Humor eine sehr positive Rolle spielen. Wenn sie aber unter ernsthafteren Umständen die Beziehung bedrohen, ist es besser, sie durch glasklare Eindeutigkeit zu verhindern oder sie aufzulösen. Diese Eindeutigkeit kann in einer Reihe von *Regeln für die Kommunikation* formuliert werden.

Glasklare Eindeutigkeit

96

1. Was ich sage und was ich tue oder lasse, stimmt miteinander überein.

Wenn er sagt: »Ich höre zu«, dann legt er die Zeitung weg und wendet sich ihr zu. Wenn ihm klar ist, daß er die Tür nicht streichen kann oder will, sagt er deutlich: »Ich streiche die Tür nicht.«

2. Meine Haltung und was ich sage, stimmen überein.

Wenn er keine Lust auf Sex hat und sie darauf dringt, dann sagt er: »Ich habe jetzt keine Lust, mit dir zu schlafen.« So verhindert er, daß er wieder impotent reagiert (»Ich habe Angst und bin nervös«).

3. Sei nicht zu vorsichtig. Schone den Partner nicht zu sehr.

In den Beispielen, die gegeben wurden, wird deutlich, daß eine Reihe von Widersprüchen in der Kommunikation aus einer zu großen Vorsichtigkeit resultiert. Der Partner soll geschont werden. Eine Frau beschrieb die große Vorsichtigkeit und Undeutlichkeit ihres Mannes mit einem schönen Bild: »Ich muß immer im Trüben fischen.« Der Partner und also auch die Beziehung sind besser dran mit einem deutlichen Nein als mit einem vagen Nein. Viele Ja-aber-Botschaften werden durch zu große Vorsicht beibehalten.

4. Einen Standpunkt einzunehmen ist besser als Fragen zu stellen, die keine sind.

Viele Fragen in Ehen sind keine echten Fragen. Es sind versteckte Botschaften. »Warum stehen die Mülleimer noch nicht draußen?« lautet die Frage, während gemeint ist: »Ich bin sauer, weil du die Mülleimer noch nicht nach draußen gestellt hast!« »Hast du Lust«, fragt er, und er meint: »Ich habe Lust!« »Was machen wir heute abend?« anstelle von: »Ich will mit dir heute abend um zehn gern in den Film Providence von Alain Resnais ins Studio.« »Warum brauchst du dieses Kleid?« bedeutet eigentlich: »Ich finde, daß du dieses Kleid nicht brauchst!« Viele Warum-Fragen bringen den Partner auf

97

das Gleis einer vernünftigen Argumentation. Sie fördern das allzu vernünftige Gerede. Eheprobleme werden dadurch nie gelöst.

5. Sei konkret und genau, anstelle von vage und allgemein.

Vagheit ist oft die Art, in der Widersprüche beginnen oder beibehalten werden. »Wir müssen tatsächlich 'mal 'was daran machen ... Wir werden uns 'mal darüber unterhalten müssen ... Wir müssen uns 'mal die Arbeit machen.« Dies sind Botschaften, die angeben, daß der Sender nicht das, von dem er spricht, enthusiastisch in Angriff nehmen wird. Es enthält sogar eine Verneinung. Wir müssen uns 'mal an die Arbeit machen, aber *jetzt* nicht oder *ich* nicht. Es ist viel einfacher, zu sagen: »Ich werde morgen zwischen zwei und vier das Kinderzimmer renovieren« oder: »In den nächsten Monaten habe ich noch so viele andere Dinge zu tun, daß ich dieses Kinderzimmer sicher nicht schaffe!«

6. Bei Problemen ist erklären besser.

Die Kommunikation gewinnt an Deutlichkeit, wenn nicht zu schnell vorausgesetzt wird, daß der andere genau weiß, was gemeint ist. »Was ich eigentlich sagen will, ist ... Was ich meinte, war ... daß es mir auch leid tut, daß ich nein gesagt habe. Es tut mir eher leid, als daß ich böse bin.«

7. Beende deine Sätze.

Wenn in wichtigen Fragen Sätze nicht beendet werden, fördert dies schmerzhafte Doppeldeutigkeiten. »Damals ... du weißt schon ... als ... er ...« Partner, die zusammen leben, verstehen natürlich sehr schnell die gegenseitigen Botschaften. Wenn aber Störungen in der Beziehung auftreten, muß immer deutlich gemacht werden, was genau gemeint ist. Auch wenn dies viel Mühe kostet.

98

8. Hör auf die unverfälschte ursprüngliche Botschaft.

In einer intimen Beziehung ist wirkliches Zuhören sehr wichtig. Das Ziel ist, in die Erlebniswelt des anderen einzutreten. Partner teilen zeitweise die Sichtweise des anderen auf die Wirklichkeit. Dies setzt aber voraus, daß der eigene Blick deutlich verschoben und die eigenen Probleme vernachlässigt werden, um die Dinge so gut wie möglich wie der andere zu sehen. Die Botschaft des anderen wird oft in zwei Richtungen gefiltert. Manchmal hört man, was man fürchtet. Manchmal hört man, was man sich wünscht. Aber es kommt darauf an zu hören, was der andere meint.

9. Gib ein Signal, daß die Botschaft angekommen ist.

Eine Botschaft ist erst abgeschlossen, wenn der Sender der Botschaft vom Empfänger ein Signal erhalten hat, daß diese Botschaft angekommen ist. Kleine Zeichen wie »hm« oder »ja, ja«, ein Kopfnicken sind hier wirklich wichtig, weil sie eine Art Minimumempfang zeigen. Nicht reagieren, ist auch eine Reaktion, aber die bleibt zweideutig. Hat der andere es gehört, oder hat der andere es nicht gehört?

Kleine Zeichen sind wichtig

10. Prüf durch Wiederholung oder Paraphrasierung, ob du verstanden hast, was gesagt wurde.

Wiederholen ist ein wichtiges Mittel, um herauszubekommen, ob die Botschaft gehört wurde. Man wiederholt, was gesagt wurde, wörtlich, nicht mehr und nicht weniger, während man die Personalpronomen anpaßt. »Ich war schrecklich unruhig, als du um drei Uhr noch nicht zu Hause warst!«
»Du warst schrecklich unruhig, als ich um drei Uhr noch nicht zu Hause war!«
Paraphrasierung bedeutet, *in eigenen Worten* zu wiederholen, was der andere gesagt hat, so vollständig wie möglich und mit der Bitte an den anderen um Kontrolle. Das Ziel der Paraphrasierung besteht darin, daß der Empfänger der Botschaft lernt, *sich einzuleben, sich in den Partner einzufühlen.* Es ist eine kleine Übung in Empathie, in

Mitempfinden. »Ich finde es sehr schön, wenn alles aufgeräumt ist, wenn die Kleidung an der Garderobe hängt und die Schuhe ordentlich auf ihrem Platz stehen.«

»Du findest es sehr schön, daß die Schuhe auf dem Flur auf ihrem Platz stehen, daß meine Jacke an der Garderobe hängt und daß das Wohnzimmer aufgeräumt ist!«

»Ich habe mir früher immer vorgenommen – weil wir zu Hause viele Kinder waren und alles drunter und drüber lag, das war mir immer schrecklich zuwider – ich habe mir damals vorgenommen, daß ich, wenn ich verheiratet sein würde, versuchte, für alles einen Schrank oder eine Garderobe zu haben, so daß alles aufgeräumt ist!«

Paraphrase: »Früher, bei euch zu Hause, war es sehr unordentlich, weil ihr so viele Kinder wart, und du hast dir damals gedacht: Wenn ich später verheiratet bin, dann werde ich dafür sorgen, daß mein ganzes Haus ordentlich aufgeräumt ist und daß ich für alles einen festen Platz habe!«

»Auf jeden Fall es zu versuchen!«

»Dann werde ich *versuchen*, mein Haus ordentlich aufzuräumen und für alles einen festen Platz zu haben.«

»Tatsächlich, nun hab' ich *ja* Schränke, und ich finde es schön, daß wir die benutzen können.«

»Da du ja Schränke hast, bist du froh, die benutzen zu können.«

»Genau!«

11. Stell nur echte Fragen; bitte um Informationen.

Als Empfänger sollst du keine Fragen stellen, die etwas suggerieren oder Mißbilligung ausdrücken. Der wichtigste Fragentyp ist der folgende: »Was meinst du mit …?« »Was ist …?« »Wie siehst du …?« »Wie fühlst du dich dabei?« Der Empfänger kann dem Sender eine Frage vorlegen, wenn die Botschaft nicht deutlich ist. »Ich sehe, daß du das Gesicht verziehst, und du sagst weiter, daß es dir nicht weh tut. Was ist nun eigentlich los?« »Du hast gesagt, daß du mit mir schlafen willst und nun zitterst du, wenn wir anfangen. Was ist passiert?«

12. Lerne Meta-Kommunizieren.

Es ist wichtig, in einer Beziehung – notfalls – zu meta-kommunizieren. Meta-kommunizieren heißt, über die Kommunikation reden. »Meinst du ...?« »Kannst du das 'mal wiederholen?« »Kannst du das eben paraphrasieren, bevor ich weiterspreche?« »Ich würde gern mit dir folgendes besprechen.« »Danke, daß du mir zugehört hast.« »Ich hab' mich gut gefühlt, als du mir zugehört hast!«

13. Es ist besser, über ein konkretes Gefühl zu sprechen.

Manchmal laufen Diskussionen in der Ehe auf Generalisierungen hinaus, und anschließend wird dann über deren Wahrheit und Unwahrheit gestritten. Dieser Kampf ums Rechthaben entfällt, wenn über das eigene Gefühl gesprochen wird. Das bedeutet, sich der Beschränktheit des eigenen Standpunkts bewußt zu sein und dies auch zuzugeben. Wenn man dabei über eigene Gefühle spricht, ist Kommunikation in der direktesten Form möglich. Eine Frau ruft aus: »Ein Vater muß sich doch mit seinen Kindern beschäftigen!« Was sie eigentlich meinte: »Ich mache mir darüber Sorgen, daß du dich nicht genug mit den Kindern beschäftigst. Es macht mir das Herz schwer. Mein eigener Vater war oft nicht da. Ich will nicht, daß meine Kinder das auch mitmachen. Ich fände das sehr schlimm!«

14. Rechne zusammen!

Immer wenn – in wichtigen Fragen – verschiedene Interessen innerhalb einer Person vorhanden sind, immer wenn es einen inneren Konflikt gibt, kann man diesen besser erst einmal für sich selbst lösen und dann erst den Partner mit dieser Lösung konfrontieren. Oft passiert damit das Gegenteil (man denke an die Ja-aber-Beispiele) und treibt damit den Partner mit zwei entgegengesetzten Teilen seines Ichs in die Enge. »Spazierengehen ist mir zuwider, soviel weiß ich! Aber ich liebe dich, und du gehst gern spazieren. Ich will dir gern eine Freude machen, aber es fällt mir schwer. Ich werde bestimmt nicht zuviel opfern. Ich bin aber durchaus bereit, einen kleinen Spaziergang mit dir zu machen.« Alle diese Überlegungen führen zu dem Satz: »Schatz, ich will zwanzig Minuten mit dir spazierengehen.«

Diese Regeln sind nur Ratschläge für eine bessere Kommunikation. Sie sind erst wirklich wichtig, wenn beide die Kommunikation verbessern wollen oder sie in wichtigen Punkten Probleme haben. Für das Gespräch miteinander gilt ebenfalls eine Reihe von Ratschlägen:
1. Blickkontakt und eine Körperhaltung, die Aufmerksamkeit signalisiert, erleichtern das Gespräch.
2. Für ein wichtiges Gespräch muß man eine günstige Situation schaffen. Das beinhaltet: Die Verabredung in einem Kalender notieren, einen guten Sprechabstand finden, hinderliche Faktoren entfernen, die die Aufmerksamkeit ablenken (den Fernseher, das Radio ausschalten, die Zeitung weglegen, eine ruhige Umgebung, die Kinder mit sich selbst beschäftigen ...). Manche gehen lieber zusammen spazieren, um einmal wirklich zu reden, andere lehnen sich lieber aneinander an. Wenn beide eine Situation dulden, in der Sprechen nur unter Schwierigkeiten möglich ist, gibt es einen Widerspruch zwischen dem Wunsch, miteinander zu reden, und dem nicht wirklich Miteinander-reden-wollen!
3. Ein gutes Gespräch erfordert eine *Anlaufzeit*, in der über alltägliche Dinge gesprochen wird. Tiefe kann in einem Gespräch nicht sofort erreicht werden. Wer sofort tiefgreifende Gespräche führen will, erscheint zumeist lächerlich.
4. Es ist nötig, ein Thema vollständig zu bearbeiten, bevor ein anderes in Angriff genommen wird. Man muß bei dem Thema bleiben, mit dem man angefangen hat. Zahlreiche eheliche Diskussionen würden viel effizienter verlaufen, würde jeweils ein Thema behandelt und, sobald davon abgewichen wird, zum roten Faden des Gespräches zurückgekehrt.

Nachdenken über mich und meinen Partner: Mythen

Kapitel 5

In diesem Kapitel wird ein zentraler Punkt der Partnerbeziehung besprochen.
Die Art und Weise, in der jemand über sich selbst denkt, legt seine Stellung innerhalb der Beziehung fest. Die Art und Weise, wie jemand über den Partner denkt, ist auch von großer Wichtigkeit. Manchmal kann die Vorstellung, die ich von mir selbst und meinem Partner habe, extrem übertrieben und daher verkehrt sein. Wir nennen diese falschen und übertriebenen Auffassungen Mythen. Davon handelt dieses Kapitel.

Das Wort Mythos hat zwei Bedeutungen: eine positive und eine negative. Was ist die positive Bedeutung von Mythos? Das Wort Mythos kommt aus dem Griechischen. Es ist eine Bezeichnung für die Geschichten, die über die Dinge entstanden, für die die Menschen keine rationale Erklärung hatten. Das Mythische kann vom Logischen unterschieden werden. Über alle die Dinge, für die es eine logische Erklärung gab, wurden logische Erklärungen gegeben (logos); über die Dinge, für die das nicht möglich war, wurden Mythen erzählt. Mythen handeln vom Tod, vom Leben, von den Göttern, dem Ende und der Entstehung der Welt, vom Schicksal, von der Liebe usw. ... Eigentlich ist das Mythische etwas sehr Wichtiges. Heutzutage greift man wieder darauf zurück, da der Mensch ein Wesen ist, das ohne Mythen nicht existieren kann.

Wir verwenden das Wort Mythos hier aber im *negativen Sinn* von »etwas, das nicht ganz wahr ist«. Wenn von etwas gesagt wird, daß es ein Mythos sei, dann soll damit normalerweise gesagt werden, daß es erzwungen ist, daß es nicht vollständig stimmt. In dieser Bedeutung gebrauchen wir das Wort hier.

1. Mythen meiner selbst

Erst werden wir die übertriebenen Bilder (Mythen) im Zusammenhang mit der eigenen Person behandeln. In einem zweiten Teil wird es sich um Mythen im Zusammenhang mit dem Partner und der Beziehung drehen. Den ersten Teil könnte man daher mit »Persönliche Mythen« betiteln, den zweiten Teil mit »Relationelle Mythen«.

Wir wollen diese Darlegung mit einer kleinen Übung beginnen. Stellen Sie sich vor, jemand würde gefragt, einmal über sich selbst nachzudenken und seine Eigenschaften aufzuzählen. Stellen Sie sich vor, jemand würde gefragt, wer er ist, und diese Person würde sich fragen: Wer bin ich eigentlich? Was würden Sie dann antworten? Es kann zum Beispiel versucht werden, drei positive und drei negative Eigenschaften von sich selbst zu suchen. Wenn nun einige positive und negative Eigenschaften gefunden sind, dann ist es interessant, einmal zu sehen, was nun geschehen ist.

Was tut jemand, wenn er über sich selbst nachdenkt? Jeder Mensch hat eine Vorstellung oder eine Meinung von sich selbst. Jeder, der einzelne Eigenschaften von sich selbst sucht, ist eigentlich mit der Erforschung dessen beschäftigt, wer er ist. Was für eine Persönlichkeit habe ich? Wir wollen eben bei diesem *Selbstbild* bleiben.

Das Selbstbild

Wie kommt es zustande? In welcher Weise kann darüber reflektiert werden? Erster Schritt: Jeder Mensch hat in Wirklichkeit eine unendliche Reihe von Merkmalen. Jemand ist zum Beispiel empfindlich, intelligent, träge, freundlich im Umgang, nachlässig in der Kleidung usw. Ein Mensch kann deshalb niemals umfassend beschrieben werden. Es können immer noch Eigenschaften hinzugefügt werden. In Wirklichkeit hat jeder Partner eine unendliche Reihe von Eigenschaften, und eine vollständige Beschreibung kann daraus nicht erwachsen. Wenn jemand über sich selbst nachdenkt, dann wählt er einzelne Eigenschaften aus dieser unendlichen Reihe aus und stellt diese Eigenschaften in den Vordergrund. Weil er sie wichtig findet. Gesetzt den Fall, daß jemand über sich selbst denken würde: Ich bin intelligent, ich bin empfindsam, und ich bin faul. In Wirklichkeit wählt dieser Partner aus einer unendlichen Reihe von Eigenschaften, die ihn oder sie kennzeichnen, einzelne aus. Welche Eigenschaften er oder sie in den Vordergrund stellt, hat damit zu tun, was er oder sie für wichtig hält. Das ist unser erster Schritt: Eine Anzahl von Merkmalen werden in den Vordergrund gestellt. Aus der unendlichen Reihe werden einige ausgewählt und als wichtig bezeichnet.

Zweiter Schritt: Menschen neigen dazu, über diese Eigenschaften in zwei Polen, in Extremen zu denken. Sie denken von sich selbst, daß sie dumm oder klug seien, daß sie träge oder flink seien. Daß sie geschickt oder ungeschickt seien ... Menschen haben die Angewohnheit, sich die meisten menschlichen Merkmale in zwei Extremen vorzustellen. Jemand ist folgsam oder er ist richtungsweisend. Wir wollen die Geschicklichkeit als Beispiel nehmen.

Jemand beschreibt sich selbst als geschickt oder als ungeschickt. In Wirklichkeit ist es so – und das ist sehr
wichtig –, daß diese zwei Extreme in der Realität nicht
existieren. *Die* Geschicklichkeit gibt es nicht. *Die* Ungeschicklichkeit gibt es auch nicht. Sie existieren nur in unserem Kopf. Es sind Abstraktionen. *Die* Dummheit, *die*
Sportlichkeit, *die* Musikalität, *die* Gesundheit, das sind
alles Abstraktionen. Diese zwei Pole gibt es also in Wirklichkeit auch nicht. Die meisten Menschen befinden sich
hinsichtlich der menschlichen Eigenschaften irgendwo
zwischen den beiden Extremen. Wenn von jemandem
gesagt wird, daß er schweigsam sei, dann will man damit sagen: Er ist ziemlich schweigsam. Es entsteht eine
Art Vereinfachung, und es wird gesagt: Er ist schweigsam. Dieser Mann »kann keine Kontakte knüpfen«. Dieser Mann zeigt keine Gefühle. Wird das gesagt, dann
wird einen Sprung zu einem der beiden Pole gemacht. In
Wirklichkeit meint man dann, daß er ziemliche Schwierigkeiten hat, Kontakte zu knüpfen. Wenn jemand von
sich selbst sagt, daß er schweigsam ist, dann bedeutet
das, daß er sich selbst für einigermaßen schweigsam
hält. Das ist der zweite Schritt in unserer Argumentation.

Menschliche Eigenschaften stellt man sich meistens in
Form von zweipoligen Dingen vor, also bipolar: mit einem positiven und einem negativen Pol. Diese zwei Extreme gibt es in Wirklichkeit nicht, aber sie helfen uns
beim Denken.

Was ist ein realistisches Selbstbild? Was ist nun ein *realistisches Selbstbild?* In einem realistischen Selbstbild ordnet sich eine Person hinsichtlich ei-
ner bestimmten Eigenschaft irgendwo zwischen diesen
beiden Extremen ein, von denen eben die Rede war. Und
zwar so, daß noch eine gewisse Variationsbreite möglich
ist. Die Person hat ein realistisches Selbstbild, wenn sie
sich selbst bei einer Anzahl von Eigenschaften zwischen
den beiden äußersten Polen einordnet, und zwar so, daß
immer noch eine gewisse Veränderung möglich ist. Sie
kann diese Eigenschaft manchmal etwas mehr haben,
und manchmal kann sie auch etwas weniger vorhanden
sein. Wir wollen dies verdeutlichen mit dem Beispiel
Guust Flater. Guust Flater ist eine Comicfigur. Guust Fla-

ter ist eigentlich ein Mann, der sehr ungeschickt ist, der extrem ungeschickte Dinge tut. Das Typische der kleinen Geschichten besteht darin, daß er beginnt, sich einem kleinen Problem zu widmen und versucht, etwas daran zu ändern, aber zum Abschluß vor einem großen Problem steht. Eine Situation, die wohl auch bei Eheproblemen häufiger vorkommt. Guust Flater verursacht zum Beispiel einen kleinen Fleck auf seinem Schreibtisch. Er versucht, den Fleck wegzuwischen. Dabei stößt er das Tintenfaß um. Nun hat er auch Tinte auf seinen Schuhen. Am Ende der Geschichte sind die Wände, die Decke und der Boden voll mit Tintenflecken, denn er hat so verzweifelt versucht, die Flecken zu beseitigen, daß die Tinte nach allen Seiten gespritzt ist. Das ist typisch Guust Flater. Was könnte nun ein realistisches Selbstbild von Guust Flater sein?

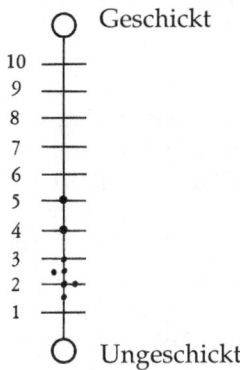

Abbildung 1

Wir nehmen zwei Pole. An das obere Ende schreiben wir: geschickt. An das untere schreiben wir: ungeschickt. Dazwischen zeichnen wir eine Skala von 1 bis 10 (siehe Abbildung 1). Einem Verhalten, das sehr ungeschickt ist, geben wir 1 Punkt. Ein Verhalten, das einigermaßen geschickt ist, erhält zum Beispiel 5 Punkte. Verhaltensweisen, die eine sehr große Geschicklichkeit dokumentieren, erhalten 9 oder 10. Das ist einfach eine Frage der Verabredung. So wie man das auch in Verhal-

tensbeobachtungen macht, geben wir immer wieder
Punkte für die Verhaltensweisen des Observierten.
Wir wollen nun Guust Flater einen Tag lang folgen und
versuchen, sein Verhalten in die Skala einzuordnen. Es
ist Morgen, und Guust Flater liegt im Bett. Der Wecker
klingelt. Das erste, was er tut, ist Tasten nach dem
Wecker, und indem er das tut, stößt er ihn vom Regal.
Der Wecker fällt herunter. Für das Abstellen des
Weckers bekommt er zwei Punkte. Guust springt aus
dem Bett, zieht sich an. Er hat seine Hose schon ganz angezogen, als er merkt, daß er sie verkehrt herum anhat.
Für das Anziehen seiner Kleidung bekommt er eine vier.
Hose aus, Hose wieder an, und nun ist er schon etwas
spät dran. Er stürmt also nach unten, die Treppe hin-
unter, um schnell zu frühstücken. Er stolpert auf der
vorletzten Stufe, kann sich gerade noch am Treppengeländer festhalten und fällt beinahe. Für das Herunter-
laufen der Treppe geben wir zwei Punkte. Er kommt in
die Küche. Er schaltet die Kaffeemaschine an und will
sich eine Tasse Kaffee einschenken. Aber das kann er
nicht so gut, er kleckert. Für das Einschenken bekommt
er drei Punkte. Er wischt den verschütteten Kaffee auf,
nimmt sein Frühstück ein usw. Er eilt in die Garage,
springt in sein Auto und fährt rückwärts. Er hört etwas
krachen. Er steigt aus, um nachzusehen. Sein Fahrrad ist
wieder unter dem Auto! Wie dumm! Für das Herausfah-
ren aus der Garage bekommt er zwei Punkte. Guust
fährt zur Arbeit. Er kommt natürlich viel zu spät. Es gibt
kaum Parkplätze, nur zwischen zwei Wagen ist noch eine ganz schmale Lücke frei. Er versucht, sich dazwischen zu schieben, aber er berührt einen der Wagen. Die
Folge ist ein großer Kratzer. Für das Parken erhält er
dreieinhalb Punkte. Soweit unser Beispiel.
Guust Flaters Verhaltensweisen können auf einer Skala
eingetragen werden. Dann ergibt sich schließlich ein
Bild, wie es in der Abbildung zu sehen ist: eine An-
sammlung von Punkten. Guust ist eher ungeschickt,
und seine Punkte sind daher auch eher im unteren Bereich zu finden. Es gibt Tage, an denen es besser klappt.
Es ist sogar schon einmal passiert, daß er eine Tasse Kaffee einschenken konnte, ohne zu kleckern. Es ist aber

108

auch schon einmal passiert, daß es noch schlechter klappte; da ließ er den Topf schon fallen, bevor er aus der Küche ging. Das war also noch ungeschickter. Er erzielte also ziemlich wenig Geschicklichkeitspunkte. Aber sein Verhalten ist niemals die Ungeschicklichkeit selbst. Sein Verhalten variiert, liegt zwischen den Extremen. Jemand, der sich selbst hinsichtlich einer bestimmten Eigenschaft zwischen die beiden Extreme plaziert, hat also ein realistisches Selbstbild. Wir verwenden hier den Begriff realistisches Selbstbild in der Bedeutung eines relativierten Selbstbildes. Wenn Guust Flater in dieser Weise über sich selbst nachdächte, dann müßte er sagen: »Ich bin ziemlich ungeschickt.« Ein realistisches Selbstbild bedeutet also, sich selbst zwischen den beiden Extremen plazieren. Es ist für eine Person sehr wichtig, wie sie von sich selbst denkt.

Der vierte Schritt: Wann wird nun von einem *persönlichen Mythos* oder einem *mythischen Selbstbild* gesprochen? Wir fassen die ersten drei Schritte einmal kurz zusammen. Der Mensch hat eine unendliche Reihe von Eigenschaften. Wenn wir über uns selbst nachdenken, dann treffen wir eine Auswahl aus diesen Eigenschaften. Wir stellen uns diese Eigenschaften meistens in zwei Polen vor. Bei einem realistischen Selbstbild plaziert man sich selbst irgendwo zwischen diesen beiden Polen, und zwar so, daß eine gewisse Variationsbreite gegeben ist. Was hier mit einem realistischen Selbstbild gemeint ist, ist also eigentlich eine Art relativiertes Selbstbild. Wann wird dies nun ein Mythos oder ein mythisches Selbstbild? Man spricht in dem Augenblick von einem »mythischen Selbstbild«, wenn sich jemand beim Nachdenken über sich selbst *in* ein solches Extrem hineinstellt und das Gefühl hat, daß er dort immer festsitzt und immer bleiben wird. Wenn also keine Variation mehr möglich ist. Wir sprechen von einem mythischen Selbstbild, wenn jemand von sich selbst denkt: »Ich bin *absolut so!*« An einem bestimmten Tag, beim hunderttausendsten Mal, wenn er wieder einmal kleckert oder etwas Ungeschicktes tut, denkt er: »Eigentlich bin ich einfach ungeschickt.« Was da geschieht, ist sehr wichtig. Er denkt nicht: »Mehr oder weniger ungeschickt.« Er bekommt

Ich bin einfach so!

das Gefühl, daß er wirklich ungeschickt ist. Sehr schnell geht dies mit dem Gefühl einher: »Ich bin immer so gewesen, und ich werde immer so sein. Ich habe zwei linke Hände; ich bin so geboren, und ich werde so sterben.« Das nennen wir ein *mythisches Selbstbild.* Wenn jemand sich hinsichtlich einer bestimmten Eigenschaft seiner selbst absolut sicher ist und annimmt, daß er immer so gewesen ist und immer so bleiben wird, dann sagt man, daß diese Person einen persönlichen Mythos oder ein mythisches Selbstbild habe. Mit Mythos meinen wir also in diesem Fall, daß das Selbstbild erstens extrem und zweitens festgefügt ist. Es ist keine Änderung mehr möglich. Es gibt Menschen, die zum Beispiel davon überzeugt sind, daß sie *nichts wert* sind. »Ich bin weniger wert als jeder andere. Ich bin nichts wert. Ich zähle nicht.« Das kann das ganze Leben sehr stark bestimmen! Oder jemand fühlt sich *abgrundtief schuldig,* also nicht ein wenig schuldig oder dann und wann schuldig, sondern schuldig von Natur aus. Jemand fühlt sich abgrundtief schlecht: »Ich bin eigentlich ein schlechter Mensch, in allem, was ich tue. Mein Verhalten ist vollkommen verwerflich. Ich mache immer alles verkehrt.« Oder jemand denkt von sich selbst: »Ich bin *nicht anziehend.* Niemand will etwas von mir wissen. Ich bin in den Augen der anderen überhaupt nicht anziehend.« Oder jemand denkt von sich selbst: »*Das Schicksal* spielt mir übel mit. Alles was ich tue, mißglückt! Ich versuche andauernd alles mögliche, aber es gelingt nie! Was ich auch tue, es ist zum Scheitern verurteilt! Siehst du, es läuft wieder alles verkehrt. Hab' ich es mir nicht gleich gedacht!« Wieder ein anderer denkt über sich selbst: »Ich kann keine Kontakte mit anderen Menschen knüpfen, überhaupt *keine Kontakte.* Wenn ich mit anderen spreche, habe ich immer das Gefühl, fremd zu sein. Ich bin eigentlich nicht in der Lage, Kontakte mit anderen zu knüpfen.« Oder jemand denkt von sich selbst: »Ich habe *keine Gefühle.* Ich bin im Inneren vertrocknet. Andere Menschen reagieren heftig und extrem, aber ich habe kein Gefühl. Ich bin erloschen. Ich bin im Innersten ganz trocken.« Wieder ein anderer denkt von sich selbst: »Ich bin niedergeschlagen. Ich bin depressiv. Ich kann nichts mehr. Ich habe keine Interes-

Ich habe keine Gefühle

110

sen mehr. Ich bin nicht ein bißchen depressiv, sondern es ist gleichsam meine zweite Natur, so bin ich eben.« Oder jemand denkt von sich selbst: »Ich bin eine *ängstliche* Person. Nicht ein bißchen ängstlich; nein, Angst ist meine Natur! Bei allem was ich mitmache, bin ich übertrieben ängstlich und vorsichtig. Ich mache mir immer über alles Sorgen! Ich kann niemals etwas riskieren! Ich kann niemals etwas Schönes tun, denn ich bin andauernd ängstlich.« Leute sagen manchmal auch: »Ich bin nervös. Ich hab's mit den Nerven; nicht ein wenig, sondern wirklich! Ich laufe ständig auf den Zehenspitzen. Ich bin immer gespannt wie ein Bogen.«

In all diesen Fällen handelt es sich um einen *persönlichen Mythos.* Werden diese Merkmale als extrem erlebt und entsteht das Gefühl, daran festgekettet zu sein, dann wird es als persönlicher Mythos bezeichnet. Dieser kann das ganze Leben eines Menschen bestimmen. Jeder Mensch hat so seine eigenen Mythen, seine eigenen Bilder, in denen er extrem über sich selbst denkt.

Jeder hat seinen persönlichen Mythos

Folgen. Warum widmen wir dem soviel Aufmerksamkeit? Weil es für jeden wichtige *Folgen* hat, was er von sich selbst denkt. Wie ich über mich selbst denke, bestimmt mein ganzes Leben.

Die schlimmste Folge, wenn ein Mythos entstanden ist, besteht darin, daß *es unmöglich wird, sich als Person zu ändern.* Man ist so sicher, daß man nun einmal so ist, daß man sich nicht mehr ändern kann. »Ich bin doch so! Ich kann es doch nicht! Ich bin doch schlecht. Alles was ich unternehme, läuft doch schief. Ich bin zum Unglück geboren!« Eine Veränderung kann sich einfach nicht mehr vorgestellt werden. Das Schlimmste bei einem persönlichen Mythos besteht darin, nicht mehr für eine Veränderung offen zu sein. Jemand, der zum Beispiel den persönlichen Mythos hat, daß er nichts wert sei, würde selbst dann, wenn die gesamte Umgebung nachdrücklich bestätigte, daß er sehr viel geleistet habe, darin nichts sehen können. Für ihn ist keine Veränderung möglich. Würde ihm angeraten, ein Training für mehr Selbstvertrauen mitzumachen, würde er antworten: »Diese Kurse sind bestimmt toll, aber ich bin *wirklich* unsicher.« Diese Person kann sich nicht vorstellen, daß sich dies ändern kann. Das ist das Schlimmste: Persönliche Veränderung ist völlig undenkbar. Als Person ist man in dieser Hinsicht wie versteinert. Der Mythos verhindert gleichsam eine persönliche Veränderung, weil nicht vorstellbar ist, daß man sich noch ändern kann. Jemand, der davon überzeugt ist, daß er völlig ungeschickt sei, wird keinen Kurs im Werken besuchen wollen. Vielleicht findet er sogar einen guten Kurs, aber dann für die anderen und nicht für sich selbst. »Das ist für diejenigen, die es ein bißchen haben, aber ich, ich hab' es wirklich! Ich bin wirklich ungeschickt.« Jemand, der Angst hat, kann natürlich lernen, diese Angst zu beherrschen, aber er wird sich weigern, an einem Kurs teilzunehmen. »Ich bin von Natur aus ängstlich. Für mich hat das keinen Sinn mehr! Das ist gut für Menschen, die es ein bißchen haben, aber ich bin *wirklich* ängstlich, das ist mein Charakter, das ist meine Person!«

So ein persönlicher Mythos *bewahrheitet sich auch noch.* Er wird schlimmer. Jemand, der davon überzeugt ist, daß er nichts kann und daß es wieder schiefgehen wird, wird sich auch dementsprechend verhalten. Bei jemandem, der sehr unsicher ist, bewirkt sein Verhalten, daß er noch unsicherer wird. Er verspannt sich, und es läuft noch öfter schief. Wenn jemand andauernd denkt, er könne das nicht schaffen, dann ist die Chance groß, daß er es wirklich nicht kann. Wenn jemand in Gesellschaft sprechen muß und denkt: Ich kann das nicht, ich bin schüchtern, dann verkrampft er sich dermaßen, daß er, sobald er etwas sagen muß, zu stottern beginnt. Menschen beginnen, sich in Übereinstimmung mit dem Mythos zu verhalten, den sie von sich selbst haben. Jemand, der von sich selbst denkt, daß er nicht nett oder attraktiv ist, wird sich anderen gegenüber harscher und unwirscher verhalten. Er wird in seinem Äußeren, seiner Haltung, seiner Kleidung, in der Umgangsweise mit anderen immer mehr beweisen, daß er nicht nett ist. Er wird sich so anziehen, daß er weniger attraktiv wird. Während andere durch ihre Kleidung und ihre Haltung die Tatsache korrigieren würden, daß sie sich selbst als weniger attraktiv erfahren, ist das bei einer Person, die davon überzeugt ist, daß sie so ist, nicht der Fall. So wird jemand, der denkt, daß er dumm sei, wahrscheinlich weniger lesen, weniger interessante Dokumentarfilme im Fernsehen verfolgen usw. Man könnte sagen, daß er »dümmer« wird. Die Reaktion ist: »Ich kann dem nicht mehr folgen, ich lese nicht mehr, ich sehe nicht mehr hin ...« und die Folge ist, daß er abstumpft.

Nun folgt ein extremes Beispiel für die Tatsache, daß ein Mythos sich selbst bewahrheitet. Es ist das Beispiel von *Tinas Körpergröße*. Die eigene Körpergröße zu verändern, ist den meisten von uns nicht so einfach möglich. Tina war mit einem großen Mann verheiratet. Er war nicht so ganz schrecklich lang, aber doch ungefähr zwei Meter. Tina war eine Frau von mittlerer Körpergröße. Sie erlebte ihre Größe immer im Verhältnis zu der ihres Mannes. »Mein großer Mann. Schau nur, was für einen großen Mann ich habe und wie ich zu ihm aufschaue!« Sie begann, sich im Laufe der Jahre mehr und mehr wie ein kleiner Mensch zu benehmen. Tina zog so, durch ihre Körperhaltung, ihre Kleidung und ihre Art, sich hinzustellen, etliche Zentimeter von ihrer normalen Körpergröße ab. Sie ging leicht gebeugt wie eine alte Frau, obwohl sie erst dreißig war. Sie schaute auf zu ihrem großen Mann. Man kann sich tatsächlich so benehmen, daß man kleiner wirkt. Eine Frau, die einen großen Mann hat, könnte zum Beispiel eine andere Haltung einnehmen und ihre Kleidung, ihre Frisur und ihre Schuhe so wählen, daß sie etwas größer wirkt. Aber diese Frau fühlte sich klein wie ein Zwerg. Ihre Körpergröße und ihre Körperhaltung drückten das aus. Diese Frau »wurde kleiner«. Der Mythos wurde Wirklichkeit.

Drittens: So ein Mythos *behindert den Blick auf die Wirklichkeit*. Der Mythos verstellt den Blick auf die Dinge, wie sie wirklich sind. Wir verwenden zur Verdeutlichung folgendes Bild: Ein Mythos ist wie eine grüne Flasche. Einen persönlichen Mythos zu haben, entspricht dem Leben in einer grünen Flasche. Wenn man in einer grünen Flasche lebt, ist alles grün. Weiß ist grün. Braun ist grün. Rot ist grün. Man sieht um sich herum eine grüne Welt. Nun, mit einem Mythos ist das auch so. Jemand, der davon überzeugt ist, daß er zum Beispiel nichts wert ist, der wird andauernd in der Wirklichkeit dafür Beweise fin-

Leben in einer grünen Flasche

den. Und wenn jemand ihm sagen würde, daß er etwas wirklich richtig gemacht hat, wird er das nicht sehen können. Er wird eine andere Erklärung dafür geben. »Du sagst das nur, um mich zu trösten; nicht weil ich es richtig gemacht habe, sondern um mir Mut zuzusprechen, denn eigentlich bin ich nichts wert.«

Hans erlebt sich selbst als nicht attraktiv; als jemanden, der keine Kontakte knüpfen kann. Niemand will etwas von ihm wissen. Er ist eigentlich jemand, der niemals Kontakte knüpfen wird. Er arbeitet in einer Firma. In seiner Umgebung gibt es eine Frau, die Interesse an ihm zeigt. Die Kollegen machen ihn darauf aufmerksam. »Hast du gemerkt, daß Carla Interesse an dir hat?« Er wird darauf reagieren, indem er bestreitet, daß sie ihn nett findet. Carla hat Mitleid mit ihm. »Wenn sie freundlich zu mir ist, dann tut sie das nicht, weil sie mich nett findet, sondern weil sie mich bedauernswert findet.«

Durch die Mythen, die sie haben, sehen Menschen die Dinge gefärbt. Das ganze Leben wird bestimmt durch die persönlichen Mythen. Die Wirklichkeit wird wie durch einen Filter erlebt.

Jemand, der überzeugt ist, daß er keine Kontakte knüpfen kann, daß er ein stiller, schweigsamer, in sich gekehrter Mensch ist, kommt auf ein Familienfest. Er wird ganz umgänglich, er beginnt, Witze zu erzählen. Am Ende des Festes steht er beinahe auf dem Tisch und spielt den Clown. Zwei Tage später sagt die Familie: »Du sagst immer, daß du verschlossen bist, aber da bist du ganz schön herumgesprungen!« Aber dann wird er reagieren, indem er sagt, daß es durch das Bier kam und nicht durch ihn selbst. »Ich hatte zuviel getrunken. Eigentlich bin ich doch eher still.« Er sieht die Ursache außerhalb seiner selbst. Es kam durch die Atmosphäre, daß er auf dem Tisch stand. Eigentlich ist es nicht seine Leistung. Er kann es nicht als seine eigene Leistung sehen, weil er so fest von dem Mythos überzeugt ist, daß er keine Kontakte knüpfen kann. Er ist sicher, daß das immer so bleiben wird. Die Gefahr eines solchen Mythos besteht darin, daß der Reichtum der Wirklichkeit – die immer nuanciert ist – nicht mehr erkannt wird. Es werden andauernd Beweise für das gefunden, was man fürchtet.

114

»Sieh nur, ich kann das nicht.« Ein Mythos färbt alles ein, was man mitmacht, wie man über sich selbst denkt, und er ist wie eine Brille, die stets getragen wird; in den Kontakten mit anderen Menschen, in den Beziehungen usw. Wie eine Person über sich selbst denkt, bestimmt zu einem großen Teil ihr Leben.

Viertens: So ein Mythos spielt auch *zwischen Menschen* eine Rolle. Er prägt die Verhältnisse zu anderen Menschen. Das ist einfach eine Konsequenz der vorherigen Punkte. Dazu ein Beispiel. Andreas ist jemand, der davon überzeugt ist, daß er schüchtern und unsicher ist, bis ins Extreme hinein. Das ist seine Natur. Das schlimmste, was geschehen kann, ist geschehen. Andreas hat eine Einladung zu einem Empfang erhalten, wo er unbedingt hingehen muß und nicht fernbleiben kann. Er bummelt dorthin, widerwillig (»Ich kann keine Kontakte knüpfen. Ich kann mich nicht mit Leuten unterhalten. Ich bin schüchtern. Ich bin unsicher.«). An der Weise, in der er den Saal betritt, ist schon von weitem zu sehen, daß etwas los ist. Er kann die Türklinke nicht richtig herunterdrücken und stolpert über die Fußmatte, als er hereinkommt. Andreas steht da und schaut in die Runde. Er sieht zwei Arten von Menschen, in Übereinstimmung mit seinem Mythos. »Da steht noch so einer wie ich, der steht da auch ganz allein! Der kann auch keine Kontakte knüpfen! Der ist auch schüchtern. Wie der dasteht! Der weiß auch nicht, wie er sich benehmen muß. Er hat auch noch nichts zu trinken!« Das ist die eine Gruppe von Menschen: die unsicheren, die schüchternen. Und dann sieht er auch noch eine andere Art von Menschen. »Guck dir den Mann an, wie der dasteht! Zehn Gäste stehen um ihn herum. Der redet viel, und inzwischen greift er schon zum dritten Glas. Er winkt nach dem Kellner. Sieh nur, wie dieser Mann das macht! Das ist jemand, der Kontakte knüpfen kann! Das muß man gesehen haben, wie gesellig der ist! Sie stehen alle um ihn herum. Der ist selbstsicher. Er nimmt eine Zigarre, steckt gleich noch eine in seine Tasche! Wenn ich das nur könnte!« Kurzum, Andreas unterscheidet zwischen zwei Arten von Menschen: den Selbstsicheren und den Unsicheren. Sein Verhältnis zu anderen Menschen ist also von seinem Mythos geprägt.

Dies findet sich in sehr interessanter Weise auch bei vielen Schriftstellern. Das Selbstbild und manchmal auch der persönliche Mythos des Schriftstellers können in seinen Figuren, seinen Büchern, seinen Romanen und in seinen Theaterstücken wiedergefunden werden.

Heinrich Böll hat eine Reihe von Romanen geschrieben, in denen Bölls Mythos (oder sein Selbstbild) sehr deutlich heraussticht. Böll könnte man als einen sanftmütigen Mann kennzeichnen. In seinen Büchern findet man zwei Arten von Menschen. Auf der einen Seite die Sanftmütigen. Er nennt sie oft die Jünger des Lammes. Diejenigen, die zertreten, die verfolgt werden. Und auf der anderen Seite die Harten, die Jünger des Stiers oder des Büffels, diejenigen, die in die Partei eintreten, die über Leichen gehen, diejenigen, die die anderen verfolgen. Das kehrt in vielen Romanen Bölls wieder. Ich denke unter anderem an *Billard um halb zehn* und *Ansichten eines Clowns*. Dieser Mann spiegelt sein Selbstbild von Sanftmut in seinen Romanen in einer Anzahl von Figuren wider. Dies ist ein Abbild des Mythos oder auf jeden Fall des Selbstbildes von Heinrich Böll.

Noch ein letzter Punkt. Vielleicht denken manche: Alles gut und schön, aber bei mir läuft doch alles schief! Ich *bin* doch einfach unsicher und schüchtern. Ich kann nichts. Ich bin doch nichts wert. In diesem Fall hat man seinen eigenen Mythos gefunden! Je sicherer man sich selbst in diesen Punkten ist, desto mythischer. Sich seines übertriebenen Selbstbildes bewußt werden, ist schon ein erster Schritt für die Relativierung des Mythos.

Im ersten Teil haben wir uns gefragt, von welcher Wichtigkeit die Art und Weise ist, in der jemand von sich selbst denkt. Wenn jemand von sich selbst in einer extremen Weise (persönlicher Mythos) denkt, dann hat das eine Reihe von Nachteilen.

2. Mythen in der Beziehung

Wir kommen zum zweiten Teil, den Mythen in der Beziehung. Hier geht es darum, wie der Partner erlebt wird, wie die Beziehung erlebt wird. Manchmal entstehen in einer Beziehung Mythen, die für die Beziehung sehr schädlich sein können. Wir werden erst etwas zur Entstehung dieser Mythen sagen, dann etwas über ihre Folgen und schließlich darüber, was dagegen getan werden kann.

Lassen Sie uns beginnen mit dem Übergang des individuellen Mythos in die Partnerbeziehung. Wenn jemand eine Person auswählt, mit der er zusammenleben möchte, dann tut er dies auch aufgrund des persönlichen Mythos oder des Selbstbildes, das er hat. Es sind zwei Arten von Wahlen zu unterscheiden. Die erste Art: Die Wahl eines Menschen mit derselben Art Mythos. Zwei Menschen wählen einander aus, weil sie denselben Mythos haben. »Einfühlsame Künstlerseele sucht einfühlsame Künstlerseele, um zusammen einfühlsam künstlerisch tätig zu sein.« Zwei Hypereinfühlsame finden einander, weil sie im jeweils anderen gleichartige Mythen wiedererkennen. Sie können sich dann zusammen intensiv mit Kunst beschäftigen. Aber es geht auch anders. Dann nennen wir das eine Partnerwahl auf der Grundlage eines sich ergänzenden Mythos. »Einfühlsame Künstlerseele sucht starken Mann, an den sie sich anlehnen kann.« Die Partner finden sich, weil sie einander ergänzen. Das ist interessant. Sie findet bei ihm Unterstützung und Stärke. Jede Partnerwahl wird sehr wahrscheinlich *Partnerwahl* einen Teil dieser beiden Arten von Wahlen umfassen. Eine gute Partnerwahl bedeutet, daß zuerst eine gute Basis der Gleichheit auf soviel Feldern wie möglich festgestellt wird. Und daß danach eine Reihe von Unterschieden festgemacht werden, die die Ehe interessant machen. Es ist nicht wahr, daß die Wahl eines völlig verschiedenen Partners eine Ehe erleichtert. Eine Ehe ist schon für sich genommen eine riskante Sache. Wird jemand ausgewählt, der in vielerlei Hinsicht Übereinstimmungen mit einem selbst hat (Klasse, Sprache, Interessen, Persönlichkeit usw.), gibt das der Beziehung eine bessere Chance.

Lassen Sie uns jetzt zum zweiten Teil übergehen, zur *Entstehung relationeller Mythen.* Dabei unterscheiden wir vier Punkte. Es geht darum, wie ich meinen Partner und die Beziehung erlebe. Zunächst wird etwas über Verliebtheit gesagt, danach geht es um die beginnende Beziehung und anschließend um die festgelaufene Beziehung. Schließlich werden wir nach den Mechanismen fragen, durch die Menschen aus einer beginnenden Beziehung in solch eine scheiternde Beziehung gelangen.

Verliebtheit Erster Punkt: *Verliebtheit*. In unserer Kultur entstehen viele Ehen und andere Beziehungen aus der Verliebtheit eines oder zweier Menschen. Das ist nicht in allen Kulturen so, wie jeder weiß. Es gibt noch immer Kulturen, in denen der Vater morgens weggeht und abends mit einer Frau für seinen Sohn zurückkehrt. Der Sohn hat dieses Mädchen noch nie gesehen. Wahrscheinlich wurde lange darüber verhandelt. Es ist alles geregelt, und nun muß er damit leben. Er hat sie noch nie gesehen, wie könnte er also verliebt sein? Sie fangen an zusammenzuleben, und es klappt gut. Wenn es nicht klappt, kommen die Clans wieder zusammen. Es wird aufs neue beratschlagt, und die Frau geht in ihren ursprünglichen Clan zurück. Über Verliebtheit wird kein Wort verloren. Einer der Vorteile einer solchen Denkart besteht darin, daß, wenn eine Ehe nicht glückt, eine Gruppe von klugen Männern vernünftig darüber redet. Und daß es nicht nur die beiden Menschen sind, die in einer isolierten Situation die Probleme lösen müssen. Jeder von ihnen hat die Unterstützung der Familie und des Clans.

In unserer Kultur ist das anders. Was ist Verliebtheit? Es gibt kein Phänomen, über das nachzudenken sich im Zusammenhang mit relationellen Mythen mehr lohnen würde. Verliebtheit bedeutet, daß Rolf Mia nicht sieht, wie sie ist, sondern wie Rolf sich Mia wünscht. Jeder von uns hat positive und negative Seiten. Mia hat positive und negative Seiten. Was geschieht nun bei Verliebtheit? Es geschieht etwas sehr Merkwürdiges. Rolf sieht Mia *nur noch positiv*. Sie ist so charmant, so freundlich, so hübsch, so unternehmungslustig, so aktiv, so musikalisch, so einfühlsam und so verständnisvoll, sie hat so schöne grüne Augen und herrliches schwarzes Haar usw. Rolf sieht Mia also als Ideal. Wenn Rolf nach Mia schaut, sieht er sie buchstäblich strahlen. Die Umgebung sieht das nicht. Die anderen weisen darauf hin, daß Mia auch Nachteile hat. Aber für Rolf, der verliebt ist, ist das unmöglich. Mia ist vollkommen. Sie ist perfekt. Sie ist überwältigend. Es ist gleich deutlich, daß es sich hier um einen Mythos handelt. Der eine sieht den anderen als vollkommen. Verliebtheit ist eigentlich eine Augenkrankheit. Es ist eine Augenkrankheit, weil das Phänomen sich in Rolfs Augen abspielt. Mia bleibt dieselbe. Aber Rolf sieht rund um Mia Strahlen, die gar nicht da sind. Es ist Rolfs Augenkrankheit. Rolf formt Mia zu seinem Ideal. Rolf sieht Mia so, wie er sie sich erträumt oder wünscht; das ist Verliebtheit. Jeder von uns verliebt sich 'mal. Es ist ein gewaltiges Erlebnis. Es setzt viele Dinge in Gang. Es ist ein Stimulans. Die Kreativität wird angeregt. Das Leben ist sinnvoller usw. Dennoch bleibt es eine Augenkrankheit. Es ist nicht realistisch. Es bedeutet, die Wirklichkeit zu färben. Diese Einfärbung geschieht durch Rolf. Mia ist kein Idealbild, aber Rolf sieht Mia als Ideal und nicht mehr als eine ambivalente Person mit Vor- und Nachteilen. Er sieht nur noch die Vorteile.

Verliebtheit ist eigentlich eine Augenkrankheit

Leider geschieht manchmal auch das Umgekehrte. Gelegentlich passiert es nach Jahren Ehe, daß der eine den anderen nicht so sieht, wie er ist, sondern wie er oder sie fürchtet, daß er ist. Das Positive ist ganz verschwunden und der Partner sieht beim anderen allein das Negative. Dann heißt es: »Ich hasse ihn, ich kann ihn nicht mehr hören oder sehen!« Es geht erneut um ein extremes Verhalten, ein mythisches Bild. Jemanden, der nur negativ ist, gibt es nicht. Aber im Laufe der Jahre – wir werden im folgenden sehen, wie das vor sich geht – wächst dieses negative Bild so an, daß Manfred Maria nicht als Partner mit Vor- und Nachteilen sieht, sondern seine Befürchtungen sich bestätigen. Er macht sich über die Jahre hin ein Bild von Maria, das negativer ist als die Wirklichkeit. Es ist natürlich ohne weiteres ein Mythos, wenn es ein extrem negatives Bild wird. Es ist eine Art umgekehrte Verliebtheit. Es gibt dafür kein besseres Wort. Man könnte sagen: Widerwillen, Abwendung. Bei der normalen Verliebtheit gibt es eine Annäherung, eine gegenseitige Anziehung, ein Total-ineinander-Aufgehen. Der andere ist vollkommen. Es wird danach gestrebt, immer wieder bei dem anderen zu sein. Bei der umge-

Abwendung

kehrten Verliebtheit ist das nicht der Fall. Hier ist der andere die Ursache alles Bösen. In der negativen Situation spielt sich tatsächlich genau dasselbe ab wie in der positiven. Freunde und Bekannte werden sagen, daß der Partner doch durchaus gefühlvoll ist, daß er sich um die Kinder kümmert, daß er viel Zeit in die Beziehung investiert. Aber das sieht der andere überhaupt nicht mehr. Er sieht nur noch das Negative.

Wir kommen wieder zur Verliebtheit zurück. Ich sehe den anderen nicht so, wie sie oder er ist. Das erste Kennzeichen ist mit *Liebe macht blind* zu beschreiben. Das soll heißen: Ich sehe den anderen nicht so, wie er in Wirklichkeit ist. Nun gibt es noch andere Merkmale der Verliebtheit. *Verliebtheit ist auch zeitlich begrenzt.* Jeder weiß, daß Verliebtheit zu den Gefühlen gehört, die kommen und gehen. Das bedeutet, daß Menschen, die auf der Basis einer Verliebtheit heiraten, diese Verliebtheit auch verlieren werden. Eventuell kann sie in einer Beziehung wieder zurückkommen. Es kann sein, daß sie sich in jemand anderes verlieben und das kann auch wieder vorübergehen. Es gibt wenig wissenschaftliche Erkenntnisse darüber, was genau dazu führt, daß man sich verliebt oder daß die Verliebtheit verschwindet. Verliebtheit gibt es nicht für immer. Es kann daraus eine Beziehung erwachsen, eine Liebesbeziehung oder auch nicht. Dies hängt davon ab, was man aus der Verliebtheit macht. Für sich genommen ist es eine Frage des Gefühls. Es geht vorüber. Weil der tatsächliche Kontakt mit jemanden auch immer etwas von seiner negativen Seite sehen läßt, geht die Verliebtheit vorüber. Wer also in jemanden verliebt bleiben will, sollte am besten Abschied nehmen und ein Leben lang nur intensiv schriftlich mit dem anderen verkehren. Vielleicht ist es dann möglich, die Verliebtheit zu bewahren.

Drittens: *Verliebtheit ist auch passiv.* Mit passiv ist gemeint, daß sie den Betreffenden überkommt. Es ist nichts, was man selbst bewerkstelligt hat. Es heißt nicht: »Jan hat sich angestrengt und er hat sich verliebt«, sondern: »Jan steht auf sie«. Wenn er auf sie steht, dann heißt das, daß ihn etwas überkommen hat, das er nicht steuern kann. Schau, wie linkisch er dasteht und stottert,

120

wenn er etwas mit der Frau, in die er verliebt ist, zu regeln hat. Verliebtheit zählt zu den Gefühlen. Gefühle sind nicht steuerbar. Sie überkommen einen. Gefühle sind aber durch das, was man zusammen tut, indirekt zu beeinflussen. Wir kommen darauf später noch zurück.

Es ist deutlich, daß die Partner dann, wenn sie in ihrer Ehe bestimmte Dinge beibehielten, die sie in der Verlobungszeit auch zusammen taten, bessere Chancen hätten, auch eine Reihe von Gefühlen aus der Verlobungszeit zurückkommen zu lassen oder zu bewahren. Dies ist sehr merkwürdig. Menschen finden viele Dinge selbstverständlich. In der Verlobungszeit muß man z. B. miteinander absprechen, wann man sich sehen will. Verheiratete Paare, die ebenfalls miteinander absprechen, sich z. B. nach der Arbeitszeit in der Stadt zu treffen, merken, wie einige Gefühle aus der Verlobungszeit zurückkehren. Eine Absprache zu zweit ruft gelegentlich sehr seltsame, unterschwellige Gefühle hervor. Verliebtheit ist also keine aktive Haltung. In diesem Sinn unterscheidet sich Verliebtheit von Intimität (das Zusammensein um des Zusammenseins selbst, das Zusammensein, in dem ich ich selbst sein kann, meine Gefühle äußern kann, jemanden finde, der mich versteht und mit dem ich einen erfüllten sexuellen Umgang habe), etwas, in das mit Erfolg Energie investiert werden kann. Gefühle können nur indirekt beeinflußt werden. Intimität kann aber direkt vergrößert werden. Ich kann Zeit freimachen, um mit jemandem zu sprechen, oder ich kann das unterlassen. Wenn ich das tue, vergrößere ich die Chance auf wachsende Intimität. Soweit über die Verliebtheit. Bei der extremen Verliebtheit existiert also ein mythisches Bild vom anderen.

Wir gehen nun zu einem zweiten Punkt über: *die beginnende Beziehung.* In der beginnenden Beziehung ist die Art und Weise, in der Partner einander erleben, als bereichernd und abwechslungsreich zu beschreiben. Wenn zwei Menschen zusammenwohnen, dann lernen sie sich gegenseitig in vieler Hinsicht besser kennen. Die Spannweite der Eigenschaften tut sich auf. »Oh, sie liebt Musik, das wußte ich noch nicht. Nein aber auch, sie liebt Jazz! Sie mag aber keinen Cool Jazz. Das ist neu für

Die beginnende Beziehung

121

mich ...« Also man lernt über den anderen hinzu. Der Partner weiß z. B., daß der andere Jazz liebt. Aber er weiß noch nicht, welche Art. Und das Bild, das er sich vom Partner formt, wird immer nuancierter. Dies gilt auch für hundert andere Dinge. Das Dessert ißt sie lieber nicht. So zieht er sich nicht gerne an. Oh, die Rubrik der Zeitung liest er nie. Wie ist es möglich, das interessiert sie nicht. Das Bild vom Partner ist reichhaltig. Eine *interessante Beziehung ist eine Beziehung, in der die Partner ständig über einander hinzulernen.* In der sie ab und zu vom anderen überrascht sind. Eine gute Beziehung ist eine Beziehung, in der ich das Bild, das ich vom Gegenüber habe, ständig überdenken muß. Ich dachte, daß du so bist, aber du bist doch anders. Das Bild bleibt also abwechslungsreich. Mit abwechslungsreich ist hier gemeint: das Bild, das vom Partner geformt wird, liegt nicht ein für allemal fest. Es ist nicht alles voraussehbar. Es gibt noch Überraschungen. Das Bild, das vom Partner geformt wird, ist ein lebendiges Bild, es ist in Bewegung. Wir gehen nun zu einem dritten Punkt über, der von der *festgefahrenen Beziehung* handelt. Bei der festgefahrenen Beziehung ist das Bild, das die Partner voneinander haben, allgemein als dürftig zu bezeichnen. Mit dürftig ist gemeint: Sie sehen einander nicht mehr von vielen Standpunkten aus, sondern oft nur noch aus einem Blickwinkel. Und zum zweiten ist das Bild starr. Es hat sich verfestigt. Die Positionen sind unverrückbar. Einige streiten z. B. ständig darüber, wer den Ton angibt. Es geht immer aufs neue um dieses eine Phänomen. Sie sprechen über nichts anderes mehr. Es ist immer so, daß sie der Chef und er der Untergebene ist. Es geht immer um denselben Gegenstand, auf dieselbe Art und Weise. So kann es z. B. um Ordnung gehen: Er ist immer unordentlich, sie ist eine Ordnungsfanatikerin. Oder es geht immer um Gefühle: Sie ist äußerst gefühlvoll, und er ist gefühllos. Es geht also jedes Mal um ein Phänomen, und die Positionen sind unverrückbar. Es gibt keine Überraschungen mehr. Alles ist vollständig voraussehbar. »Und ich werde wieder sagen, daß ... Und du wirst dann wieder antworten ... Und ich werde dann antworten ... Und dann wirst du .... Und ich werde dann ...«

Eine interessante Beziehung ist eine Beziehung, in der die Partner ständig über einander hinzulernen

Festgefahrene Beziehung

122

Es ist eine ausgetrocknete Ehe, eine tote Ehe. Phänomene, von denen beide meinen, daß gegenseitig Sicherheiten bestehen, Phänomene, auf die das Bild sich immer wieder zuspitzt und dabei verarmt und erstarrt, bewirken eine versteinerte Ehe. In einer beginnenden Ehe spielen die Partner viele Spiele mit allen Karten des Spiels. Jetzt spielen sie nur noch eine Farbe, und sie hat immer die hohen und er immer die niedrigen Karten. Es ist ein sehr eintöniges Spiel. So läßt sich das Bild beschreiben, das die Partner in einer festgefahrenen Beziehung voneinander haben.

Die wichtigste Frage ist natürlich: Wie kommt es soweit? *Wie kommt es* Es geht hier um eine bedrückende, extreme Situation. *soweit?* Wie kann es geschehen, daß Menschen, die aneinander interessiert sind, die zu Beginn der Beziehung ein reichhaltiges und interessantes Bild voneinander hatten, so erstarrt und hart werden? Wie ist das möglich? Es spielen hier eine Reihe von kleinen und großen Mechanismen eine Rolle. Beginnen wir mit einigen sehr einfachen Mechanismen.

1. *Die Wiederholung.* In einer dauerhaften Beziehung wie- *Die Wiederholung* derholen sich die Dinge. Sie kommt einmal zu spät. Er kommt öfters zu spät. Sie kommt selten zu spät. Er kommt noch etwas häufiger zu spät. Durch die Wiederholung beginnt dies in einem bestimmten Augenblick aufzufallen. Er kommt häufiger zu spät als sie. Ein anderes Beispiel: Sie will sich unterhalten. Er ergreift wieder keine Initiative. Nun ergreift er einmal die Initiative für ein Gespräch. Sie ergreift wiederum die Initiative, noch einmal und noch einmal. Schließlich wird durch die Wiederholung nach und nach deutlich, daß sie viel häufiger die Initiative zu einem Gespräch ergreift als er. Sie möchte sich unterhalten, er ist dagegen schweigsam. Das wird allein durch die Wiederholung deutlich.

2. Aus der Wiederholung entsteht *die Erwartung.* Durch *Die Erwartung* die Wiederholung wird sie denken, er wird wieder nicht mit der Unterhaltung beginnen. Ich werde wieder die erste sein müssen! Es entsteht eine Erwartung: Er wird wieder zu spät kommen, und sie wartet mit dem Essen. Dadurch lehrt sie ihn, zu spät zu kommen. Denn wenn sie mit dem Essen wartet, weiß er, daß er doch noch et-

123

was zu essen bekommt. Sie bestärkt ihn in seinem Verhalten, und es entsteht sowohl eine Erwartung als auch eine Verstärkung. Sie wartet doch mit dem Essen, warum sollte er sich beeilen? Er kommt doch zu spät. Sie wird wieder einmal mit dem Essen warten. Wenn es dann eintritt, daß er zu spät kommt, dann bemerkt sie es. Wenn es nicht passiert, dann bemerkt sie es nicht. Wenn er pünktlich ist, merkt sie das nicht. Oft verhält es sich in einer Beziehung so, daß nur das unerwünschte Verhalten des anderen bemerkt wird. Wenn aber alles gut läuft, wird nicht darauf geachtet. Es ist normal, daß er pünktlich ist. Es ist ganz normal, daß er sich unterhält. Aber wenn er sich nicht unterhält, bemerke ich das sofort. Also entsteht eine Erwartung, eine Art Selektion in der Betrachtungsweise des Verhaltens.

Definition 3. *Definition*. Wir nähern uns hiermit dem Beziehungsmythos. Eines Tages, nach einigen Jahren Ehe, sagt sie: »Du sagst nie etwas. Du bist schweigsam.« Sie definiert ihn. Das geschieht zum ersten Mal in einem Streit: »Du bist langweilig. Du läßt nie etwas aus dir heraus, und es wird auch nie etwas aus dir herauskommen! Du bist schweigsam!« So entwickelt sich ein Mythos. Die Definition ist in Wahrheit der Mythos. Wenn in einer Ehe gesagt wird: »Du bist ...«, dann ist das gefährlich, denn das kann zu einem Mythos führen. »Du bist schweigsam. Du bist gefühllos. Du bist unordentlich.« »Und du, du bist ein Ordnungsfanatiker.« In dem Augenblick, in dem die Partner in einer Ehe zueinander sagen: »Du bist so«, dann ist der Mythos fast erreicht, weil die Aussage im allgemeinen nicht mehr nuanciert wird. Wenn er böse wird, wird er nicht sagen: »Du bist *mehr oder weniger eine Ordnungsfanatikerin*.« Er wird sagen: »Gott verdammt, du bist eine gemeine Fanatikerin.« Und dann spricht er deutlich in Extremen. Er sagt es extrem und schiebt es damit in Richtung des Mythos.

Der Chef tadelt den Mann, der beschimpft seine Frau, diese wiederum schlägt das Kind, und das Kind tritt den Hund.

A ⟶ B ⟶ C ⟶ D ⟶ E

Figur 2a: direkte Verursachung

124

Schließlich gibt es noch einen vierten Mechanismus. Wir wollen dies hier mit dem etwas eigenartigen Namen *zirkelförmige Verursachung* andeuten. Das ist einer der wichtigsten Mechanismen, die dazu führen, daß Ehen schlecht laufen. Er wird hier mit einigen Beispielen illustriert. Was verstehen wir unter zirkelförmiger Verursachung? Es gibt zwei Formen der Beeinflussung, zwei Formen des Aufeinandereinwirkens. Die eine Form nennen wir die direkte Verursachung (siehe Abb. 2a). Das ist die Beeinflussung, die bei Billardkugeln zu beobachten ist. Wenn ein Spieler einen Queue nimmt und damit schnell A anstößt, dann stößt A gegen B und B wird sich in Bewegung setzen. Warum bewegt sich B? lautet die Frage nach der Verursachung. Warum? B bewegt sich, weil A dagegen gestoßen ist. Warum bewegt sich A? A bewegt sich, weil sie einen Stoß des Queue bekommen hat usw. Die direkte Verursachung war bis vor kurzem das beliebteste Modell der Wissenschaft. Etwas wurde analysiert, indem nachgeprüft wurde, was direkt vorausgegangen war. Der Chef maßregelt den Mann, der beschimpft seine Frau, die schlägt das Kind, das im weiteren Verlauf dem Hund einen Tritt gibt. Der Hund bekommt einen Tritt. Warum bekommt der Hund einen Tritt? Der Hund bekommt einen Tritt, weil die Frau dem Kind einen Klaps gegeben hat. Warum hat die Frau das Kind geschlagen? Weil ihr Mann sie ausgeschimpft hat. Und warum hat der Mann sie ausgeschimpft? Weil sein Chef ihn getadelt hat. Vom Chef bis zum Hund besteht eine direkte Ursachenkette. Warum bekommt das arme Tier einen Tritt? Weil der Chef … Das nennen wir direkte Verursachung.

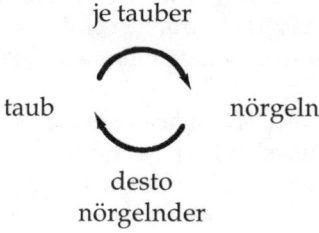

Figur 2b: zirkelfömige Ursache-Folge-Beziehung

125

Wenn die Dinge sehr genau betrachtet und die Beziehungen zwischen Menschen analysiert werden (aber dies gilt auch für die Wissenschaften im allgemeinen), dann wird deutlich, daß noch etwas anderes eine Rolle spielt. Es geht in Wirklichkeit um zirkelförmige Ursache-Folge-Beziehungen. Das ist ein ganz anderes Verhalten als das bei Billardkugeln. Zwischen Menschen verhält es sich so, daß A B beeinflußt, *während* B auch A beeinflußt. Es geht demnach um eine zirkelförmige Art der Beeinflussung (siehe Abb. 2b). A wirkt auf B ein, während B auf A einwirkt. Das gesamte Verhalten von B ist die Folge von A. B zeigt gleichzeitig mit A eine Reihe von Verhaltensweisen. Es handelt sich um einen Zirkel. Während sie weint, seufzt er, dadurch, daß er seufzt, weint sie mehr. Dadurch, daß sie weint, seufzt er noch mehr. Dies ist eine zirkelförmige Verbindung. Warum weint sie? Naiv betrachtet, linear gesehen, könnte man sagen, daß es dadurch verursacht wird, daß er seufzt. Weil er sich z. B. nichts aus ihr macht. Und warum seufzt er? Weil sie weint. Aber eigentlich sind diese beiden Verhaltensweisen miteinander verbunden. Hier kann auf das verwiesen werden, was im ersten Kapitel angesprochen worden ist: Das Verhalten des Tauben und der Nörglerin. Man könnte sagen, je lauter sie spricht, desto tauber wird er. Aber je tauber der Mann wird, desto lauter muß die Frau werden! Je tauber er wird, je mehr wird sie nörgeln und umgekehrt. Es handelt sich um eine zirkuläre Beeinflussung. Das paßt zur ersten These aus dem Kapitel über die Kommunikation. Menschen sind ständig beschäftigt, Botschaften auszusenden, wenn sie nahe beieinander sind. Menschen beeinflussen einander. Aber dies geschieht *gleichzeitig*. In diesem Sinn handelt es sich um eine zirkelfömige Beeinflussung.
Wir wollen nun ein wenig mehr ins Detail gehen.

Abstand und Nähe bei Ludwig und Sabine. Es handelt sich um einen Tatsachenbericht. Ludwig und Sabine sind 15 Jahre verheiratet. Die Art, wie sie geheiratet haben, sagt bereits etwas darüber aus, wie sie in der Beziehung zueinander stehen. In diesem Fall war es so, daß Ludwig die Ehe mit dem Wunsch begann, ein Zuhause zu haben, dem Verlangen nach Gemütlichkeit. Das Verlangen, sich bei jemandem glücklich zu fühlen. Das Verlangen, sich auf jemanden verlassen zu können, das war sein Wunsch zu Beginn der Ehe.

Sabine hatte geheiratet, um von zu Hause wegzukommen und eine selbständige Frau zu sein. Ihrer Auffassung nach war sie erst dann wirklich Frau, wenn sie verheiratet war, und die Tatsache, daß sie ihr Elternhaus verließ, war dann auch ein Zeichen der Selbständigkeit. Jemand sein und dann auch selbständig für sich sorgen.

Nun sind 15 Jahre Ehe vorüber. Betrachtet man die Partner, können zwei Verhaltensweisen festgestellt werden. Ludwigs Verhalten Sabine gegenüber läßt sich zusammenfassen als »An-sich-Heranziehen«. Was Ludwig auch tut, jedesmal zieht er Sabine näher an sich heran. Wie geschieht dies? Zum Beispiel indem er sagt: »Laß uns zusammen sprechen. Erzähl' einmal, was du denkst. Was fühlst du? Laß uns einmal zusammen sein. Laß uns gemütlich einen Abend am Kamin sitzen.« Dies wird in der Graphik (siehe Abb. 3.1) durch einen dicken Pfeil in Richtung Sabine angedeutet. Wenn man Sabine betrachtet, dann ist zu sehen, daß sie eine entgegengesetzte Bewegung macht. Sie betont in der Ehe jedesmal die Momente der Selbständigkeit. Autonomie ist in einer Ehe natürlich auch nötig. »Ich habe Lust zu lesen. Laß mich mein Buch ruhig zu Ende lesen. Ich will das Programm anschauen. Ich will meine Freundinnen besuchen.« Sabine zeigt Ludwig gegenüber eine Betonung der Selbständigkeit. Sie schafft einen gewissen Abstand. Dies wird mit einer gestrichelten Linie angezeigt (Abb. 3.2 und 3.3). Aber je mehr Selbständigkeit sie beansprucht, desto größer wird sein Bedürfnis, bei ihr zu sein. Seine Reaktion ist ein noch stärkeres Betonen des Zusammenseins, zusammen sprechen müssen usw. (Abb. 3.4). Das gibt ihr das Gefühl, daß an ihr gezogen und gezerrt wird. Also betont sie noch stärker, daß sie auch ihren eigenen Interessen nachkommen will. »Ich will auch einmal ruhig Musik hören, ohne gestört zu werden. Ich will auch einmal ein Buch lesen. Ich habe auch meine Hobbies usw.« (Abb. 3.5)

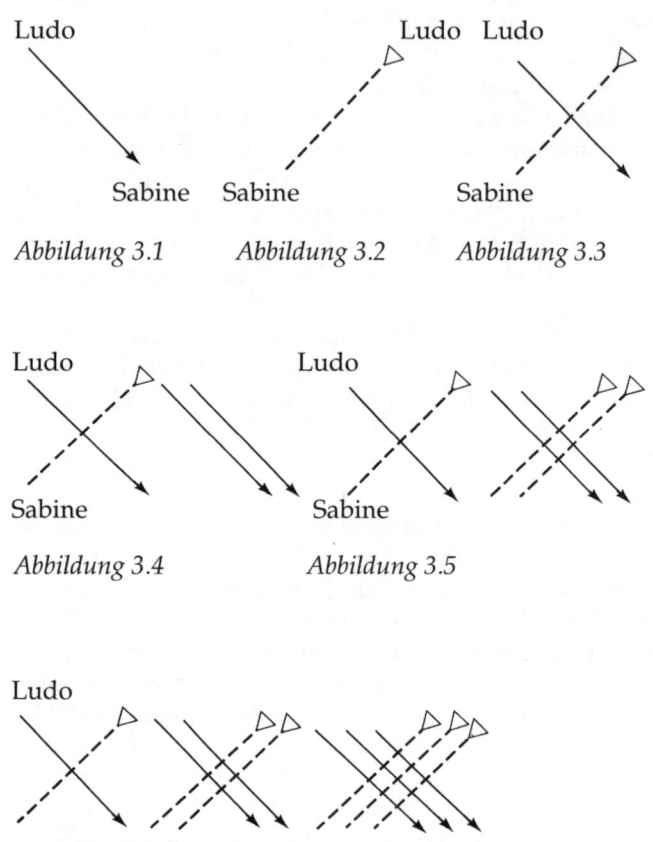

Abbildung 3.1   Abbildung 3.2   Abbildung 3.3

Abbildung 3.4   Abbildung 3.5

Abbildung 3.6

Je mehr sie dies tut, desto mehr fühlt er sich verlassen und desto mehr zeigt er ihr gegenüber ein Verhalten, durch das er sie stärker an sich binden will. »Was denkst du? Was fühlst du? Was hast du getan? Wo bist du gewesen? Was hast du geantwortet?« (Abb. 3.6) Dadurch fühlt sie sich noch weiter in ihrer Selbständigkeit bedroht, und sie bekommt das Gefühl, »daß sie ausgesogen, kontrolliert, daß sie belästigt wird«. Sie wird darauf mit einer Verstärkung ihres Verhaltens reagieren. Sie wird noch mehr Abstand einfordern. Noch etwas länger im Badezimmer bleiben und vielleicht abends länger aufbleiben oder früher schlafen gehen; ihre Freundinnen besuchen, ehrenamtliche Tätigkeiten übernehmen, für Kranke sorgen usw. (siehe Abb. 3.6).

Was ist hier passiert? An diesem Beispiel wird die zirkuläre Beeinflussung deutlich, bei der zwei Menschen wechselseitig aufeinander einwirken. Er dadurch, daß er vor allem Nachdruck auf die Annäherung legt, und sie dadurch, daß sie Nachdruck auf Selbständigkeit legt – zwei Dinge, die in einer Beziehung von ausschlaggebender Bedeutung sind. (Eine Beziehung ohne Zusammensein gibt es nicht, aber es gibt auch keine Beziehung, wenn man ständig aufeinander hockt.) Was jeder tut, ist sehr wichtig. Aber je mehr der eine das eine tut, desto mehr tut der andere das andere. Was zunächst ein Zirkel war, dehnt sich mit der Zeit zu einer Spirale aus. Es wird immer schlimmer. Es ist bezeichnend, daß beide immer wieder dasselbe tun. Er sucht noch weitere Annäherung und wird zu einem kontrollierenden, ständig Aufmerksamkeit erbittenden Mann. Sie wird ein noch stärkeres Fluchtverhalten zeigen. Sie wird allmählich zu einer Frau, die allergisch ist gegen zu nahen Kontakt.

Dauert das eine Reihe von Jahren an, dann wird das Bild, das die Partner voneinander haben, entsprechend beeinflußt. Ihre Interaktionen kristallisieren sich in dem Bild, das sie voneinander zeichnen. Wie sieht dieser Mann seine Frau? Er sieht sie als die weitentfernte, abwesende Frau. Das ist seine Sichtweise. Sie ist immer unerreichbar und sie ist immer weg. Vor allem, wenn er sie braucht, dann ist sie nicht da. Das eben beschriebene Phänomen trifft hier auch zu. Wenn sie da ist, dann fällt es ihm nicht auf. Aber wenn sie nicht da ist, dann hat er es unmittelbar bemerkt, und es ist ein wirkliches Drama. In dieser Beziehung besteht auf beiden Seiten ein mythisches Bild. Sabine sah Ludwig als einen viel verlangenden, viel fordernden und kontrollierenden Menschen. »Er preßt mich aus wie eine Zitrone«, sagte sie wörtlich. Und weiter (dies ist besonders interessant): »Er ist wie mein Vater. Ich bin von zu Hause weggegangen, um mich der Kontrolle meines Vaters zu entziehen. Und

Mit den besten Vorsätzen und mit viel Energie bewirken viele beieinander das, wovor sie sich fürchten.

was geschieht nun? Mein Mann ist genau wie mein Vater!« Was sie nicht sieht, ist die Tatsache, daß sie Ludwig so »gemacht« hat. Sie hat aus ihm einen kontrollierenden, viel fordernden Mann »gemacht«. Er seinerseits hat aus Sabine eine abweisende Frau »gemacht«. Was ist hier genau geschehen? Beide bewirken bei dem anderen das, was sie fürchten. *Mit den besten Vorsätzen und mit viel Energie bewirken sie beieinander das, wovor sie sich fürchten.*

Die zirkelförmige Einwirkung aufeinander führt zu weiteren, extrem mythischen Bildern. »Dieser viel fordernde, kontrollierende Mann, genau wie mein Vater!« »Die weit entfernte und abweisende Frau ...« Das Schlimmste, was ihm in dieser Ehe passieren konnte, ist eingetreten. Er hat eine Frau, die auf Abstand hält, und er verlangt nach Nähe, nach dem Zusammensein, nach Kontakt. Er hat sie selbst so »gemacht«, und sie hat aus ihm einen kontrollierenden Menschen »gemacht«. Das ist das Drama. Dadurch, daß er ständig an ihr »zieht«, sich an sie klammert, sie belehrt, sie kontrolliert, dadurch stößt er sie ab. Für ihn erscheint dies nicht so. Er erfährt sie als eine weitentfernte und abwesende Frau. Weil sie sich ab und zu zurückzieht, zerrt er jedesmal stärker an ihr. Sie erfährt ihn als einen Mann, der sie fortwährend kontrolliert.

Jede Interaktion in der Ehe wird durch dieses Verhalten gefärbt. Sollte zu einem bestimmten Augenblick ein Fazit dieser Ehe gezogen werden, dann wird jedesmal dieses Problem gefunden werden. Ein weiteres Beispiel aus der Beziehung von Ludwig und Sabine. Sabine geht einen Abend in der Woche zum Frauentreff. Sie ist dort gerade gewesen und kommt nach Hause. Dann fragt er: »Wie war es?« Und was denkt sie? »Da haben wir ihn wieder mit seiner kontrollierenden Art. Er will wieder alles wissen.« Das stimmt aber nicht. Er stellt die Frage, die jeder stellt, wenn der Partner nach Hause kommt. Aber sie fühlt es so wegen der Interaktion, die sich ergibt. Sie sagt darauf: »Gut.« Und er denkt sofort: »Sie will wieder nichts sagen. Ich soll es wieder nicht wissen. Sie will mich wieder auf Abstand halten!« Das einfache »Wie war es?« gibt es für sie nicht mehr. Für sie hat das sofort eine Bedeutung in dem mythischen Verhalten, das sie entwickelt haben. Ihr »Gut« ist für ihn eine Abweisung. Sein »Wie ist es gewesen?« ist für sie eine erdrückende kontrollierende Ansprache. Sie können einander nicht mehr vorurteilslos gegenübertreten. Das ist das Trauma. Sie sehen einander im Licht des Mythos. Sie sehen einander in Extremen. Und sie reagieren nur aus sich selbst.

Was sagt er ihr nie? Wenn er ihr das doch einmal sagen könnte. Aber er sagt es ihr nie! Er hält in der Kommunikation einen Teil von sich zurück. Welchen Teil? Er sagt ihr nie: »Schatz, während du gestern abend beim Frauentreff gewesen bist, fühlte ich mich selten gut. Ich legte meine Füße auf ein Kissen auf dem Tisch, habe den Fernseher angestellt und diese Momente des Alleinseins genossen.« Das wagt er nicht zu sagen. Er denkt: »Wenn ich das sage, dann ist sie jeden Abend weg.« Also behält er es für sich.

Was wagt sie nie, ihm zu sagen? Denn auch sie unterdrückt einen Teil ihrer selbst. Sie sagt ihm nie: »Letzten Sonnabend, als wir nach dem Essen zusammensaßen und sprachen, fand ich es sehr gemütlich!« Sie denkt nämlich: »Wenn ich das sage, muß ich jeden Abend am Kamin sitzen.« Das will sie nicht. In diesem Sinn betrügen sie einander ein wenig, indem sie einen Teil ihrer Gefühle zurückhalten, außerhalb der Beziehung stellen. Man könnte also sagen, daß es hier an offener Kommunikation mangelt. Sie tun dies nicht bewußt. Tatsächlich öffnen sie einander nie ihre gesamte Gefühlswelt, sondern nur einen Teil. Jeder hält einen Teil seiner Gefühle zurück.

Jeder hält einen Teil seiner Gefühle zurück

Diese beiden Menschen haben auch *jeder seine/ihre eigene Sicht* über das, was hier geschieht. Was ist Ludwigs Sicht? Wird Ludwig gefragt, was in seiner Ehe geschieht, dann wird er sagen: »Es handelt sich um etwas Schreckliches. Ich bin mit einer Frau verheiratet, die immer weg will! Nur ein Glück, daß ich es ab und zu so einrichte, daß ich mit ihr zusammen bin. Andernfalls sähe ich sie nie mehr!«

Jeder hat seine/ihre eigene Sicht

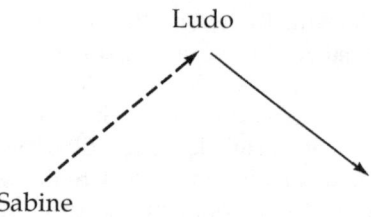

Ludo

Sabine

Erzählung von Ludwig: sie beginnt, ich reagiere normal
Abbildung 4

Wird dies in einer Abbildung verdeutlicht (siehe Abb. 4), dann beginnt man mit einem Pfeil von Sabine zu Ludwig, und dann erst folgt der Pfeil von Ludwig zu Sabine. Er sieht den Beginn bei Sabine (gestrichelte Linie), und sein Verhalten (volle Linie) sieht er als eine normale Reaktion auf ihr Verhalten. Seine Sicht der Dinge: Sabine übertreibt, und es ist ein Glück, daß ich noch dafür sorge, daß wir zusammen sind. Andernfalls sähe ich sie nie mehr. Diese Erscheinung hat einen Namen: Interpunktion. Wichtig ist, daß er eine ganz eigene Sicht der Dinge hat. Wer hat Schuld? Sie natürlich! Wenn sie nicht wegginge, dann würden sie eine gute Ehe führen.

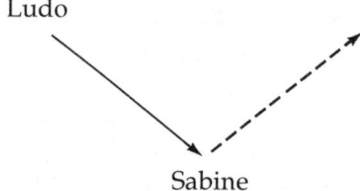

Ludo

Sabine

Erzählung von Sabine: er beginnt, ich reagiere normal
Abbildung 5

Das genaue Spiegelbild Aber wie ist die Geschichte von Sabine? Ihre Geschichte ist das genaue Spiegelbild. Sabine sagt: »Ich bin mit einem viel fordernden, kontrollierenden und altmodischen Mann verheiratet! Ein Glück, daß ich gelegentlich das Haus verlasse und ein wenig auf Abstand halte. Andernfalls wären wir schon lange miteinander verschmolzen.« (siehe Abb. 5) Mein Verhalten folgt aus seinem. Mit anderen Worten sagen beide, daß ihr eigenes Verhalten nur ein Versuch ist, die Übertreibungen des Partners zu kompensieren. Wo liegt dann die Ursache? Bei dem anderen natürlich!

Welchen Fehler machen beide? Den Fehler, einfach einen Anfang zu setzen und diesen Anfang bei dem anderen zu sehen. In Wirklichkeit beginnen sie natürlich zugleich. Aber ihrem Verständnis nach handelt es sich um eine Reihenfolge. Es ist merkwürdig, Menschen haben zumeist eine Reihenfolge nötig, um etwas zu begreifen. Der Mensch benötigt offensichtlich eine lineare Erklärung. Er stellt also die Dinge in eine Abfolge und bestimmt den Beginn. Aber beide tun es auf ihre eigene Weise. Aus diesem Mythos folgt: Ich bin verheiratet mit einer auf Abstand haltenden und abwesenden Frau. Er will sie ständig näher an sich heranziehen. Deshalb zieht er noch mehr. Dadurch stößt er sie von sich ab. Sabine wird darauf mit noch mehr Abstand reagieren. Sie sorgt dafür, daß er noch mehr an ihr hängt. Daraus ergibt sich, daß Eheprobleme besser nicht mit Freunden oder der Familie besprochen werden sollten. Warum? Weil bei Freunden oder der Familie zumeist nur eine Geschichte erzählt wird. Wenn Ludwig seinen Freunden gegenüber erklärt, daß er eine Frau hat, die immer weg ist, was werden die Freunde dann für einen Rat geben, um seine Ehe zu retten? »Mir würde so etwas nicht passieren! Ich würde sie nicht weggehen lassen! Du mußt sie ein wenig im Auge behalten!« Wenn Sabine ihren Freundinnen berichten würde, daß sie mit einem kontrollierenden Mann verheiratet ist, was würden die Freundinnen dann sagen? »Mir würde so etwas nie passieren! Ich würde dafür sorgen, daß ich doch weg kann!« Der gute Rat von Freunden oder der Familie droht in einer Ehe, die nicht gut läuft, das Problem zu verstärken, weil diese sich nur einer Version anschließen. Das tun auch gutmeinende Helfer häufig. Sie hören eine Geschichte, und sie denken, daß diese nun die Geschichte sei. In einer Ehe gibt es niemals nur eine Geschichte. Es gibt hier immer mindestens zwei (in einer Familie sogar noch mehr). Das ist sehr wichtig. Denn was bewirkt die Einmischung der Familie? Eine Verstärkung des Problems. Sie raten Ludwig, noch mehr aufzupassen. Also probiert er, sie noch stärker festzuhalten, wodurch er sie noch mehr aus dem Haus treibt. Mit den besten Vorsätzen und mit viel Einsatz bewirken sie beide das, wovor sie sich fürchten.

Kennzeichen und Folgen. Die Kennzeichen und Folgen des relationellen Mythos gleichen dem individuellen Mythos.

Ein relationeller Mythos macht eine Veränderung in der Beziehung unmöglich

Erstens: Ein relationeller Mythos *stellt sich gegen Veränderungen*, er macht eine Veränderung in der Beziehung unmöglich. Warum? Wenn ein festes Bild vom Partner entsteht, ist keine Möglichkeit zur Veränderung erkennbar. Jemand kann sich nicht vorstellen, daß sein Partner anders sein kann, als er glaubt, daß er ist. »Du willst nur der Chef sein und alles, was du tust, ist darauf ausgerichtet. Ich kann mir nicht denken, daß einmal eine gleichberechtigte Beziehung entstehen könnte!« »Du hast keine Gefühle. Ich habe sehr wohl Gefühle. Ich kann mir nicht vorstellen, daß du jemals Gefühle haben wirst! Ich bin dessen so sicher, weil ich bereits jahrelang merke, daß du vollkommen gefühllos bist. Ich sehe dafür ständig Beweise. Siehst du es ein, daß du keine Gefühle hast? Du bist eine gefühllose Person.« Mit anderen Worten: Veränderung wird undenkbar. Die wichtigsten Gründe, die Veränderungen in Beziehungen verhindern, bestehen darin, daß keine Veränderung mehr vorstellbar ist! Und dann kann jemand mit einem Eheprogramm oder mit einer Beziehungstherapie kommen, aber die Reaktion wird immer sein: »Es ist vielleicht eine sehr gute Therapie. Aber nicht für uns, denn sie ist nun einmal so und er ist nun einmal so.« Man kann sich nicht vorstellen, daß eine Veränderung möglich ist.

Beweise sammeln

Zweitens: Ein derartiger relationeller Mythos beweist sich selbst. Das ist bereits hinreichend durch die Wechselwirkung deutlich geworden, die besagt, daß ein Partner bei dem anderen jeweils das verursacht, was er nicht will. So lehren sie einander anstelle der Wirklichkeit das sehen, was sie fürchten. Sie sammeln Beweise. Sie reagieren so, daß der Mythos erhalten bleibt und sich eventuell noch verstärkt. Ich denke an das Beispiel, in dem Ludwig Sabine immer weiter an sich heranzog, und sie sich dadurch weiter entfremdete. Es schien ihm in der

Tat wahr zu sein, daß sie sich immer weiter von ihm entfernte. Es wurde auch wahr, daß er sich stets mehr an sie klammerte.

Drittens: Ein derartiger Mythos *erschwert auch den Blick auf die Wirklichkeit.* Auch der relationelle Mythos heißt in Wirklichkeit: zu zweit in einem Käfig leben. Alles wird davon abhängig, wie die Partner einander sehen. Alles wird gefärbt durch die Mythen, die die Partner entwickelt haben. Die festgefahrene Beziehung haben wir gekennzeichnet als eine Beziehung, in der der Reichtum im gegenseitigen Erleben verlorengegangen ist. Was übriggeblieben ist, sind ein oder zwei Phänomene, die extrem festsitzen. Es gibt keine Varianten mehr, es ist nicht abwechslungsreich. Dies bewirkt, daß eine Reihe von Dingen nicht mehr registriert werden. Sabine kann sich nicht mehr vorstellen, daß Ludwig ab und zu gern allein zu Hause ist. Das sieht sie nicht mehr. Ludwig sieht nicht mehr, daß Sabine tatsächlich viel öfter zu Hause ist, als daß sie weg ist. Wenn sie zu Hause ist, findet er das selbstverständlich. Er sieht es nicht mehr. Wenn sie weg ist, dann ist es für ihn, als ob sie immer weg ist. Der Mythos ist ein Filter, er wirkt wie ein Käfig, in dem beide gefangen sind.

Mythen verhindern? Was muß man dafür tun? Wie kann man verhindern, in einem derartigen Mythos gefangen zu sein? Es gibt einige kleine Ratschläge, die große Folgen haben können.

Erstens: *Nicht Gedanken lesen.* Gedankenlesen bedeutet eigentlich vom Bild auszugehen, das man vom Partner hat, um daraus Schlüsse zu ziehen. Der Ausgangspunkt ist also immer der Mythos. »Ich weiß, daß du wieder weg willst. Siehst du selbst, daß du wieder weg willst. Ich weiß schon, was du sagen willst …« Gedankenlesen ist in Wirklichkeit ein zirkuläres Phänomen, bei dem der eine von dem Bild ausgeht, das er vom anderen hat, um die Wünsche oder Gedanken des anderen zu lesen, bevor der andere diese geäußert hat. Dies widerspricht einer guten Beziehung, in der die Partner einander realistisch sehen. Sie können den anderen nicht so sehen, wie er in Wirklichkeit ist, denn sie nehmen den anderen immer nur, wie sie denken, daß er ist. In diesem Sinn ist

Zu zweit in einem Käfig leben

Nicht Gedanken lesen

Gedankenlesen von Übel. Das Aufhören Gedanken zu lesen und wieder lernen, einander zuzuhören, ist das Ende des Mythos. So kehren die beiden zu einer lebendigen Beziehung zurück.

Nicht definieren

Der zweite Ratschlag lautet: *nicht definieren*. Beim Entstehen des Mythos wird häufig dazu übergegangen, nachdem sich die Wiederholung und die Erwartungen gezeigt haben, den anderen zu definieren. »Du bist immer so ...« In diesem Moment entsteht der Mythos zunächst undeutlich. »Du willst doch immer der Chef sein. Du bist unordentlich. Du hältst immer auf Abstand. Du klammerst dich immer an mir fest. Du kontrollierst mich ständig. Du hast kein Gefühl. Du bist nicht in der Lage, Kontakte zu knüpfen.« Das sind einige Mythen, die in Beziehungen sehr wichtig sind. Es handelt sich um Definitionen. Jedesmal, wenn in einer Beziehung der Partner definiert wird, besteht die Gefahr, ihn in Richtung des Mythos zu schieben. Wenn man verärgert ist, gebraucht man extreme Begriffe. Nuancen verschwinden und der Übergang zum Mythischen, zum Absoluten findet statt.

Verhandeln, um ein gutes Maß zu erreichen

Drittens: Kann an einem Mythos etwas durch *Verhandeln* verändert werden? Dies ist natürlich eine sehr umfassende Methode und nicht einfach eine simple Regel. Verhandeln, um ein gutes Maß zu erreichen. Nehmen wir erneut das Beispiel von Ludwig und Sabine. Ludwig sucht ständig Gelegenheiten, um mit seiner Frau zusammenzusein. Sabine besteht auf ihrer Selbständigkeit. Sie kämpfen beide, um das zu bekommen, von dem sie fürchten, daß sie es nicht bekommen werden. Dadurch übertreiben beide, so daß es immer schlimmer wird. Ludwig ergreift jede Gelegenheit, um mit Sabine zusammenzusein. Auch wenn es Sabine nicht paßt, auch wenn es sie vielleicht irritiert. Es ist, als ob beide für das *kämpfen*, was sie brauchen. Sie übertreiben, um das zu bekommen, was sie wollen. Sabine entflieht tatsächlich den Situationen, in denen er sie überwachen, kontrollieren kann. Sie kämpft für ihre Unabhängigkeit, für Abstand. Dadurch, daß es beiden nicht glückt, von dem *genug* zu bekommen, was sie voneinander erwarten, dreht sich die Spirale immer weiter. Dies geschieht, weil sie fürchten, nicht das zu bekommen, was sie brauchen. Es wird

136

auf beiden Seiten übertrieben. Unter normalen Umständen entwickelt sich ein Gleichgewicht. Aber hier gelingt das nicht. Es entsteht ein ernstzunehmendes Problem.

Wie kann zur normalen Situation zurückgekehrt werden? Verhandeln ist dafür eine passende Methode. In einer Verhandlung können beide darüber sprechen, welches Problem eigentlich ansteht. Was muß Ludwig dann tun? Ludwig muß dafür sorgen, daß er ein *hinreichendes* Zusammensein bei der letztgültigen Absprache mit Sabine zustandebringt. Sabine muß dafür sorgen, daß *genug* Selbständigkeit vorhanden ist, genug Autonomie. Wenn sie das können, wenn für jeden »genug« vorhanden ist, dann haben sie es nicht nötig, ständig zu kämpfen, um das zu bekommen, wonach sie so sehr verlangen.

Es ist gut vorstellbar, daß Ludwig und Sabine Absprachen miteinander treffen, bei denen er dafür sorgt, daß sie einen Abend in der Woche allein sind und sich unterhalten (einen Abend, nicht alle Abende, wie er meint), und in der sie sich an zwei Nachmittagen um Kranke kümmern kann, plus einen Abend Frauenclub. Dann könnte es gelingen, daß die Beziehung wieder ins Gleichgewicht kommt, denn dann weiß Ludwig: Samstag abend sind wir zusammen. Dann braucht er nicht jeden Tag dafür zu kämpfen. Sabine weiß auch: An dem Abend, an dem ich zum Frauenclub gehen will, wird er nicht nörgeln. Sie weiß, daß sie darauf zählen kann, und er weiß es auch. Sie brauchen nicht jedesmal aufs neue dafür zu kämpfen.

Dies ist einer der Gründe, warum Verhandeln in einer Beziehung von großer Wichtigkeit ist. Es ist ein Mittel, ein gerechtes Maß in einer Beziehung zu halten. Wenn Sabine nach einem abendlichen Treff nach Hause kommt, dann wird sie auch Zeit haben, mit ihm zu sprechen. Aber wenn sie nach Hause kommt mit dem Gefühl »Ich mußte darum wieder streiten«, dann wird sie den ganzen Abend mit Schuldgefühlen kämpfen. Darüber hinaus beginnt er dann wieder unmittelbar an ihr zu »ziehen«. Wenn Ludwig wirklich weiß, daß sie Samstag abend zusammen sind, dann braucht er nicht ständig Annäherungsversuche zu unternehmen.

Verhandeln ist eine Methode, um das rechte Maß in einer Beziehung zu gewinnen, das beide für richtig halten. In diesem Sinn ist Verhandeln eine Methode, die Spirale zu durchbrechen. Jeder bekommt, worauf er ein Recht hat. Sehr wichtig ist, daß beide bei dem Beginn der Verhandlung unabhängig voneinander deutlich machen, was sie wollen. Und daß sie am Ende des Gesprächs nichts versprechen, was sie nicht halten können.

Zusammen die Absprache wählen, bei der beide etwas geben müssen und bei der beide einen Vorteil haben

Es geht um eine Absprache zwischen zwei Parteien. Sie erklären einander die Absprache nicht. Sie wählen zusammen die Absprache, bei der beide etwas geben müssen und bei der beide einen Vorteil haben. Der Vorteil für Ludwig ist die Sicherheit des regelmäßigen Kontakts, der Gewinn für Sabine ist die Sicherheit einer ausreichenden Selbständigkeit. In diesem Sinn ist Verhandeln eine Methode, um Teufelskreise und auch die damit zusammenhängenden Mythen zu durchbrechen. In der Verhandlung werden die Mythen in dem Augenblick durchbrochen, in dem jeder sein Gefühl mitteilt. Das beinhaltet dann auch den Teil, der dem anderen ansonsten verschwiegen wird. In einer guten Verhandlung wird von den eigenen Gefühlen berichtet. Beim Austausch von Gefühlen muß sich das mythische Bild ein wenig verändern. In einer guten Verhandlung denkt man also in einem bestimmten Moment: Aha, ... dies ist also wichtig für dich. Aha, so ist das bei dir! Solche Äußerungen bewirken, daß der Partner auf eine andere Art erlebt wird, daß neue Dinge übereinander gelernt werden.

Das mythische Bild, das sehr extrem war, wird hier durchbrochen. Man wird vom anderen überrascht. »Also, dies ist für dich wichtig ... Nun verstehe ich besser, was es für dich bedeutet. Du fühlst anders, als ich dachte. Ich mache mir nun klar, wie du die Dinge siehst.« Oft bedeutet dies auch eine Relativierung des mythischen Bildes, das sich ein Partner vom anderen geformt hat.

Die sexuelle Partnerbeziehung

Neben dem intensiven Sprechen und Zuhören sowie dem allgemeinen Umgang nimmt die Sexualität einen zentralen Platz in einer Beziehung ein. Ein guter sexueller Umgang prägt eine intime Beziehung. In einigen Beziehungen sind sexuelle Schwierigkeiten die Ursache für ernste Probleme. Bei anderen Beziehungen wirken sich (zeitweilige) allgemeine Probleme zwischen den Partnern negativ auf den sexuellen Umgang aus.

Die Sexualität kann als eine natürliche Gegebenheit betrachtet werden, als etwas, das in einer Beziehung von selbst läuft. In jeder Beziehung gibt es Zeiten, in denen die Sexualität Probleme aufwirft. Das ist in einer Ehe ganz normal. Zumeist stellt sich der sexuelle Umgang von selbst wieder ein. Sexualität kommt also von selbst, bereitet unter Umständen Schwierigkeiten und kehrt von selbst wieder zurück. Die Sexualität kann auch als menschliches Verhalten angesehen werden, das zu einem großen Teil erlernt ist. In diesem Sinn kann auch Neues über Sex gelernt werden. Eine sexuelle Beziehung kann kultiviert werden.

1. Sexualität als Interaktion

Sexueller Umgang

Die Sexualität in einer ehelichen Beziehung kann im wesentlichen als eine Wechselbeziehung zwischen zwei Partnern betrachtet werden: den sexuellen Umgang. Dann definiert man Sexualität als etwas, das zwischen Partnern geschieht und sich nicht so sehr in dem einen oder dem anderen abspielt. Sexualität in einer Beziehung ist ein zirkulärer Prozeß von wechselseitiger und gleichzeitiger Beeinflussung, der zu einem Höhepunkt führt und dann wieder abnimmt. Auch hier gilt, was bereits oben zur Kommunikation gesagt wurde: Sexualität beginnt und endet bei beiden gleichzeitig. Das kann folgendermaßen verdeutlicht werden. Bei beiden Partnern sind zwei Ebenen zu unterscheiden, die Ebene des Ausdrucks und die Ebene der Gefühle.

Wenn Ria sich sexuell angesprochen fühlt und dies auch zeigt (ausdrückt), wird dies bei Karl eine Zunahme der sexuellen Erregung zur Folge haben. Diese wird ihrerseits wieder zum Ausdruck kommen und Ria dadurch noch mehr erregen. Diese Erregung äußert sich nun wiederum … Ein bestimmter Blick von Ria (Ausdruck) ruft bei Karl bestimmte sexuelle Gefühle hervor (Gefühlszustand), die ihn veranlassen, sie über Haare und Schultern zu streicheln (Ausdruck). Diese Reaktion ruft bei Ria größere sexuelle Erregung hervor (Gefühlszustand), woraufhin sie ihn zärtlich küßt (Ausdruck). Dies erregt Karl noch weiter (Gefühlszustand). Er nimmt sie in die Arme und gibt ihr einen Zungenkuß (Ausdruck) usw. Immer wieder hat das Verhalten des einen Partners Einfluß auf das Tun und Lassen des anderen Partners. Die Gefühle und das Verhalten des einen wirken sich auf die Gefühle und das Verhalten des anderen aus.

Um welche Gefühle geht es hier? In der Sexualität spielen viele Gefühle eine Rolle. Wir beschränken uns hier auf zwei Gruppen von Gefühlen: die Gefühle der Lust und die des Verlangens. Die Lustgefühle hängen davon ab, wie die eigene Person erlebt wird. Man fühlt sich körperlich gut. Man erfährt Freude an den sexuellen Praktiken. Man genießt intensiv. Die Gefühle des Verlangens prägen das Verhalten der Partner zueinander. Hier geht es um das Bedürfnis, den anderen zu berühren, zärtlich zu sein, zu küssen, zu streicheln, sexuell zu stimulieren usw. Hier geht es auch um das Bedürfnis, gestreichelt zu werden, liebkost zu werden usw. Die sexuellen Gefühle umfassen gleichzeitig ein körperliches Wohlbehagen und auch das Verlangen nach mehr. Diese sexuelle Wechselwirkung führt meist zu einem Höhepunkt, nach dem man wieder gemeinsam zur Ruhe kommt.

2. Vier Arten sexueller Sprache

Sexualität ist als non-verbale Kommunikation ein sehr wichtiges Mittel, um den »Verhältnisaspekt« der Beziehung anzugeben. Er bringt zum Ausdruck, wie die Beziehung und der Partner erlebt werden. Er sagt etwas aus über Achtung, Zärtlichkeit, Gernhaben, Anerkennung (Wertschätzung), sexuelle Faszination usw. Das heißt nicht, daß in bestimmten Momenten der Beziehung der nicht-sexuelle Umgang nicht genauso Achtung, Gernhaben oder Zärtlichkeit ausdrücken kann. Das heißt auch nicht, daß es nicht auch andere Möglichkeiten gibt, diese Eigenschaften in Beziehungen auszudrücken. Werden sexuelle Gefühle gezeigt, geschieht dies zu einem großen Teil in non-verbaler Sprache.

Dabei werden vier wesentliche Arten von Sprache unterschieden.

A. Die autonome Körpersprache

Körpersprache Unter autonomer Körpersprache verstehen wir den Teil des sexuellen Ausdrucks, der außerhalb des Willens liegt, der nicht direkt kontrollierbar ist. Ein Teil der sexuellen Ausdrucksformen vollzieht sich unbewußt. Will man diese autonome Sprache dennoch bewußt steuern, hat dies meist einen unerwünschten Effekt zur Folge. Wenn ein Mann bewußt eine Erektion zu bekommen versucht, dann bleibt diese in der Regel aus. Eine Erektion kann nicht einfach gewollt werden! Wenn eine Frau sehr bewußt einen Orgasmus herbeizuführen versucht, dann wird der Orgasmus sich nicht einstellen. Ein Orgasmus kommt von selbst, wenn sie sich durch ihr Gefühl leiten läßt. Will sie es bewußt, dann blockiert sie sich selbst. Es ist, als ob man mit zusammengepreßten Zähnen genießen will. Die Erscheinungen, die sich »autonom« im Körper abspielen, werden von Masters und Johnson ausführlich beschrieben. Sie können in vier Schritte eingeteilt werden.

1. *Die Phase der Erregung:* Als Zeichen der Erregung gilt in der autonomen Körpersprache die Steigerung einer Anzahl von Körperfunktionen. Es ergibt sich eine erhöhte Durchblutung der Genitalien, daraus folgt die Erektion beim Mann und das Feuchtwerden der Frau. Weiterhin zählen dazu die Erhöhung des Blutdrucks, des Herzschlags, des Atemrhythmus, der Körpertemperatur, der Durchblutung der Haut usw.
2. *Die Plateauphase:* Hier treten dieselben Erscheinungen wie in der vorangegangenen Phase auf, aber sie haben nun ein hohes Niveau erreicht und nehmen an Stärke noch zu.
3. *Die Orgasmusphase*: Diese Phase ist gekennzeichnet durch Kontraktionen der Vagina und des Uterus der Frau und Kontraktionen in den Genitalien des Mannes mit der Folge des Samenergusses.
4. *Die Phase des Abklingens:* Der ursprüngliche Zustand des Körpers stellt sich wieder ein.

142

Diesen vier Schritten geht eine Phase des sexuellen Be-
dürfnisses voraus; ihnen folgt eine Phase der Befriedigung, die als solche nicht sehr stark in der Körpersprache zum Ausdruck kommt. Das Bedürfnis nach Sex
kann manchmal unmittelbar bemerkt werden ... Das
Gleiche gilt auch für das Bedürfnis nach Entspannen im
Nachgenießen. Wenn diese Zeichen der autonomen
Körpersprache auftreten, dann machen sie den Partnern
deutlich, daß die betreffende Person erregt ist.

B. Die willentliche Körpersprache

Hier geht es um Symptome, die abhängig sind vom Willen, die man gut unter Kontrolle haben kann, die man
bewußt wollen kann. Hier geht es z. B. um Seufzen und
Stöhnen. Hier geht es um das Schließen der Augen beim
Genießen.

*Die willentliche
Körpersprache*

C. Die Verhaltenssprache

Mit Verhaltenssprache ist das Verhalten gemeint, das
bewußt kontrolliert werden kann: das Streicheln, das
Umarmen, das sexuelle Spiel an den Genitalien, das
Küssen, der Koitus. Man kann einen Koitus haben, oder
man kann ihn nicht haben. Man kann streicheln oder
nicht streicheln.

*Die Verhaltens-
sprache*

D. Die gesprochene Sprache

Beim sexuellen Spiel können auch Phantasien, sexuell
erregende oder liebevolle Worte und Gefühle mitgeteilt
werden. Sehr wichtig sind hier aber wieder die non-verbalen Aspekte dieser gesprochenen Sprache: der Ton,
das Tempo, der Stimmgebrauch, die Akzentsetzung, die
Lautstärke usw.
Differenziert man diese verschiedenen Sprachen, kann
sehr vielen Schwierigkeiten auf sexuellem Gebiet besser
begegnet werden. Nicht alles in den sexuellen Reaktionen ist ohne weiteres mit »Willen« zu verändern! So
kann Ria von Jan nicht verlangen, daß er eine Erektion
bekommen muß, wenn er Annäherung sucht. Sie kann

*Die gesprochene
Sprache*

ihn aber bitten, sich interessierter zu verhalten. Er kann von ihr nicht verlangen, daß sie einen Orgasmus haben muß. Das hat sie ja selbst nicht in der Hand. Er kann sie aber bitten, am sexuellen Spiel teilzunehmen und zu probieren, ob ihre Erregung anwächst.

Julia hat Lust an Sex, aber sie drückt diese Lust nie aus. Dies findet seinen Niederschlag in der Erregung ihres Mannes. Ihre Mutter hat ihr früher gesagt, daß Frauen, die zeigen, daß sie die Sexualität genießen, Huren sind. Daraus folgte, daß Julia auf sexuellem Gebiet nie mehr die Initiative ergriff. Hierdurch wurde der sexuelle Umgang mit ihrem Partner immer wieder blockiert. Das Problem lag in der Überbrückung zwischen dem, was sie fühlte, und dem Ausdruck ihrer Gefühle.

In einer anderen Beziehung ging der Mann beim Sex so ungestüm vor und war so auf die Genitalien fixiert, daß seine Frau verärgert war, anstatt erregt zu werden. Hier lag das Problem im Übergang vom Ausdruck des Mannes hin zu den Gefühlen der Frau.

Manche Schwierigkeiten auf sexuellem Gebiet sind als Gegensätze zwischen diesen Sprachen zu verstehen.

Wenn Stefanie von Peter gestreichelt oder liebkost wird, dann denkt sie, daß er wieder genitalen Sex will. Sie weist ihn ab. Dadurch verlernt Peter das Liebkosen, doch das will sie eigentlich nicht.

Peter beginnt mit dem Liebesspiel und bekommt keine Erektion. Dann ergibt sich für Stefanie ein Problem: Einerseits zeigt Peter, daß er Geschlechtsverkehr haben möchte, andererseits zeigt er keine körperlichen Anzeichen von Erregung! Wie soll sie nun reagieren? Zieht sie ihn zu sich heran oder schiebt sie ihn weg?

Wenn eine Frau an Vaginismus (Scheidenkrampf) leidet, dann bedeutet das, daß sich ihr Körper »weigert«, beim Sex mitzuspielen, indem sich die Muskeln von selbst zusammenziehen. Dieser Reflex kann durch ein geeignetes Therapieprogramm überwunden werden. Dann kann sich die Frau entscheiden, ob sie oder ob sie keinen Geschlechtsverkehr mit ihrem Partner haben will. Gelegentlich ist der Gebrauch der gesprochenen Sprache die einzige Lösung, um Dinge deutlich zu machen. »Ich will jetzt Liebkosungen, aber keinen genitalen Sex und ich will keinen Koitus.« »Ich fühle mich erregt, aber meine Erektion kommt nicht, ich verstehe es selbst nicht.« »Ich will dich in jedem Fall nicht abweisen.«

Ist vom sexuellen Funktionieren die Rede, dann wird die Sexualität genau wie das Atmen oder die Verdauung als ein Geschehen ohne besondere Bedeutung betrachtet. Ist von der Sexualität als Sprache die Rede, dann bekommt sie einen wichtigen Zeichenwert. Man kann hier auch das »Funktionieren an sich«, ausgedrückt in Quantitäten, Häufigkeit, Stärke usw., dem »sinnvollen Erlebnisaspekt«, ausgedrückt in Bedeutungen, Gefühlen und Erlebnissen, gegenüberstellen.

Aktiv sein. Für einen guten sexuellen Umgang ist es nötig, daß beide Partner aktiv sind. Dieses Aktivsein hat zwei gleichwertige Facetten. Einerseits das *aktive Empfangen:* sich öffnen für, auf Suche gehen nach, sich treiben lassen in der sinnlichen Wahrnehmung (hören, riechen, probieren, fühlen usw.). Andererseits das *aktive Geben:* die Initiative übernehmen, das Streicheln, das Küssen, das Anfassen usw. Für ein gelungenes sexuelles Spiel sind beide Aspekte bei beiden Partnern nötig. Das klassische Bild vom aktiven Mann und der passiven Frau ist für viele überholt, doch bleibt es als Variante im sexuellen Spiel natürlich eine Möglichkeit.

Das aktive Empfangen

Das aktive Geben

3. Die eigene sexuelle Geschichte

Jeder Partner kommt mit einer eigenen sexuellen Geschichte in eine Beziehung. Was er heute als angenehm empfindet, hat er früher »gelernt«, als angenehm zu empfinden. Vielleicht werden bereits vor der Geburt Erfahrungen mit dem eigenen Körper gemacht. Ein Baby wird angefaßt, liebkost und gestreichelt. Das ist eine erste Form von Hautkontakt, die für die meisten mit Ernährung, Zärtlichkeit usw. verbunden ist. Es erfährt die Welt durch das Saugen und lernt so »Mundfreuden«, womit die Freuden des Küssens zu tun haben. Es lernt zu genießen, den Stuhl aufzuhalten und gehenzulassen: Freude auf dem analen Sektor. Es entdeckt angenehme Erregungen, wenn es als Kleinkind mit den Geschlechtsorganen spielt.

In der Pubertät werden angenehme oder unangenehme Erfahrungen mit Masturbation und Homosexualität gemacht. Die ersten sexuellen Beziehungen können eine sehr positive oder sehr deprimierende Erfahrung sein. Einige Menschen werden sexuell belästigt, andere machen Inzest-Erfahrungen. Alle diese Erfahrungen wirken beim Erleben von Sexualität im Unterbewußtsein weiter, ob sie nun erfreulich oder sehr schmerzlich waren. Jeder Partner nimmt diese Geschichte in seinen sexuellen Umgang mit hinein. Gelegentlich kann sich eine alte, sehr negative Erfahrung bei jedem sexuellen Kontakt so stark in den Vordergrund drängen, daß psychotherapeutische Hilfe nötig ist.

Jeder hat seine eigene »Lerngeschichte«. Sexueller Umgang ist nicht angeboren, sondern das Ergebnis einer konstanten »Umgangsgeschichte«. Bestimmte Kennzeichen sprechen den einen an und den anderen nicht. Ein Mann fühlt sich durch eine Frau mit einem schönen Gesicht angesprochen, ein anderer durch eine Frau mit schönen Beinen. Eine Frau wird vor allem durch das, was sie sieht, erregt, eine andere durch das, was sie sinnlich fühlt: ihren Tastsinn. Bei einer anderen Frau sind wiederum Gerüche ausschlaggebend. Man hat gelernt, bestimmte Situationen und Erscheinungen sexuell zu interpretieren. Ein bestimmter Blick kann für den einen sexuell bedeutsam sein, für den anderen nicht.

Während seines gesamten Lebens lernt der Mensch – jeder auf seine eigene Weise –, mit bestimmten Gefühlen, Zeichen und Signalen umzugehen. Dies führt zu einer Anzahl Fertigkeiten und auch zu einer Anzahl von Defiziten und Verformungen bei jedem Partner. Die individuelle Lerngeschichte ist nie abgeschlossen. Defizite und Verformungen können verändert oder gesteigert werden. Etwas kann ver- oder dazugelernt werden. Wenn dies bei einem Paar nicht glückt, sollten sie sich am besten an einen Therapeuten für sexuelle Beziehungen wenden.

Sexueller Umgang setzt voraus, daß die Partner keine Scheu haben, *sich gehen zu lassen*. Scheidenkrampf und Erektionsstörungen können darauf hinweisen, daß dies nicht so ist. Die Partner können lernen, *sich von ihren Ge-*

146

fühlen treiben zu lassen. Sie können lernen, die sexuelle Kommunikation deutlicher zu machen. Was findest du angenehm? Wie? Wie lange? Wann? In welchem Tempo?

Die Bedeutung von Gedanken. Wie jemand über Sex denkt, bestimmt, wie der Sex für ihn sein wird. Hält man Sex für etwas Gutes, Freudiges, Bereicherndes, etwas, das die Mühe lohnt, wird man ihn einfacher genießen können. Man kann sich öffnen für die Erregungen, die über die Sinne erfahren werden, und es ist, als ob das Gehirn reagiert mit »Ich will mehr«. Die Organe schwellen an und verändern sich so, daß sie noch mehr Reize wahrnehmen können. Im umgekehrten Fall ist es, als ob das Gehirn reagiert mit »Ich will weniger«. Die Durchblutung nimmt ab, die Organe schließen sich. Das Gefühl für sexuelle Reize nimmt ab. Sexuelle Berührung kann dann sogar störend sein. *(Die Bedeutung von Gedanken)*

Partner haben viele falsche Auffassungen über Sexualität. Es gibt einige, die denken, daß beim Sex allein Männer aktiv und Frauen passiv sind. Jeder Partner will einmal aktiv und einmal passiv sein. Männer finden es oft herrlich, gestreichelt zu werden, ohne daß etwas von ihnen verlangt wird. Frauen sind manchmal froh, daß sie in einem konkreten Moment bestimmen können. *(Männer aktiv – Frauen passiv?)*

Andere denken, daß Männer sich von Natur aus im sexuellen Bereich gut auskennen und intuitiv wissen, was eine Frau angenehm findet. Das ist falsch. Das sexuelle Verhalten ist angelernt. Der freudige sexuelle Umgang zwischen Partnern entsteht gleichzeitig. Jeder Partner – ob Mann oder Frau – muß den anderen lehren, was er als angenehm empfindet.

»Männer sind für den sexuellen Genuß der Frau verantwortlich.« Hier wird so getan, als ob Frauen passive Empfänger seien, die nur erdulden. Es wird so getan, als ob eine Frau nichts tun könnte, um ihre sexuelle Freude zu vergrößern(!), als ob allein Männer sexuelles Interesse hätten und Frauen nicht.

Einige Partner streben immer wieder danach, einen gleichzeitigen Orgasmus zu erreichen. Auch das ist nicht sinnvoll. Den gleichzeitigen Orgasmus gibt es nur sehr selten. *(Gleichzeitiger Orgasmus?)*

147

Andere probieren immer wieder, die Erfahrung eines bestimmten sexuellen Höhepunktes zu wiederholen. Das funktioniert nicht. Sexualität spielt sich immer wieder hier und jetzt ab. Was damals und dort geschehen ist, das ist unwiderruflich vorbei!

Die meisten Paare wissen, daß Sex keine Sache von Techniken und Stellungen ist. Der Einfluß der 70er Jahre mit den vielen »Variationen« hat nach und nach abgenommen. Einige verstehen unter Sexualität fälschlicherweise nur Zärtlichkeit. Sie habe nichts zu tun mit Heftigkeit, Intensität oder Gewalt. Andere denken, Sexualität sei nur eine individuelle Erregung, ohne eine Beziehung mit einem Partner, ohne Gefühle für einen Partner. Ein aktives sexuelles Leben ist die wichtigste Gewähr für ein sexuell erfülltes Alter.

Sexuelle Vermeidungsstrategie   Bei Problemen in Beziehungen kommt es gelegentlich zu einer *sexuellen Vermeidungsstrategie*. Dies ist ein Verhalten, das *Gelegenheiten*, durch die es zum Sex kommen könnte, vermeidet. Einer der Partner geht früher oder später als der andere zu Bett. Er trödelt im Badezimmer oder auf dem WC. Er verursacht Streit vor dem Schlafengehen. Die Frau, die mit weißer Nachtcreme im Gesicht zu Bett geht, findet sich nicht nur in Hollywood-Komödien. Man will z. B. keinen Sex mehr nach 23 Uhr. Oder der Partner ist nicht freundlich, nicht zuvorkommend, nicht unternehmungslustig oder nicht zurückhaltend genug gewesen. Eine Vermeidungsstrategie in Zusammenhang mit der Sexualität löst das Problem nie: Es wird dadurch nur noch schlimmer.

Das Gespräch über Sexualität ist wichtig. Wenn es einen kleinen Unterschied in den sexuellen Bedürfnissen gibt, dann kann ein Mangel an Gesprächen bittere Folgen haben. Er ist etwas weniger für Sex als sie. Wenn sie ihn darum bittet, ist er noch nicht so weit.

Er gibt nach, aber ohne Enthusiasmus. Es läuft also nicht allzu gut. Er empfindet es als einen Mißerfolg. Sie ist unzufrieden. Dadurch bleibt bei ihr ein Gefühl von Entbehrung zurück. Schnell will sie wieder sexuellen Kontakt. Er zögert und hat Angst, daß es wieder nicht klappen wird. Aber sie dringt darauf. Er läßt sich überreden mit noch mehr Versagensängsten. Es klappt wieder nicht.

148

Er ist deprimiert, sie ist verstört! Gleichzeitig wird das Bild vom Partner immer extremer. Sie sieht ihn als einen impotenten Mann, der nichts kann. Er sieht sie als eine sexbesessene Frau, eine Erotomanin, die ständig Lust hat. Beide erleben einander extrem! Beide verursachen das, wovor sie Angst haben. Hier wird deutlich, wie allmählich das mythische Bild vom Partner entsteht.

Nur gründliche Gespräche können diese Verschiedenheit in den sexuellen Bedürfnissen auflösen. Eine gute Auseinandersetzung kann die extremen Bilder, die beide in Sachen Sex voneinander haben, differenzieren.

Das Gespräch über Sexualität ist wichtig

Aber was kann *abgesprochen werden über Sex?* Nur das, was man selbst in der Hand hat. Es können keine Reflexe oder Gefühle abgesprochen werden. Es können aber wohl Absprachen über das Verhalten getroffen werden, über die Bedingungen, die man schafft, um einen befriedigenden Geschlechtsverkehr zu ermöglichen. Die Partner können sich gegenseitig fragen, was jeder gern haben und geben will, und dementsprechende Absprachen treffen. Sexualität hat mit der Beziehung als Gesamtheit zu tun. Wenn die Beziehung nicht in Ordnung ist, ist auch der Sex nicht in Ordnung. Das muß so sein. Wenn man sich klar macht, daß jede Beziehung einmal eine Krise durchläuft, wird man in allen Beziehungen einmal feststellen, daß es mit der Sexualität hapert. Meistens kommt das von selbst wieder in Ordnung, wenn die Beziehung wieder besser läuft. Dauern die Schwierigkeiten jedoch an, muß rechtzeitig ein Beziehungstherapeut, der auch Sexologe ist, hinzugezogen werden.

Umgang mit Gefühlen *Kapitel 7*

In einer Beziehung sind Gefühle sehr wichtig.
Das Sich-miteinander-gut-Fühlen ist das entscheidende
Kriterium. Der Austausch von Gefühlen steht im
Zentrum einer Ehe. Gefühle liegen oft auch der
Entstehung einer Beziehung zugrunde.
Sie bestimmen die Dauer der Beziehung mit.

Gefühle sind der Niederschlag dessen, was wir tun und lassen. Gefühle geben dem Leben Farbe: Angst, Freude, Hoffnung, Enttäuschung, Verbitterung, Einsamkeit, Verlangen, Schuldgefühle, Verärgerung, Irritation, Langeweile, Aufregung, Genuß, Verdruß, Abwendung, Verliebtheit, Scham, Erregung, Ohnmacht usw. Gefühle hat man nicht in der Hand. Sie überkommen einen. Sie überfallen einen. Sie sind eine Quelle der Energie. Gefühle haben eine körperliche Seite. Gefühle treiben uns fort. Gefühle prägen das Verhalten: Was ein gutes Gefühl hervorruft, wird häufig getan. Was ein schlechtes Gefühl hervorruft, wird vermieden. Wird über Gefühle gesprochen und nachgedacht, wurde in diesem Augenblick bereits Abstand von diesen Gefühlen genommen. Gibt man sich einem Gefühl hin, dann nimmt das Gefühl zunächst meistens zu. Gefühle variieren. Sie sind nicht immer in gleicher Intensität vorhanden. Ein bestimmtes Gefühl (Angst, Verdruß) kann in einem bestimmten Moment sehr intensiv sein und wenig später in den Hintergrund treten. Wer betrübt ist, beginnt über seinen Verdruß nachzudenken, er sieht seinen Verdruß vielleicht schwinden: Er hört auf zu weinen. Wer mit jemandem schläft und nicht in seinem körperlichen Gefühl aufgehen kann, der wird keinen Orgasmus haben. Genießen, das verdrängt man, *Über Gefühle* darüber spricht man nicht. *Über* Gefühle sprechen, ist *sprechen, ist noch* noch etwas anderes, als Gefühle in Worte fassen. Darauf *etwas anderes, als* kommen wir später noch zurück. Wenn in einer Bezie-*Gefühle in Worte* hung einer der Partner sich wiederholt für längere Zeit *fassen* nicht gut fühlt, dann muß sich in dieser Beziehung etwas verändern. Vielleicht muß die Beziehung verbessert werden. Vielleicht muß eine Scheidung in Betracht gezogen werden.

Es sind die Gefühle, die anzeigen, daß sich die Beziehung verändern muß. Ärgert man sich über den Partner, dann müssen die Felder neu abgesteckt werden. Die Grenzen müssen verändert werden. Merkt einer der Partner, daß er über den anderen verärgert ist, und bemerkt er dieses Gefühl rechtzeitig, dann ist es möglich, die Situation so zu verändern, daß die Verärgerung nicht andauert. Gefühle sind also sehr wichtige Signale in einer Beziehung.

Einige Beziehungen werden von Angst beherrscht. Wir meinen hier nicht die Angst vor der körperlichen Gewalt des Partners. Wir meinen die Angst, den Partner zu verlieren. Die Angst, daß der Partner unglücklich ist. Die Angst vor Bemerkungen oder Beschimpfungen des Partners. Die Angst, daß dem Partner etwas zustoßen könnte. Angst ist kein guter Ratgeber in einer Ehe. Ehen, in denen jahrelang Angst oder Furcht herrschen, muß dringend geholfen werden. Jedes bleibende negative Gefühl in einer Beziehung ist ein Signal, daß es zu Veränderungen kommen muß. Lang anhaltende Abwendung vom Partner ist oft ein Indiz, daß die Beziehung vielleicht nicht mehr fortgeführt werden kann.

Jedes Gefühl ist ein Signal

Gefühlsaustausch in einer Beziehung. Es gibt keine intime Beziehung ohne einen Gefühlsaustausch. Der Austausch von Gefühlen kann sich auf zwei Ebenen abspielen. Partner können miteinander sprechen über das, was sie beeindruckt, wie sie sich fühlen. Dieses »Sprechen über« kann in einer rein verstandesmäßigen Form ablaufen. Es bietet dann wohl Information, aber es ist im Hinblick auf die Beziehung wenig effektiv. Dem Partner kann auch ein Gefühl mitgeteilt werden. Er teilt dann das Gefühl, lebt mit, fühlt mit. Dann können beide auf dieses Gefühl näher eingehen. Sie kommen so zu einem von beiden geteilten Gefühl. Wenn man vor diesem Gefühl nicht wegläuft, sondern sich ihm stellt und dem Partner deutlich macht, »was los ist«, und der Partner dies verstehend mitlebt, dann wird sowohl die Grenze als auch der Grund des Gefühls erkannt werden. Sie dringen zum Ursprung des Verdrußes, der Angst, der Enttäuschung vor. Es ist merkwürdig, daß sich der Verdruß dann allmählich verändert, die Angst verschwindet, die Enttäuschung abnimmt. Durch das gemeinsame Durchleben eines Gefühls kommt wieder Bewegung in eine festgefahrene Situation. Dies ist der *Kern einer modernen Ehe.* Dies gilt auch für bleibend negative Gefühle gegenüber dem Partner. Aus Sorge um die Beziehung und den Partner werden einige nicht wagen, vor dem Partner ihre negativen Gefühle zu äußern, sondern sie wegschieben, verschweigen, versuchen, so zu tun, als ob es sie nicht gäbe. Das ist schädlich für die Beziehung. Dem Partner

Gefühlsaustausch in einer Beziehung ist der Kern einer modernen Ehe

werden zum Teil die als wichtig empfundenen Dinge vorenthalten. Dies führt zur Entfremdung. Der Partner wird weggeschoben. Wenn es um ein sehr kurzfristiges negatives Gefühl gegenüber dem Partner geht, dann sollte am besten gewartet werden, bis es vorübergeht. Wenn es aber wirklich um ein wiederholtes, bleibend negatives Gefühl geht, dann ist der einzige Weg, das Gefühl dem Partner mitzuteilen. »Ich bin enttäuscht von dir. Ich hege einen Groll gegen dich. Ich habe Angst vor dir. Ich bin wütend auf dich.« Der Partner sollte dies nicht als einen Angriff auf seine Person begreifen, sondern als ein Gefühl des anderen, das es nun einmal gibt und worunter der andere leidet. Das ist nicht einfach. Es muß ständig der Unterschied im Auge behalten werden zwischen »So erlebst Du es« und »So erlebe ich es«. Dein Gefühl ist nun einmal dein Gefühl. Ich kann mit dir mitfühlen, ohne dich zu verurteilen, ohne dir eine Lektion zu erteilen oder vordergründig gute Ratschläge zu geben. Das Gefühl hast du nun einmal. Das will nicht heißen, daß ich dein Verhalten hinnehme oder unterstütze! Dein Gefühl hast du nicht in der Hand, was du tust oder läßt, das hast du wohl in der Hand. Du kannst dich verärgert fühlen, aber ich akzeptiere nicht, daß du mich schlägst! Du kannst dich von mir enttäuscht fühlen, aber ich akzeptiere nicht, daß du deine Arbeit liegen läßt. Du kannst dich abgrundtief einsam fühlen, aber ich akzeptiere nicht, daß du dich immer wieder in deine Fluchtburg zurückziehst. Du kannst in einen anderen verliebt sein, aber das kann nicht heißen, daß ich es hinnehme, daß du Tage (und Nächte) mit dieser Person verbringst.

Gefühle beeinflussen, ist das möglich? Ein Gefühl kann nicht direkt verändert werden. Jedoch können Gefühle indirekt beeinflußt werden.

Die Situation verändern. Jedes Ehepaar kennt Situationen, in denen die Chance auf Gemütlichkeit und Wohlbefinden größer wird: einen Abend zusammen ausgehen, einmal außerhalb essen, ein gepflegter Abend zusammen zu Hause. Gut essen, etwas trinken, der Kamin knistert, stimmungsvolle Musik im Hintergrund, ein festlicher Abend bei Freunden, ein Fest mit der Familie, ein Aus-

Gefühle beeinflussen, ist das möglich?

154

flug mit der Familie usw. So kennt auch jedes Paar Situationen, die Wut und Haß begünstigen: das Spät-von-der-Arbeit-nach-Hause-Kommen, die giftigen Bemerkungen gegenüber dem Partner in Anwesenheit Dritter, die Uneinigkeit über die Aufgabenverteilung im Haushalt usw. Wird den Irritationen in einer Beziehung nachgespürt, so ergibt sich eine Liste von Situationen, die Irritation hervorrufen. Das negative Gefühl kann durch die Veränderung genau dieser Situationen vermindert werden. Bessere Absprachen und Regelungen können die Irritation verringern. Irritationen summieren sich leicht. Es ist wie eine langsam steigende Kurve mit regelmäßigen zeitweiligen Abschwächungen. Die Irritation beginnt, sie erreicht schnell ihren Höhepunkt und nimmt dann wieder ab. Wenn ein neuer Konflikt entsteht, wird die Irritation schneller und höher aufsteigen und dann wieder von selbst langsam abnehmen. Wenn sich dann wieder ein neuer Irritationspunkt ergibt, dann wird die gesamte Irritation wieder schnell aufsteigen und noch höher sein (siehe Abb. 6).

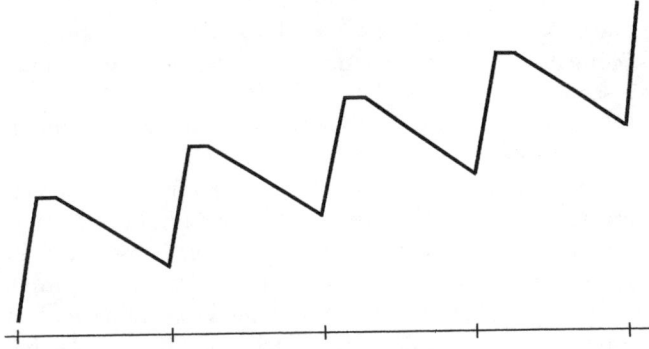

Abbildung 6

In einem bestimmten Augenblick bringt ein Tropfen das Faß zum Überlaufen. Der Partner explodiert in unvernünftiger Weise. (Unvernünftig in bezug auf die letzte kleine Irritation, die nur ein Anlaß ist.) Hier ist vorbeugen besser als heilen. Wer Erfolg damit hat, die Irritationspunkte auf eine gute Art aufzulösen, beugt diesem

Aufschaukelungseffekt vor. Wenn die Irritationspunkte zwischen beiden Partnern liegen, ist ein Gespräch die zu empfehlende Methode (siehe weiter unten).

Der Einfluß von Gedanken. Gefühle werden auch beeinflußt durch das, was man denkt. Wenn man stets aufs neue denkt, daß man nichts wert ist, dann werden Minderwertigkeitsgefühle hervorgerufen. Wir haben bereits vorher besprochen, wie die Mythen die Personen bestimmen können. Was jemand über seinen Partner in der Beziehung denkt, beeinflußt die Gefühle, die er hat. Wenn ich immer aufs neue meine Beziehung mit der idealen romantischen Beziehung vergleiche, dann wird mein Gefühl der Enttäuschung zunehmen. Wenn ich mir immer wieder das Negative meines Partners vor Augen halte, wird meine Abwendung zunehmen.

Der Einfluß des Verhaltens. Gefühle werden auch durch Verhaltensänderung beeinflußt. Angenommen, der Partner liebt das Theater und ich nicht. Ich kann darauf reagieren, indem ich nie mit ins Theater gehe. Ich werde auf diese Art das Theater nicht schätzen lernen können. Ich kann aber ab und zu in ein wirklich gutes Stück mitgehen. Vielleicht mache ich dann Entdeckungen. Es könnte auch sein, daß ich dann doch bestimmte Aspekte zu schätzen lerne.

Mein Partner ist auf das Skifahren versessen. Ich nicht. Wir verbringen einige Male zusammen den Skiurlaub, ich lerne das Skifahren. Ich lerne, Freude daran zu haben. Mein Partner liebt romanische Architektur. Im Urlaub besichtigt er mit dem Führer in der Hand Kirchen und Klöster. Vezelay, Cluny, Tournus, Paray le Monial, Fontenay, Speyer sind für ihn Namen, die seine Augen zum Leuchten bringen. Wir besuchen sie zusammen. Ich mache eine Entdeckung im Seitenschiff von Cluny. Ich werde überwältigt durch Vezelay. Ich bin aus Fontenay nicht mehr wegzubekommen. So kann jemand auch Karl Philipp Emanuel Bach oder Mozart, Resnais oder Bresson, die Kunst der Zykladen oder von Byzanz, Fußball oder Basketball lieben lernen. So lernt jemand gern spazierenzugehen, zu schwimmen, Tennis zu spielen, zusammen abzuwaschen oder harmonischer miteinander zu schlafen.

Wer anders denkt, fühlt anders

156

Jüngere Verheiratete denken gelegentlich, daß sie ihren Gefühlen stets freien Lauf lassen müssen. Die Gefühle sind da, also müssen sie heraus. Bei passender und unpassender Gelegenheit wird der Partner hiermit konfrontiert. Selbstbeherrschung und eine gewisse Kontrolle von Gefühlsäußerungen wird bereits als schädlich angesehen. Übertriebene Kontrolle ist für den einzelnen und die Beziehung schädlich. Darüber haben wir bereits gesprochen. Übertriebenes Unterdrücken von Gefühlen hat körperliche Auswirkungen: Magengeschwüre, Migräne oder sexuelle Probleme können die Folge von verkrampften, unterdrückten Emotionen sein. Andererseits ist das Zusammenleben mit einer labilen Person, die stets die Stimmung wechselt, ebenso unmöglich. Das Zusammenleben mit einem Partner, der dem anderen verletzende Dinge an den Kopf wirft, weil »er so fühlt«, also jemand, der allein durch seine momentanen Gefühle geleitet wird, ist nahezu unmöglich.

Wer sich anders verhält, fühlt anders

Es ist aber überhaupt nicht so, daß eine gewisse Selbstbeherrschung für den einzelnen oder die Beziehung schädlich ist. Im Gegenteil, sie ist notwendig. Geduld ist in einer Ehe eine gute Eigenschaft. Es kommt vor, daß »gefühlvoll sein« und »vernünftig sein« zwischen den Partnern in einer Beziehung extrem verteilt sind. Dann entsteht der Mythos des vernünftigen, computerhaften Mannes und der übersensiblen, labilen Frau. Auch hier verursachen beide das, wovor sie sich fürchten.

Gefühle und Rituale. Für den Umgang mit Verlust, Schmerz und Trauer ist gelegentlich ein gutes Begräbnisritual hilfreich. Aber es gibt auch andere Rituale im Leben. Rituale können Gefühlen eine Form geben und ihrerseits Gefühle hervorrufen. Rituale in einer Beziehung sind einem bekannten Schema nach folgende Gruppenverhaltensweisen mit einer speziellen Bedeutung für die Familie oder die Partner.

Sie unterstützen das Gefühl der gegenseitigen Abhängigkeit. Ein Familienausflug kann ein Ritual der Zusammengehörigkeit sein, ein Familienurlaub auch, das lange Frühstück am Sonntag morgen, das gemeinsame Erleben einer bestimmten Fernsehsendung, das gemeinsame Karten- oder Gesellschaftsspiel, die gemeinsame Erledi-

Zusammengehörigkeitsrituale

gung bestimmter Arbeiten, um zu Hause oder außer Haus miteinander zu sprechen. Dies können Rituale werden, die ein gutes Gefühl zum Ausdruck bringen oder auch hervorrufen.

Phasen und Übergänge Kapitel 8

Wie wir bereits vorher festgestellt haben: Eine Ehe
verändert sich mit der Zeit. Im Verlauf einer Ehe
können sieben Phasen unterschieden werden:
1. das Anknüpfen von Beziehungen,
2. zusammen Abstand finden gegenüber den Familien,
3. zusammen Kinder erwarten,
4. im mittleren Alter mit Heranwachsenden umgehen,
5. das sogenannte »leere Nest«,
6. die Pensionierung und
7. das Zurückbleiben des noch lebenden Partners.
Zwischen jeder dieser Phasen muß die Beziehung einen
Übergang herstellen. Es müssen neue Regelungen und
Verhaltensweisen zwischen den Partnern entstehen.
Jeder Übergang ist eine Zeit der Krise, eine Zeit
größerer Spannung. Die erste und die letzte Phase
werden nicht ausführlich behandelt, weil es hier vor
allem um das Zusammenleben zwischen zwei Partnern
geht.

Die *erste Phase,* in der Beziehungen geknüpft werden, die zu einer Ehe führen sollen, ist eine Art Übungszeit im Beginnen und Beendigen von Beziehungen. Zu lernen, Abschied vom möglichen Partner zu nehmen, kann eine wichtige Erfahrung für später sein. Aus den Tatsachen spricht, daß sowohl derjenige, der in dieser Phase zuviele Beziehungen beginnt und abbricht als auch derjenige, der den ersten besten Partner heiratet, ein großes Risiko eingeht, daß die Ehe mißlingt.

Die *letzte Phase,* in der ein Partner nach dem Verlust des anderen (durch Tod oder Scheidung) weiterlebt und in der es zentral darauf ankommt, selbständig wieder einen Platz im Leben zu finden, geht über den Rahmen dieses Buches hinaus, das von Partnerbeziehungen handelt.

1. Zusammen Abstand finden gegenüber den Familien

Ein gesundes Abstandnehmen von der eigenen elterlichen Familie bedeutet, eine gute Beziehung beizubehalten. Zum einen sollten die Partner besser nicht zu dicht bei der Familie wohnen. Einige Kinder leben manchmal jahrelang im Haus ihrer Eltern oder nehmen einen oder beide Elternteile in ihr Haus auf. Es fällt auf, daß z. B. bei sexuellen Problemen von Paaren manchmal die Tatsache, daß sie jahrelang in der elterlichen Familie gewohnt

Zusammenleben mit den Eltern als Problem

haben, das harmonische Zusammenleben sehr erschwert. Es geht nicht so sehr darum, faktisch im selben Haus zu leben, sondern vor allem darum, die Identität als Paar psychologisch nicht verteidigen zu können. Beide Partner sind z. B. überbesorgt darüber, was die anderen Hausgenossen wohl denken könnten. Andauernde Grenzstreitigkeiten und Einmischung in die Intimität des Paares sind die Folge.

Andererseits sollte das Paar nicht zu weit entfernt wohnen. Wie es bei manchen Jüngeren wohl gelegentlich geschieht, die sich vehement von ihren Eltern losreißen, auf eine Art und Weise, die bleibende Narben hinterläßt und bei der sie durch eine Art permanente Opposition doch noch sehr an die Eltern gebunden ist.

Die Frage ist: Wie oft sollen die Jungverheirateten mit den Eltern Kontakt haben, wie lang und in welcher Form? Können sie ein eigenes, gemeinsames Territorium abstecken? Welche Felder werden durch die (Schwieger-)Eltern eingenommen? Auf diesem Gebiet können Probleme entstehen, wie z.B. bei einem Paar, bei dem der Mann impotent war und beim sexuellen Zusammensein immer aufs neue seinen Vater vor sich sah, der ihm verbot, sexuelle Lust zu empfinden. Das Problem wurde erst gelöst, als er seinem Vater mental sagen konnte: »Es ist mein eigenes Leben und meine eigene Beziehung.« Gelegentlich fällt auf, daß bei Schwierigkeiten mit der (Schwieger-)Mutter oft der Partner darüber klagt, der gleichzeitig den betreffenden Elternteil ins Haus holt, um Hilfe fragt usw. Das wichtigste Mittel, um eine freie und positive Position gegenüber den Familien zu erreichen, ist das Formen einer Einheit innerhalb des Paares. Andernfalls werden die Eltern bei Grenzstreitigkeiten wieder versuchen, das eigene Kind zu beeinflussen und es vom Partner abzuziehen. Das Paar ist in diesem Punkt so stark wie sie beide zusammen sind.

Die Schwiegereltern von Robert. Robert wird von seinen Schwiegereltern total abgelehnt. Er tauge nichts. Sie versuchen ihre Tochter immer aufs neue gegen ihn aufzubringen. Es entwickelt sich zwischen dem Paar eine Entfremdung. Lea übernimmt allmählich in allem, was ihren Mann betrifft, die Sichtweise ihrer Eltern. Robert weigert sich, seine Schwiegereltern noch weiter zu besuchen. Es droht die Scheidung. Die Frau sucht ständig engeren Kontakt zu ihren Eltern. Sie ist allein nicht in der Lage, aus dem Griff ihrer Eltern loszukommen. Sie kommt nicht gegen sie an. Nach einer gemeinsamen Beziehungstherapie bestimmen Robert und Lea zusammen ihre Position gegenüber ihren Eltern. Das Band zwischen beiden wird stärker, und das Problem relativiert sich.
Das scheint nicht immer einfach zu sein. Jeanette berichtet, wie schlimm sie es findet, daß ihr pensionierter Schwiegervater, einen Schlüssel für ihr Haus hat. Er kommt gelegentlich nachschauen, wenn sie zur Arbeit

ist. Ihr Mann, Thomas, findet das nicht schlimm. Aber Jeanette findet es schrecklich, wenn sie dann von ihren Schwiegereltern Bemerkungen über die Unordnung in ihrer Küche zu hören bekommt. Thomas bekräftigt, daß es für ihn angenehm sei, wenn sein Vater gelegentlich im Garten arbeitet oder Arbeiten im Haus erledigt.

Anneliese und Rolf haben ein Grundstück bekommen, das hinter Rolfs Elternhaus liegt. Darauf haben sie ein Haus bauen lassen. Anneliese findet es furchtbar, daß die Eltern von Rolf nun permanent Kontrolle ausüben. Sie sehen, wann das Paar schlafen geht und wann es aufsteht. Wer zu Besuch kommt. Wie lange sie von zu Hause weg sind. Sie ärgert sich auch über die Tatsache, daß Rolf so viele Arbeiten bei seinen Eltern tut, während ihr eigenes Haus noch nicht fertig ist. Aber was sie gänzlich zur Verzweiflung bringt, ist die Tatsache, daß sich ihre Schwiegermutter in die Erziehung der Kinder einmischt.

Abstand gewinnen Das Abstandgewinnen von der Familie wird durch das Heiratsritual deutlich zum Ausdruck gebracht. Die Annäherung zwischen den Partnern bedeutet aus der Sicht der Familie eine definitive Trennung. Auch die Hochzeitsreise paßt gut in diesen Zusammenhang. Schwierigkeiten mit der Familie des Partners entstehen gelegentlich auch aus Neid. Die Frau des jüngeren Bruders findet, daß er sich im Geschäft vom älteren Bruder ausnutzen läßt, und daß dieser es auch finanziell viel besser hat. Das Loslösen von der Familie des Partners hat direkt etwas mit dem Verhältnis innerhalb des Paares zu tun. Wenn große Konflikte entstehen, kann einer von beiden noch immer die Koffer packen und zu den Eltern zurückkehren.

2. Die Beziehung in der Phase mit kleinen Kindern

Im letzten Kapitel wurde darüber gesprochen, wie die Partner zusammen Kinder erziehen. Hier behandeln wir die Periode mit kleinen Kindern vor allem aus der Sicht des Paares. Aus ihrer Sicht ist die Ankunft des ersten Kindes eine Umwälzung in der Verteilung der Aufmerksamkeit innerhalb der Familie. Der Mann wird ei-

162

fersüchtig auf die Aufmerksamkeit, die die Frau dem Kind widmet. Die Frau gibt einen Teil ihrer Zärtlichkeit und ihrer Liebe nicht mehr ihrem Mann, sondern ihrem Kind. Bei einigen Paaren beginnen die Probleme direkt nach der Geburt des ersten Kindes. Die Geburt verstärkt den definitiven Charakter der Partnerwahl, beide Partner werden nun Eltern. Die Bindung zwischen ihnen wird stärker. Einige begreifen erst dann, was verheiratet sein beinhaltet.

Die Ankunft von Kindern verändert die Lebensweise in einer Familie sehr gründlich. Neue Gewohnheiten entstehen, alte Privilegien werden abgeschafft. Vor allem das exklusive Zusammenleben miteinander und die eventuelle Entspannung zu zweit werden berührt. Echte Elternschaft entsteht durch das Akzeptieren des Kindes als eigenes Kind. Das ist nicht selbstverständlich. Echte Elternschaft verlangt Anstrengung. Es geht nicht immer von selbst. Die Chancen möglicher Reibereien zwischen den Partnern nehmen also auch zu. Kinder verschärfen die Unterschiede zwischen den Eltern. Kinder können die Balance zwischen den Eltern verändern und so die Dinge auf die Spitze treiben. In den Kindern sehen die Eltern auch ungeliebte Züge des Partners in aller Deutlichkeit. In dieser Phase müssen sich die Eltern in ihrem Beruf noch beweisen, und das ist eine zusätzliche Belastung. Berufsprobleme können ihren Niederschlag im Familienleben finden.

Echte Elternschaft verlangt Anstrengung

Bei anderen Paaren ist die Kinderlosigkeit eine Last. Sie müssen lernen, mit der Erkenntnis zu leben, daß sie keine eigenen Kinder haben werden. Ob sie dann übergehen zu künstlicher Befruchtung, Adoption oder nicht, kann große Spannungen mit sich bringen.

Ludwig und Anke sind ein paar Jahre verheiratet. Ludwigs erste Frau ist gestorben. Nach monatelangen Untersuchungen wird deutlich, daß Ludwig unfruchtbar ist. Anke hängt noch sehr an ihrer Mutter. Sie hat Angst vor allem, was mit Geld zu tun hat und hat viele körperliche Beschwerden. Es entstehen Schwierigkeiten in der Beziehung. Anke will manchmal ein Kind und manchmal auch wieder nicht. Das bringt Spannungen mit sich. Die Spannungen tragen dazu bei, daß Ludwig nun keine

Kinder will. Dies führt zu noch größeren Konflikten. Beide sind gegen eine Adoption. Anke würde wohl einer künstlichen Befruchtung zustimmen, aber Ludwig will – angesichts der Schwierigkeiten – keine künstliche Befruchtung durch einen Spender. Die Konflikte nehmen ständig zu.

Der sexuelle Verkehr zwischen Partnern kann während einer Schwangerschaft gelegentlich abnehmen. Das Einander-Liebkosen kann in der Periode mit kleinen Kindern abnehmen und sich mehr auf die Kinder verlagern. So wie bei Ellen, die sehr lieb und zärtlich mit ihren Kindern umgehen kann, aber ihren Mann noch nie hat streicheln können. Von den kleinen Kindern Abstand gewinnen, ist auch schwierig. Der Tag, an dem das Kleinkind zum ersten Mal in den Kindergarten geht, bedeutet für die Mutter ein Loslassen des Kindes, worin sie ein Vorzeichen der Phase sieht, in der das Kind die Familie definitiv verläßt. Dasselbe Phänomen erklärt auch, warum Eltern sich gelegentlich so schwer damit tun, einen Babysitter zu engagieren.

3. Zusammenleben mit größeren Kindern während des mittleren Lebensalters

Wenn Eltern sehen, wie ihre Kinder in die Pubertät kommen und zu Jugendlichen heranwachsen, begreifen sie, daß sie zu einer anderen Generation gehören. Wenn die Kinder größer werden, gewinnt die Frau neue Freiheiten. Sie bekommt neue Chancen, um bestimmte Dinge zu tun und sich zu entspannen.

In dieser Phase haben die Ehepartner oft auch schon ein eigenes Haus. Durchschnittlich verwenden Menschen etwa ein Jahrzehnt ihrer Ehe für den Bau oder den Erwerb eines eigenen Hauses. Dies ist dann ein gemeinschaftliches Ziel. Da finden sie sich zusammen. Manchmal wird dies nun das alles beherrschende Ziel der Beziehung. Ist das Haus dann da, bricht die Beziehung auseinander. In unserem Kulturkreis ist der Erwerb eines eigenen Hauses auch eine Art Bestätigung für das Leben in der Gesellschaft. So wie das Paar, das nach dem

Umzug in die eigene moderne, funktionelle, neu gebaute und schön gelegene Wohnung zueinander sagt: »Hier sitzen wir also«. »Ja, auf diesem Fleck werden wir auch sterben.«

Beim Umgang mit größeren Kindern ist das Zusammenwirken der Eltern noch wichtiger. Sie müssen einander unterstützen im Hinblick auf die Heranwachsenden. Größere Kinder bleiben abends länger auf und dringen so in ein gemeinschaftliches Terrain ihrer Eltern vor: die Abende zu zweit. Auch in diesen Momenten wird die Aufmerksamkeit nun geteilt. Die Privatsphäre des Elternpaares nimmt ab, es sei denn, daß sie besondere Absprachen treffen.

In dieser Phase erreichen die Eltern auch die mittlere Lebensphase. Der Traum, das Leben noch einmal ganz von vorn zu beginnen, bevor es definitiv bergab geht, führt gelegentlich zu intimen Beziehungen mit Dritten oder zu Veränderungen im Berufsleben. Man ist auf der Suche nach einem jüngeren Partner. Man verliebt sich hoffnungslos in einen Dritten. Diese Beziehungen mit einem Dritten können zu einer ernsten Krise führen, wenn dieser Person mehr Aufmerksamkeit gewidmet wird, mit ihr mehr Gefühle ausgetauscht werden als mit dem Lebenspartner, wenn auf diese Beziehung mehr Zeit verwendet wird als auf die eigene Ehe. Für einige bedeutet dies die Bewußtwerdung, daß in der eigenen Beziehung wenig oder nichts mehr vorhanden ist. Scheidung droht. Für andere ist es eine Beflügelung, die kostbare Erfahrungen mit sich bringt und wieder vorübergeht.

Hoffnungslos verliebt in einen Dritten

Franz, Lisa und Bernadette. Franz ist 50 und Lisa 45. Franz ist sein Leben lang impotent gewesen. Lisa hat es gelernt, damit zu leben. Zur großen Verwunderung der befreundeten Paare kommt es zutage, daß Franz schon etwa zehn Jahre eine zehn Jahre jüngere Freundin hat, Bernadette. Eine Kollegin, mit der er sich gut versteht, die auch Mozart liebt; mit der er schon zweimal die Salzburger Festspiele besucht hat. Lisa wollte da nie mit ihm hin. Es ist eine Freundschaftsbeziehung. Lisa ist völlig fassungslos. Sie wußte nichts davon. Sie nimmt es ihm vor allem übel, daß er die ganze Zeit Bernadette gegenüber soviel

Aufmerksamkeit gezeigt hat. Sie ist enttäuscht. Das hätte sie nie gedacht. »Und ich habe die ganze Zeit für ihn gelebt! Ich habe ihn verwöhnt!« Sie fühlt sich betrogen. Sie hat Angst, daß auch eine sexuelle Beziehung zwischen Franz und Bernadette besteht. Er hat Angst, daß sie ihm nie mehr wird vertrauen können! Es drängt sich die Frage auf, ob zwischen Franz und Lisa noch soviel Gemeinsamkeit möglich ist, daß die Beziehung mit Bernadette unwichtig wird. Was haben sie noch aneinander?

Es kommt häufiger vor, daß nicht allein die Tatsache, daß der Partner eine Beziehung hat, schmerzvoll zu akzeptieren ist. Vor allem ist es schmerzvoll, weil der Partner sie verschwiegen hat. Das Verschweigen dessen, was man persönlich in einer Beziehung für sehr wichtig hält, geht immer auf Kosten der Intimität. »Was ich nicht weiß, macht mich nicht heiß«, funktioniert so lange, bis es doch einmal gesagt wird. Dann ist der Schock um so größer. Ein Paar kann aus diesen Abenteuern mit Dritten lernen, daß die eigene Beziehung kultiviert werden kann: zusammen absprechen, sich irgendwo in der Stadt zu treffen und an der Ecke voll Verlangen aufeinander zu warten, Blumen oder Aufmerksamkeiten mitbringen, zusammen ein Konzert auf historischen Instrumenten besuchen, einem Weihnachtskonzert oder einer Passion lauschen, einmal zusammen ein langes Wochenende verreisen, ohne die Kinder, in eine fremde Umgebung, zusammen eine Sportart ausüben oder Tanzen gehen, zusammen ab und zu spazieren gehen und sich unterhalten, zusammem gemütlich essen gehen ... Das gemeinsame Verarbeiten der Beziehung eines der Partner mit einem Dritten kann auch verbindend sein. Es sei denn, der Betrogene verfällt in peinliche Fragen und Verhöre, was oft doch nur ein Zeichen ist, um das eigene Verletztsein, die eigene Verzweiflung auszudrücken. Partner haben oft Schwierigkeiten, den Unterschied zwischen Vertrauen und Sicherheit zu erkennen. Einige wollen in einer Beziehung das Vertrauen durch mehr Sicherheit und Kontrolle über den Partner stärken. Das funktioniert natürlich nicht. Gerade weil man des anderen nie vollständig sicher sein kann, wird dieses Vertrauen so wichtig. Vertrauen heißt, dem anderen Kredit

Verschweigen geht immer auf Kosten der Intimität

Vertrauen heißt, dem anderen Kredit ohne Sicherheit einräumen

166

ohne Sicherheit einräumen. Ein gegenseitiger Umgang, in dem beide soweit wie möglich ehrlich zueinander sind, wird das Vertrauen wachsen lassen. Sicherheit wird es aber nie geben.

4. Einander »erneut« heiraten: das leere Nest

Während der reifen Lebensphase kommt eine Periode, in der die Kinder selbständiger werden, die erstrebte Stufe auf der Karriereleiter erreicht, der materielle Wohlstand gesichert und die sexuelle Beziehung für beide vertraut ist.

Die Kinder verlassen das Haus. In unserer Gesellschaft ist die Kleinfamilie sehr oft eine geschlossene Zelle, die aus sich selbst heraus besteht, losgelöst von der übrigen Familie. In dieser Kernfamilie, häufig mit nur wenigen Kindern, wiegen die persönlichen Beziehungen zwischen den Familienmitgliedern sehr schwer. Sie sind die einzige Quelle für nahezu alle intimen mitmenschlichen Beziehungen. Vor diesem Hintergrund können wir nun die Phase des leeren Nestes behandeln: die Phase, in der *Den Verlust* die Kinder die Familie verlassen und die Eltern aufs *verarbeiten* neue aufeinander angewiesen sind. Für den Partner, der zu Hause arbeitet (die Frau), ist die Bedeutung der Beziehung zu den Kindern sehr groß. Das Erziehen der Kinder ist ihr »ganzes Leben«. Sie investiert viel, es verschafft ihr viele Probleme, aber auch Befriedigung.

Wenn die Kinder die Familie verlassen, bedeutet dies – wie auch immer – einen echten Verlust. Dieser Verlust ist am größten für den Partner, der am meisten mit den Kindern zusammengelebt hat. Von daher die negative Formulierung dieser Phase: das leere Nest. Wir werden sehen, daß es auch positive Seiten dieser Phase gibt. Der Verlust, den die Eltern erfahren, hängt mit der *Art und Weise* zusammen, in der die erwachsenen Kinder die Familie verlassen. Geschieht es in einem Konflikt, widerwillig, mit viel Krach und Streitereien, dann schlägt dies tiefe Wunden. Es ist fraglich, ob die Kinder auf diese Weise wirklich und wahrhaftig von der Familie loskommen, denn es bleibt noch eine Atmosphäre von Intrige

167

und Irritation bei beiden Parteien zurück. Aber selbst wenn dieses Loskommen, dieses Selbständigwerden der Kinder gut glückt, bleibt es für die Eltern ein echter Verlust. Eltern »investieren« im günstigsten Fall viel von sich selbst in die Kinder und müssen deshalb auch ein Stück von sich selbst loslassen, wenn diese das Haus verlassen.

Wirkliches Loskommen bedeutet für die *jungen Erwachsenen,* daß sie einerseits ausreichende Selbständigkeit erlangt haben, um ihr eigenes Leben führen zu können (in ihrer eigenen Umgebung, unter Gleichaltrigen), aber andererseits auch ausreichende Selbständigkeit, um sich nicht stets feindlich oder ärgerlich von den Eltern absetzen zu müssen. Sich streiten bedeutet hier auch ein negatives Band. Bei dem geglückten Loskommen bleibt ein positives Band zwischen den Eltern und den erwachsenen Kindern, sei es auch auf Abstand. Aus der Sicht der *Eltern* bedeutet dies, daß sie die Kinder ihr eigenes Leben führen lassen, selbständig, aber nicht abgewiesen, so daß noch Kontakte möglich sind, so häufig, wie beide Parteien dies wirklich wollen. Und daß die Kontrolle über das Leben der Kinder völlig diesen selbst übertragen wird. Die streitsüchtige Schwiegermutter aus den vielen Volkserzählungen zeigt eine Frau, der es nicht glückt, ihre Kinder zur Selbständigkeit zu erziehen. Aus Beobachtungen von Familien zeigt sich, daß die Kinder die Familie nur dann wirklich verlassen können, wenn sie den Eindruck haben, daß die Eltern gut miteinander zurechtkommen. In gewissem Sinn sind die Eltern also »in Trauer« wegen des Weggangs der Kinder. Gelegentlich besteht sogar eine Tendenz, eines der Kinder bei sich zu behalten, den Ältesten oder den Jüngsten, den Schwächsten oder den Problematischsten. Diese Angst, daß verletzbarste Kind gehen zu lassen, kann auch dazu beitragen – wie paradox das auch sein mag –, daß dieses Kind schwach bleibt. Das Gehenlassen der Kinder kann auch zu einem neuen Kontakt mit ihnen auf einer gleichwertigen und verständnisvollen Basis führen. So wie bei dem Sohn, der nach einem jahrelangen Konflikt mit dem Vater, von dem er sich ungerecht behandelt fühlte, an seinem Hochzeitstag zum ersten Mal von Mann zu

Mann mit seinem Vater sprach und tief ergriffen war von dem Verständnis des Vaters und seinen Glückwünschen. Es entsteht in dieser Phase eine Reihe neuer Möglichkeiten für die Partnerbeziehung der Eltern.

Einander »erneut« heiraten. Ehepartner müssen in jeder Lebensphase ihre Grund-übereinkunft für das Zusammenleben neu präzisieren und eventuell ergänzen. Was bedeutet es, zusammenzuleben? Was sind die Spielregeln? Worin bestehen die Verdeutlichungen und Verbesserungen, die an der Grundübereinkunft über das Zusammenleben in dieser Phase hinzugefügt werden müssen? Manchmal kommen Menschen nach dem Außerhausgehen der Kinder zum Schluß, *daß keine Ehe mehr besteht.* Vor allem die, die »für die Kinder zusammengeblieben sind«, werden nun mit der Leere ihrer Beziehung konfrontiert. Oft gibt es keine Intimität oder Aufmerksamkeit mehr füreinander, keine Zeit, keine Sexualität, sie schlafen getrennt usw. Die Grundübereinkunft ist, ohne daß es bemerkt worden ist, aufgelöst, abgebröckelt und verschwunden. Diese Krise bedeutet dann für jeden Partner eine Chance, allein ein neues Leben zu beginnen. Für Menschen, die in ihrer späteren Lebenszeit geheiratet haben, bleiben in diesem Augenblick nicht mehr viele Möglichkeiten, um das Leben wirklich neu zu beginnen. Einige beginnen schon beim Größerwerden der Kinder den Partner loszulassen, der ihnen vielleicht schon jahrelang Irritationen verursachte oder von dem sie sich manipulieren ließen oder gegen den sie nicht genügend Widerstand geleistet haben. Die Partner haben sich in aller Stille einander entfremdet. Nun noch einmal alles aufs neue erleben: das ist ihr Wunsch. Das äußert sich gelegentlich in einer starken Verliebtheit in einen Dritten. Eine Verliebtheit, in der jemand wie in einem Sturm mitgerissen wird zur Überraschung des Partners und der erwachsenen Kinder. Wieder andere entwickeln diese Beziehung zu einem Dritten während der vorangegangenen Phase ihrer Ehe. Der Partner, der außer Haus arbeitet, findet in seiner Firma eine neue Beziehung, die erst rein sachlich war, aber die über die Jahre hinweg durch stets größere Intimität gekennzeichnet wird. Diese Beziehung mit einem Dritten

Die Grundübereinkunft ist verschwunden

169

kann so wichtig werden, daß sie einen Bruch mit dem Ehepartner nach sich zieht. Für den Partner, der nach 20 Jahren Ehe verlassen wird, ist das oft ein tragisches und unbegreifliches Geschehen, das tief verletzt. Der Verlust der Kinder wird nun noch durch den Verlust des Partners vergrößert.

Gelegenheit, zueinander zurückzufinden

Aber in den meisten Fällen bedeutet der Verlust der Kinder für die Partner eine einzigartige Gelegenheit, *um zueinander* zurückzufinden. Dies geht nicht ohne Mühe! Die Erfahrung der Leere führt nicht sofort zu einer neuen Erfüllung.

Für den Partner, der zu Hause arbeitet oder der am meisten mit den Kindern zu tun hatte, liegt hier eine große Aufgabe: »Wie gestalte ich mein Leben aufs neue für mich sinnvoll, so daß ich Spaß daran habe?« Die Mutter, denn sie betrifft es zumeist, wird eine Anzahl neuer Felder erobern oder eine Reihe von Fertigkeiten oder Hobbies wieder aufnehmen und entwickeln müssen. Dinge, die sie nun nicht für einen anderen, sondern für sich selbst tun kann. Dinge, von denen sie träumte, als die Kinder sie hinderten, sie zu realisieren: z. B. Freundinnen besuchen, zusammen etwas unternehmen, ehrenamtliche Tätigkeiten ausüben, in einem Verein mitarbeiten, einen Kurs belegen usw. Wenn ihre Kinder selbst Kinder bekommen, kann sie Hilfe leisten, wenn sie darum wirklich gebeten wird und dies den Vorstellungen der Kinder entspricht. Für den Partner, der außer Haus arbeitet, ist die Phase des leeren Nests in seinem Beruf oft der Moment des Höhepunktes der Karriere. Aber dies bewirkt oft eine Relativierung: Auch die Arbeit ist nicht der einzige Wert im Leben. Für beide wird Zeit frei: Spiel und Sport sind nun genau wie früher für die geistige und körperliche Gesundheit wichtig. Sexuell sind die Partner nun gut miteinander vertraut. Die Kinder brechen nun weniger in die Intimität ein. Die Frau scheint in dieser Lebensphase für die Sexualität offener zu sein als der Mann. Die Zärtlichkeitsäußerungen der Frau, die zuvor mehr die Kinder betrafen, können nun in der Beziehung sexuell zur Geltung kommen. Und dies auf einem Niveau der Gleichwertigkeit und nicht der mütterlichen Sorge.

170

Die Beziehung im allgemeinen kann durch eine größere Stärke und mehr Realismus gekennzeichnet werden. Durch die gemeinsamen Erlebnisse ist eine Verbundenheit entstanden. Die Partner fühlen sich tiefer in den anderen ein und wissen schneller, was der andere meint. Viele Gewohnheiten bilden ein stützendes Band: eine Anzahl Aufgaben, die Entspannung, der Verlauf des Wochenendes usw. sind nun zu beider Befriedigung gut geregelt. Hoffentlich sind die Partner so kreativ, daß sie auch ab und zu etwas Neues in die Beziehung einbringen: eine Überraschung, ein Geschenk, ein unerwartetes Vergnügen, einen Spaß, eine unerwartete Initiative ... Mehr als um sexuelle Varianten geht es in einer glücklichen Beziehung um das Teilen origineller Erlebnisse, um eine tiefgreifende Akzeptanz des Partners, um die Kunst, Veränderungen erbitten zu können und ein echtes Einfühlen und Mitempfinden mit dem anderen. Das Band mit der *weiteren Familie* wird aufs neue verstärkt. Die Ehepartner können sich verstärkt um ihre Eltern kümmern, sie unterstützen und versorgen. Das Band mit Brüdern und Schwestern wird erneuert. Mit Gleichaltrigen wird wieder Kontakt aufgenommen. Diese Phase bedeutet auch für jedes *Individuum* einen Auftrag zum In-sich-Gehen. Eine Reihe von Dingen ist nicht mehr möglich: Kinder bekommen, eine andere Karriere aufbauen usw. Dadurch erfährt jeder bei sich selbst allmählich ein Stück Verlust eigener Möglichkeiten. Die Partner kommen aber mit den Grenzen der eigenen Lebensauffassung zurecht. Über den Höhepunkt des Sommers gelangen sie langsam aber sicher in den Herbst, die Zeit, in der die Früchte gepfückt und für den Winter bewahrt werden.

Was sind nun die Faktoren, die eine glückliche Leere-Nest-Phase begünstigen?

Wichtig ist, daß beide Partner vor den Kindern Respekt haben, daß sie ihnen das Beste wünschen, ihnen Unabhängigkeit und Autonomie lassen, sie nicht als Besitz betrachten.

Haben sich die Eheleute in der vorangehenden Lebensphase durch das Wegschieben und Unterdrücken von Konflikten und Schwierigkeiten nicht voneinander ent-

Diese Phase bedeutet auch für jedes Individuum einen Auftrag zum In-sich-Gehen

171

fremdet, gibt es viele Chancen zu einer glücklichen Lee-re-Nest-Phase. Dies bedeutet, daß sie auch außerhalb des Zusammenseins mit den Kindern Zeit für einander frei machen müssen. Beide Partner halten die sexuelle Beziehung gut in Gang und kultivieren sie. Sie formen Zärtlichkeit und sexuelle Erregung zu einer Gesamtheit. Allmählich lernen sie außerhalb der Sorge für die Kinder, Platz für andere Interessen zu finden: Hobbies, Fertigkeiten, Vereins- und Nachbarschaftsleben. Das Wichtigste ist, daß es ihnen gelingt, das eigene Leben interessant zu gestalten: im Beruf, in der Familie, in der Freizeit, bei der ehrenamtlichen Tätigkeit und bei körperlichen Betätigungen. Es ist nützlich, wenn sie nicht zu hohen Idealen nachhängen, sondern sich realistisch auf das beschränken, was angenehm ist – mit dem Bewußtsein der eigenen Relativität.

5. Pensionierung: zu zweit zu Hause

Die große Aufgabe bei der Pensionierung (und das gilt auch für Arbeitslosigkeit) besteht zumeist darin, eine Neuverteilung der Aufgabenfelder vorzunehmen, ausreichend Abstand (Fluchtburgen) einzubauen, und eine Anzahl neuer Aktivitäten zu suchen, die die frühere Arbeit außer Haus ersetzen.

1. Neuverteilung von Aufgabenfeldern

Pensionierung bedeutet den Verlust eines wichtigen Territoriums. Dieser Verlust deckt sich mit einer Konfrontation auf dem Gebiet des Haushaltes. Die zu verteilenden Felder nehmen ab. Dies bedeutet, daß für eine Anzahl von Aufgaben im Haushalt eine Neuverteilung durchgeführt werden muß. Neue Konflikte über banale Details sind in der Übergangsphase unvermeidlich. Ein Mann von 67, der hundert Leute unter sich hatte und für wertvolles Material verantwortlich war, gebrauchte Gewalt gegen seine Frau (schlagen, an den Haaren ziehen) während einer Streitigkeit über die Art, wie man den

172

Griff des Kühlschrankes anfassen mußte. Dieser Mann, der in seinem Beruf immer das Sagen gehabt hatte, hatte nun jedes Terrain verloren. Er versuchte vergeblich, ein Gebiet zu erobern. Seine Frau, die schon 45 Jahre Chef in der Küche war, verteidigte ihr Terrain, als ob ihr Leben davon abhinge. Es wurde an den Haaren gezogen, gestoßen und geschlagen. Beide Elternteile wurden von ihren Kindern zu einem Therapeuten geschickt.

2. Die Bedeutung der Fluchtburg und gesonderter Felder

Die Fluchtburg wird wichtig, wenn zwei Partner erst jahrelang auf Abstand von einander lebten und nun durch die Pensionierung oder Arbeitslosigkeit ständig, tagein tagaus miteinander konfrontiert werden. Es ist klar, daß Paare viel davon profitieren, wenn sie sich Vereinigungen von Rentnern und Pensionierten anschließen. Die Beziehungen zu den Kindern nehmen stark ab, aber die Bande mit den Altersgenossen werden verstärkt und bewirken eine Bereicherung. Wie in jeder Phase ist der Übergang das schwierigste Moment. Der Übergang von einer Lebensphase in eine andere vollzieht sich häufig in Form einer Krise. Es müssen ständig neue Regelungen getroffen werden, wenn aber einmal der Übergang stattgefunden hat, verläuft die Phase ruhiger.

Entscheidungen treffen:
Sich scheiden lassen oder
sich schrittweise verändern?

Bei wichtigen, lang anhaltenden Beziehungsproblemen
werden Partner sich allmählich bewußt, was sie nicht
(mehr) wollen. In jedem Fall wollen sie die Beziehung
nicht länger auf dieselbe Art fortsetzen. Was wollen sie
dann? Es muß entschieden werden, in welche Richtung
sie sich verändern wollen. Das ist nicht immer klar.
Jeder Partner kann innerlich zerrissen sein über die
Frage: »Bleiben wir weiter zusammen oder sollten wir
besser auseinander gehen?« Aber auch zwischen den
Partnern bestehen hierüber gelegentlich
Meinungsverschiedenheiten: der eine will per se
zusammenbleiben, der andere will sich unbedingt
trennen.
Darum müssen wir hier zunächst über Entscheidungen
sprechen und dann über geplante Veränderungen.

1. Entscheidungen treffen

Was ist eine gute Entscheidung im Hinblick auf eine Beziehung? Ob eine Entscheidung gut oder schlecht war, hängt u. a. davon ab, zu welchem Zeitpunkt sie überprüft wird. So kann jemand einige Wochen nach einer Beziehungstherapie denken: Womit habe ich angefangen? Hätten wir nicht besser auseinandergehen sollen? Aber zwei Jahre später können wir zu dem Schluß kommen, daß es doch gut gewesen ist, daran gearbeitet zu haben. Und vielleicht denken die Partner 20 Jahre später, daß sie doch glücklicher gewesen wären, wenn sie damals die Beziehung beendet hätten. Das einzige, das wir tun können, ist auf die Suche zu gehen nach Voraussetzungen für eine gute Entscheidung. Der Inhalt der Entscheidung bleibt natürlich etwas Individuelles, das jeder *Eine gute* mit sich selbst ausmachen muß. Eine *gute Entscheidung* *Entscheidung ist* ist eine wohlüberlegte Entscheidung, für die man sich *eine wohlüberlegte* die nötige Zeit nimmt und bei der man allen *Alternati-* *Entscheidung* *ven,* jeder für sich, ausreichende Aufmerksamkeit schenkt. Es können hier drei Schritte unterschieden werden: der Anlaß, die Wahlmöglichkeiten, die Wahl.

Der Anlaß zu einer Entscheidung für die Zukunft einer Beziehung ist zumeist ein konkretes Geschehen, durch das der eine oder beide Partner meinen, daß es so nicht mehr weitergehen kann. Die Tatsache, daß einer eine Beziehung mit einem Dritten anknüpft, körperliche Beschwerden, Krankheit oder Überarbeitung, Schlafstörungen, der soundsovielste Krach, der außer Kontrolle gerät, der soundsovielste sexuelle Kontakt, der mißlingt, all dies kann Anlaß sein, um einen Beschluß über das Fortsetzen oder Nichtfortsetzen einer Beziehung zu fassen.

Bei einem *guten Beschluß* geht man *so vielen Alternativen oder Wahlmöglichkeiten nach wie möglich.* Auf den ersten Blick scheint es, als ob in einer Beziehung nur zwei Wahlmöglichkeiten bestünden. Entweder wird die Beziehung beendet oder die Partner leben weiter zusammen. So einfach ist es nun aber auch wieder nicht. Im Hinblick auf das Zusammenbleiben kann eine erste Gruppe von Alternativen unterschieden werden. Es gibt drei Möglichkeiten.

176

1. Wir lassen unsere *Beziehung, wie sie ist.* Wir wissen dann, woran wir sind. Denn wir haben damit Erfahrung. Auch dies kann ein wirklicher Beschluß sein, getroffen mit Sachkenntnis. Die Partner akzeptieren den schwierigen Zustand, in dem sich beide befinden.

2. Wir bleiben zusammen und werden an unserer Beziehung arbeiten. Wir wollen lernen, *besser zusammenzuleben.* Wir setzen alles ein, um eine wirklich befriedigende Beziehung daraus zu machen. Wir werden auf einer neuen Basis zusammenleben (hier wird die Hilfe eines Beziehungstherapeuten sehr nützlich sein).

3. Wir versuchen es noch einmal zusammen, aber nur bis zu einem bestimmten Termin. Eine *Probezeit* von 6 Monaten. Bei dieser Alternative wird an der Beziehung gearbeitet, aber nicht auf Dauer. Wenn sich nach 6 Monaten nichts verändert, dann werden die Partner mit weniger Schuldgefühlen auseinandergehen können. Wenn nach 6 Monaten deutlich wird, daß der Funke übergesprungen ist, können sich die beiden entscheiden, wirklich miteinander neu zu beginnen.

Es gibt eine Zwischenform:

4. Die Wahl für das *sachliche Zusammenleben.* Das ist ein Minimalprogramm, das zumeist nur eine kurze Zeit funktionieren kann. Die Partner leben unter demselben Dach zusammen, aber ohne Intimität oder Sexualität. Sie regeln lediglich die Aufgabenverteilung. Diese Form des Zusammenlebens ist bereits zu einem Teil eine Form des Getrenntlebens.

Beim Auseinandergehen gibt es schließlich auch noch zwei Möglichkeiten:

5. Wir werden *zur Probe eine Zeitlang getrennt leben.* Das hat nur dann Sinn, wenn zumindest einer von beiden fest daran denkt, sich scheiden zu lassen. Es besteht eine Chance zu erfahren, ob man alleine leben, kann oder ob man die Beziehung vermißt. Durch die Probezeit lernt man nichts über das Zusammenleben! Wir meinen hier mit Probezeit ein geregeltes Ganzes. Es werden erst Absprachen über die Versorgung der Kinder getroffen, die Finanzen, das Wohnen, die Aufgaben ... während dieser Periode. Alles, was abgesprochen wird, gilt nur für die Probezeit und nicht für den Fall einer eventuell definiti-

Zur Probe eine Zeitlang getrennt leben

ven Scheidung. Für die Kinder verändert sich nichts an ihrem täglichen Leben. Ein Partner wird ein möbliertes Appartement nehmen. Mit einer Probezeit wird also etwas ganz anderes gemeint, als daß einer der beiden Partner für ein paar Tage zu seiner elterlichen Familie zieht.
6. Die *Ehescheidung.* Wir geben einander die Freiheit zurück. Es ist uns nicht geglückt. Wir haben es ernsthaft probiert. Es geht nicht mehr zusammen. Das ist keine Ehe. Wir werden uns nicht mehr um das Leben des anderen kümmern.

Ehescheidung

Ehescheidung ist nicht nur ein bestimmter Augenblick. Ehescheidung ist ein Prozeß, der ein oder zwei Jahre dauert, durch den Menschen, die Ehepartner waren, allein leben und wohnen lernen und auch einen neuen Platz als selbständige Personen finden. Das beinhaltet Gefühle, sozialen Status, Finanzen, rechtliche Stellung usw. Ehescheidung umfaßt neben dem Entscheidungsprozeß und dem Auseinandergehen auch noch eine Verarbeitungsperiode. Ehescheidung ist auch ein gefühlsmäßiger Prozeß. Die Gefühle, die in der Entschlußphase eine Rolle spielen, können das Leben eines Menschen gänzlich bestimmen: Angst, allein zu bleiben, Angst, den anderen zu verlieren, Schuldgefühle über das Mißlingen der Beziehung, Gefühle von Einsamkeit, Gefühle von Schmerz über den Verlust, Gefühle von Ohnmacht gegenüber der Situation, Perioden von Haß, Feindschaft und Zorn gegenüber dem Partner.
Wenn der Entschluß dann gefaßt ist und die beiden gehen auseinander, ergeben sich Gefühle von Erleichterung, weil die Sache nun vorbei ist. Aber sie haben auch Angst vor der Zukunft. Sie fühlen sich schuldig für die Vergangenheit, manchmal einsam. Sie fühlen auch Schmerz über den Verlust. Sie können nicht glauben, daß es soweit gekommen ist. So wie Ingrid, die noch monatelang den Tisch für ihren Mann und die drei Kinder deckte, nachdem er sie schon lange verlassen hatte. Sie dachte immer, daß er vielleicht doch noch zurückkom-

men würde. Man will sich manchmal die Tatsachen nicht vor Augen führen. Man macht eine Trauerzeit durch. Der Partner, von dem man geschieden ist, lebt noch, ist irgendwo anders.

Die Verarbeitung des Verlustes ist vorbei, wenn wieder ein eigener Platz gefunden wurde. Ein Verlust kann nur dann verarbeitet werden, wenn man sich ihm wirklich stellt und nicht so tut, als ob es ihn nicht gäbe. Wenn man zufrieden und selbständig leben kann, dann eröffnen sich auch Perspektiven, es entsteht aufs neue eine Zukunft. Unter Umständen wird nach einiger Zeit eine neue Beziehung begonnen. Eine neu zusammengesetzte Familie gebildet. Auch von diesen zweiten Ehen wird eine Anzahl mißlingen.

Einige schaffen es nicht, ihre mißglückte Ehe auch *wirklich* zu beenden. Dies kann zu Umgangsformen führen, durch die sich die Partner das Leben zur Hölle machen oder in denen die juristischen Prozeduren ein Abbild des konfliktbeladenen Bandes sind, das die Partner noch miteinander verbindet. Was bei der Scheidung nicht verarbeitet ist, gerät manchmal wie ein Stock zwischen die Speichen dieser Prozeduren. Eine Ehescheidung im gegenseitigen Einvernehmen ist immer der Weg, der gesucht werden muß, weil dann selbst über das Wohnen, die Kinder und die Finanzen entschieden werden kann. Nur wenn dies wirklich nicht möglich ist, überläßt man die Entscheidung dem Richter. Es muß alles erst gefühlsmäßig verarbeitet sein, bevor die Dinge zu zweit gelöst werden können.

Ehescheidung und Elternschaft. Geschiedene Eltern bleiben die Eltern ihrer Kinder. Jedes Kind bekommt von jedem Elternteil die Versicherung »Was auch geschieht, ich bleibe dein Vater. Was auch geschieht, deine Mutter ist immer für dich da«. Mit dieser Botschaft treten die Eltern der zumeist unausgesprochenen, verängstigten Frage der Kinder entgegen: »Werden sie mich auch im Stich lassen, so wie sie einander im Stich gelassen haben?«

Selber die Wahl treffen. Jeder der Partner beginnt nun, mögliche Alternativen gründlich zu durchdenken. Dies

179

tun sie, indem sie sich konkret vor Augen halten, wie sie mit jeder Alternative leben würden. Wie das alltägliche Leben in zwei Jahren in diesem oder jenem Fall aussehen würde. Wie das Wochenende sein würde. Was mit den Kindern passiert, mit den Aufgaben im Haus, mit den Hobbies, mit der Arbeit. Sie prüfen auch, wie sie sich in der Situation fühlen würden... Und sie wählen eine Alternative, weil sie denken, daß es ihnen dabei selbst gut gehen wird. Andere Personen, die sie bei der Entscheidung zu berücksichtigen wünschen, kommen an zweiter Stelle.

2. Schrittweise Veränderung der Beziehung

Entscheiden sich die Ehepartner für eine Verbesserung der Beziehung, dann müssen sie eine Anzahl von Mißverständnissen vermeiden:
1. es muß von selbst gehen, 2. es muß spontan gehen, 3. es muß perfekt gelingen, 4. es muß sofort passieren, 5. es muß einmal für immer sein.

1. Es muß von selbst gehen! Sich verändern macht Mühe. Veränderungen geschehen nicht von selbst. Wenn ein Individuum die eigenen Lebensgewohnheiten verändert, kostet dies schon sehr viel Mühe. Zu zweit Gewohnheiten zu verändern, ist noch viel schwieriger! Die Partner bekommen auch in diesem Fall nur das, worum sie sich wirklich bemühen.

2. Es muß spontan gehen! Eine Beziehung systematisch verändern, ist nicht spontan. Hinter dieser Kritik verbirgt sich die Auffassung, daß sich in einer Beziehung alles spontan ergeben müsse.
Doch es fällt sofort auf, daß Beziehungen oft »spontan« mißlingen, und daß Menschen manchmal »spontan« in die Sackgasse geraten. Die Künstlichkeit markiert nur den Beginn der Veränderung, an dem man etwas Neues lernt. Es ist ein Kennzeichen des ersten Schrittes im Lernprozeß. Während dieser Phase der Künstlichkeit wird ein neues Verhalten erlernt, bis es gleichsam spon-

tan geht. Spontan ist dann das, was besonders gut gelernt wurde. Wenn jemand nun spontan spricht, dann ist das möglich, weil er früher unter großen Schwierigkeiten und unter großem Einsatz gelernt hat zu sprechen. Wenn jemand nun gut Auto fährt, dann ist das möglich, weil er es früher mit viel Mühe gelernt hat.

3. *Es muß perfekt gelingen!* Veränderungen führen nie zu einer perfekten Beziehung. Die gibt es überhaupt nicht. Auf dem Weg zu einer Veränderung müssen Etappenziele aufgestellt werden. Ein Musikstudent, der Organist werden will und von Anfang an Orgel spielen will wie ein Großmeister, wird schnell den Mut verlieren.

4. *Es muß sofort passieren!* Die Veränderung in einer Beziehung ist ein Lernprozeß: Es ist das Lernen, es anders zu machen. Dieses Lernen kann am besten Schritt für Schritt geschehen. Ein scheinbar unmöglicher Auftrag wird erreichbar, wenn er in kleine Schritte aufgeteilt wird. *Jede Veränderung ist möglich, wenn der folgende Schritt erreichbar gemacht wird.* Man kann davon träumen, daß die Beziehung gänzlich verändert wird. Der einzige Weg dazu besteht darin, sich darauf zu verlegen, dies oder jenes konkrete Verhalten zu verändern. Die Meßlatte wird so niedrig gehängt, daß ein Scheitern nicht möglich ist. Dadurch entsteht die Motivation, auch andere Verhaltensweisen zu verändern.

Jede Veränderung ist möglich, wenn der folgende Schritt erreichbar gemacht wird

Manche meinen, solch kleine Schritte lohnen die Mühe nicht. Diese kleinen Schritte haben aber einen wichtigen *Symbolwert.* Dadurch geben beide Partner einander zu erkennen, daß sie an der Beziehung arbeiten und daß sie die Veränderung wirklich wollen. Guido und Sarah haben eine Absprache über den Verlauf des Wochenendes getroffen: die Einteilung der Aufgaben, wie z. B. kochen und einkaufen. Wenn sie wieder einmal miteinander heftig in Streit geraten, dann wissen beide: »An die Wochenendregelung halten wir uns! Das läuft, koste es, was es wolle!« Dies half ihnen, über ihre Streitereien hinwegzukommen. Das hartnäckige Festhalten an der Absprache war für sie ein Zeichen, daß der eine sich für den anderen einsetzt.

Verlaufen alle Beziehungsveränderungen schrittweise? Nein! Das gilt aber für den Erwerb von neuen Verhaltensweisen zwischen den Partnern. Beispielsweise kann zunächst besser das Streicheln im allgemeinen erlernt werden und danach erst das Streicheln der Genitalien. Es ist zunächst besser, 10 Minuten nach dem Abendessen sitzen zu bleiben und sich zu unterhalten und später einen ganzen Abend zu zweit verbringen. Kommt es also auf das Verhalten an, dann geschieht dies immer nur schrittweise.

Geht es um den totalen Einsatz und das Bild, das man vom anderen hat, dann können große Veränderungen *sofort* geschehen. Nach einem langdauernden schmerzlichen Gespräch beschließt Maria, koste es, was es wolle, mit Stephan leben zu wollen. Sie hat Stephan bisher als einen Profiteur, einen Ausbeuter empfunden. Nun sieht sie ihn »plötzlich« als einen Partner, der sie braucht und an dem sie selbst auch etwas finden kann. Ihr Bild von ihm hat sich in einem Augenblick verändert! Diese Art Veränderung kann sofort stattfinden. Es ist eine Veränderung, die während eines guten Gespräches geschieht. Eines Gespräches, in dem der Austausch von Gefühlen und ein tiefes Verstehen im Mittelpunkt steht. Aber das Ausarbeiten dieser Veränderung auf dem Gebiet der Gewohnheiten und der Verhaltensweisen kann nicht sofort geschehen.

5. *Es muß einmal für immer sein.* Jede Veränderung braucht die Wiederholung. Wichtige Veränderungen geschehen nicht einmal für immer. Es ist immer eine Wiederholung nötig, soll ein Ziel erreicht werden. Eine bestimmte Art der Beziehung kann natürlich für immer gewählt werden. Aber wie wir bereits vorher anmerkten: Wählen in einer Beziehung ist eigentlich immer aufs neue wählen. Das Wählen geschieht anhand kleiner, aufeinander folgender Vorfälle. Die Verwirklichung der Wahl geschieht immer nach und nach.

3. Widerstände gegen eine Beziehungsverbesserung

Jede Veränderung ruft Widerstände in der Person, im Paar oder in den Menschen ihrer Umgebung hervor. Widerstand entsteht aus den Vorteilen der alten Situation. Widerstand ist das Stück Stabilität, das bei jeder Veränderung notwendig ist, weil diese nicht zu abrupt geschehen und schließlich nur zu einer Veränderung führen soll. Stabilität und Veränderung hängen immer miteinander zusammen. Der eine Partner ist oft die Quelle des Widerstandes gegenüber einer bestimmten Veränderung beim anderen Partner oder in der Beziehung. Ein Mann leidet an Alkoholismus, er hört auf zu trinken. Seine Frau sagt: »Nun bist du überhaupt nicht mehr zu genießen. *Als du getrunken hast, warst du zumindest ab und zu gesellig.* Und nun muß auch ich meinen Aperitif stehen lassen.« Hier ist deutlich, daß diese Frau aus dem Alkoholismus ihres Mannes ihren Vorteil zieht.

Als du getrunken hast, warst du zumindest ab und zu gesellig

Ein streitendes Paar schafft es, nach einer Therapie die Streitigkeiten beizulegen. Nun klagen sie sich gegenseitig an. Sie fühlen sich weit voneinander entfernt. »Wir sind Fremde, ich vermisse ihn so«. »Sie ist so neutral. Früher fühlte ich, daß sie sich mit mir beschäftigte!« »Früher hat er sich sehr um mich gekümmert.«
Ein unterwürfiger Mann lernt, für sich selbst zu sorgen, was seine Frau schon lange verlangte. Nun findet sie, daß er ihr zu schwierig wird, und sie beklagt sich. In einer Beziehung kann das lange Vertrautsein also einen Halt geben und eine Sicherheit, selbst wenn die alten Muster nicht mehr erwünscht sind.

Versagensangst. Die Angst, einen Mißerfolg zu erleben, die Angst, daß es doch nicht glücken wird, spielt in vielen Beziehungen bei den Bemühungen um Veränderung eine Rolle.
Wer im voraus bereits davon überzeugt ist, daß es doch nicht glücken wird, die Ehe zu verbessern, wird einen Mißerfolg erleiden. Wer zu viel Angst hat zu scheitern, probiert es nicht mehr ernsthaft. Er setzt sich nicht mehr ganz ein. Dann bewahrheitet sich, was er fürchtete: er

scheitert. Die Versagensangst kann auch eine Vermeidungsstrategie auslösen. Es ist dies ein Verhalten, durch
das er die Situation, durch die die Veränderung entstehen muß, vermieden wird. Der Einsatz, den die Veränderung erfordert, wird nicht erbracht. Es wird versucht,
eine Enttäuschung zu vermeiden.
Im folgenden sind einige Beispiele dieser Vermeidungsstrategie in Partnerbeziehungen aufgeführt.

Die Flucht in das Ideal. Indem ein übertriebenes Ideal ge-
pflegt wird, wird der Wert kleiner Veränderungen in der
Beziehung unterschätzt. Was bedeutet dieser kleine
Schritt im Vergleich zu einer vollkommenen Beziehung?
Was bedeutet dieses kurze Gespräch, das gut war, im
Vergleich zu echtem Verständnis und Kontakt?

Die Flucht in die Zukunft. Zur Zeit braucht noch nichts getan zu werden, aber später, wenn ... Wenn die Kinder etwas größer sind, dann werde ich mich für unsere Beziehung einsetzen. Wenn ich Karriere gemacht habe, dann
werde ich mich für die Familie einsetzen, sagt der Mann,
der inzwischen seine Frau und die Kinder verliert. Wenn
wir ein eigenes Haus haben, dann werden wir es uns
gemütlich machen. Wenn... Aber es passiert nichts in
diesem Moment.

Die Flucht in die Vergangenheit. Jemand bleibt an der Vergangenheit hängen, die er oft idealisiert. Als wir noch
kleine Kinder hatten, damals waren wir glücklich. Als
die Kinder noch nicht zur Schule gingen... Als wir gerade geheiratet hatten...
Als wir noch miteinander schliefen ... usw. Das ist eine
Vermeidungsstrategie, weil durch diese Haltung im Moment nichts getan wird. Andere betrachten die Vergangenheit und analysieren sie kaputt. Warum? Wie? Damals?

Die Flucht in die Neutralität. Es ist mir alles egal. Es hat
keinen Sinn, etwas zu verändern. Alles bleibt doch dasselbe. Dies kann zu Zynismus und Selbstmord führen.
Diese vier Formen von Vermeidungsstrategien bei Ehe-

184

problemen haben alle ein Resultat: Das Problem wird nicht gelöst; es wird nicht daran gearbeitet. Es wird momentan kein Schritt unternommen, d. h. wird schlimmer.

4. Beziehungsveränderung in Zeit, Raum und Umgebung

Der Umgang mit der *Zeit* in einer Beziehung ist sehr wichtig. Eine Beziehung braucht Zeit, und viele haben keine Zeit. Gegenüber der Zeit gibt es zwei Haltungen. Zum einen: Die Dinge werden nur dann getan, wenn sie zufällig nötig sind. Hierbei wird man vom Chaos eingeholt. Eine Ehe und eine Familie nehmen viel Zeit in Anspruch. Wenn die Aufgaben nur dann ausgeführt werden, wenn sie nötig sind, bleibt man immer ein Sklave dessen, was im Moment erforderlich ist.
Die zweite Haltung ist die *Zeitorganisation*. D.h.: Dinge, die gleichzeitig möglich sind, werden zum selben Zeitpunkt getan, z.B. der immer wieder nötige Gang in die Geschäfte, wenn etwas für den Haushalt gebraucht wird, im Vergleich zum vierzehntägigen Einkauf mit einer Liste. Zeitorganisation funktioniert am besten durch die Festlegung der Aufgaben in einem Teminkalender. Das Aufstellen einer Zeiteinteilung geschieht oft wie folgt: Es wird mit der Arbeit begonnen, dann folgt eventuell eine Zeit der Entspannung und wenn dann noch Zeit übrig ist, bekommt die Familie und die Beziehung ihren Platz. Strikt genommen müssen diese drei Felder bereits bei Beginn der Planung einen Platz zugewiesen bekommen, der in Relation zu der Bedeutung steht, der man den einzelnen Feldern zumißt. Soll ein Abend zu zweit verbracht werden, muß dieser unmittelbar in den Kalender eingetragen werden.
Die materielle Umgebung ist für eine Familie und ein Ehepaar sehr wichtig. Menschliche Gewohnheiten werden durch die Türklinken, die Stühle, die Tische, den Geruch des Badezimmers, die Temperatur des Schlafzimmers usw. bestimmt. In einigen sogenannten modernen Wohnungen ist ein Zurückziehen in eine Fluchtburg beinahe unmöglich. In anderen Wohnungen sind die

Der Geruch des Badezimmers

Möbel so aufgestellt, daß es keinen Ort gibt, an dem ein ungestörtes Gespräch möglich ist. Wenn der Fernsehapparat so aufgestellt ist, daß das Programm während der Mahlzeiten verfolgt werden kann, dann wird nach Schwierigkeiten gesucht. Wenn das Schlafzimmer kalt und feucht ist, dann wird sich das Miteinanderschlafen seltener ergeben. Wenn die Küche weit von der Sitzecke entfernt liegt, ist ein Gespräch während des Kochens praktisch unmöglich. Wenn nicht für einen Kopfhörer beim Fernsehen oder beim Radio gesorgt wird, dann wird jeder durch das Geräusch gestört, auch wenn nur einer fernsieht oder Radio hört.

Wenn es keinen festen Platz für die Schmutzwäsche im Badezimmer gibt, dann entsteht schnell ein Wirrwar. Jeder hat dies schon einmal bei der Rückkehr nach einer langen Reise gemerkt: Die festen Gewohnheiten drohen unmittelbar aufs neue zu beginnen! Zwar will Peter seine Jacke nicht auf dem Stuhl im Wohnzimmer herumliegen lassen, doch »saugt« der Stuhl die Jacke automatisch an, immer wieder. Die Veränderung der materiellen Umgebung kann ein wirklicher Schritt nach vorn sein.

Veränderungen können Symbolcharakter erhalten

Die Möbel einmal anders zu stellen, kann z. B. eine Erneuerung bewirken. Diese Veränderungen können Symbolcharakter erhalten. Sie erinnern daran, daß neue Vorhaben in die Tat umgesetzt werden. Sie sind auch ein Zeichen für die Partner untereinander, daß eine Veränderung angestrebt wird.

Bei einem gelungenen Veränderungsprozeß müssen auch die Personen der direkten Umgebung mit einbezogen werden. Die Kinder drohen Eltern, die versuchen sich zu verändern, wieder in ihre alten Rollen zu drängen. Sie erbitten z.B. etwas von dem Elternteil, von dem sie früher mehr bekommen haben. Eltern können aufs neue versuchen, das eigene Kind gegen den ungeliebten Ehepartner aufzubringen. Wenn also eine Veränderung erreicht werden soll, ist es notwendig, die Umgebung darüber zu informieren.

5. Noch einige Regeln für die geplante Veränderung in Ehebeziehungen

Es ist besser, mehr voneinander zu verlangen als weniger.
Dies ist leicht zu erklären. Wird wenig von jemandem erbeten, dann ist nur ein Übel abgearbeitet. Wird mehr voneinander verlangt, dann wird deutlich, daß von dem anderen etwas erbeten werden kann, das dieser auch leisten kann, weil er es schon früher geleistet hat.

Es ist immer besser, etwas im voraus zu regeln als im nachhinein auf Probleme zu stoßen. Wird in einer Beziehung nur zu zweit improvisiert, dann kommt es gelegentlich zu großen Irritationen. Aber viele Dinge können durch Absprachen geregelt werden. Die Absprache wirkt beruhigend: Jeder weiß, was er zu erwarten hat. Er hat das Gefühl, die Dinge unter Kontrolle zu haben. Dies schließt nicht aus, daß Formen der Improvisation gelegentlich sehr angenehm sein können.

Wenn zusammen etwas verändert werden soll, dann ist eine Absprache nötig. Alleine können Veränderungen durchgeführt werden, wann es nötig ist. Zu zweit sind Absprachen nötig, um eine neue gemeinsame Gewohnheit zu etablieren. Wir frühstücken (z. B.) fortan am Sonntag alle gemeinsam um 8.30 Uhr.
Menschen verwechseln gelegentlich Problemlösungen mit Konfliktlösungen. Punkte, über die beide dasselbe denken, gehören zu den normalen Problemlösungen. Jan und Elke wollen beide mehr tanzen. Sie sprechen ab, daß sie jeden Samstagabend tanzen gehen und tun dies auch. Angenommen, daß Jan überhaupt nicht tanzen mag und Elke tanzen als das Allerhöchste ansieht, muß ein Konflikt zwischen beiden gelöst werden, bevor sie weitere Problemlösungen in Angriff nehmen können: Wer tut was, wo, wann usw. Wer das Verhalten verändern will, muß es konkretisieren und auch das Ziel *konkret* formulieren. Angenommen, Paul und Magda sind sich einig, daß die Verteilung der Aufgaben im Haushalt zu nachteilig für Magda ist, und sie wollen etwas daran

ändern. Dann ist es nicht genug, daß sich beide darüber
einig sind, daß Paul mehr tun müßte. Es genügt auch
nicht, daß er verspricht, fortan mehr tun zu wollen. Sie
müssen erst ein bestimmtes Verhalten wählen. Das kann
z. B. sein: das Abräumen des Tisches nach dem Abend-
brot. Das kann sein: staubsaugen in den Zimmern oder
etwas anderes. Sie wählen ein bestimmtes Verhalten.
Das Staubsaugen in den Zimmern. Im weiteren werden
sie ihr Ziel bestimmen müssen. Paul wird einmal in 14
Tagen staubsaugen. Das werden sie nach zwei Monaten
überprüfen. Ein wichtiger Trick, um neue Gewohnheiten entstehen zu lassen, ist es, sie auf einen bestimmten
Moment am Tag oder in der Woche zu fixieren. Paul
wird schneller lernen staubzusaugen, wenn sie beide absprechen, daß er dies am Freitagabend macht, zwischen
17 und 20 Uhr, alle vierzehn Tage.

Manchmal kommt es vor, daß die *Frequenz eines bestimmten Verhaltens* verändert werden muß. Dann müssen beide Partner sich zunächst über die derzeitige Frequenz einig sein. Das kann dadurch geschehen, daß sie jeden Tag
das Verhalten aufschreiben, wenn es auftritt. Wir wollen
häufiger nach dem Essen sitzen bleiben. Wie oft tun wir
das zur Zeit? Laß uns einmal zwei Wochen lang das Verhalten auf dem Kalender vermerken, immer wenn es
auftritt. Wie oft möchten wir es tun?

6. Hilfsmittel bei der Beziehungsveränderung

Im folgenden wird eine Reihe angenehmer und unange-
nehmer Verhaltensweisen des Ehepartners aufgeführt.
Vielleicht können sie die Liste einmal durchlesen und
für sich selbst die Fragen beantworten.

Die Liste von Zufriedenheiten und Unzufriedenheiten

Haushalt:
+ hat ein Problem im Haushalt selbst gelöst, ohne mir
zur Last zu fallen,
+ fragte nach meiner Meinung in Zusammenhang mit
einer wichtigen Entscheidung,

188

+ hat angerufen oder anderweitig mit dem Hauswirt, der Hausverwaltung usw. Kontakt aufgenommen,
+ hat Reparaturen ausgeführt oder ausführen lassen,
+ hat Licht, Heizung usw. abgeschaltet, bevor wir weggingen,
− weigert sich, eine Entscheidung in einer wichtigen Angelegenheit zu treffen,
− traf eine wichtige Entscheidung, ohne mich um Rat zu fragen,
− hat Licht, Herd, Kaffeemaschine oder was auch immer nicht ausgeschaltet, während ich nicht zu Hause war.

Freizeit:
+ half, ein abendliches Ausgehen oder ein Zusammensein zu planen,
+ lud Freunde zu einem Besuch ein,
+ sorgte dafür, daß wir zu einer Feier gingen,
+ lud jemand zum Abendessen ein,
+ schlug vor, daß wir am Abend oder am Wochenende etwas Nettes oder Interessantes unternehmen,
+ brachte die Familie wieder einmal zusammen,
+ war meinen Freunden gegenüber tolerant,
− weigerte sich, ein abendliches Ausgehen oder Zusammensein zu planen,
− regelte ein abendliches Ausgehen oder Zusammensein, ohne mich zu fragen,
− war unfreundlich gegenüber Leuten, die wir zu Besuch hatten,
− wollte irgendwohin ausgehen, wohin ich nicht wollte,
− benahm sich auf einer Feier so, daß ich mich dafür schämte,
− ließ mich mit den Kindern und der Arbeit allein, während er/sie zu seinem/ihrem Vergnügen ausging,
− ging früh zu Bett, während wir Besuch hatten.

Sexualität:
+ reagierte angenehm auf sexuelle Annäherung,
+ ließ mich spüren, daß er/sie Sex mit mir angenehm fand,

+ streichelte und liebkoste mich,
+ ergriff bei Varianten im sexuellen Spiel, die ich besonders mag, die Initiative,
+ übernahm die Initiative beim Sex,
− wies meine sexuellen Annäherungen ab,
− unterbrach mitten im sexuellen Spiel,
− fiel unmittelbar nach dem sexuellen Zusammensein in Schlaf,
− drang auf sexuelle Spielchen, die ich nicht mag,
− war zu passiv beim sexuellen Spiel,
− war zu aggressiv beim sexuellem Spiel.

Persönliche Gewohnheiten:
+ ist gut gekleidet,
+ ist gut frisiert,
+ ließ sein/ihr Haar schneiden,
+ hielt auf sein/ihr Äußeres,
+ hatte ein schönes Kleid oder einen Anzug an,
+ kam pünktlich,
+ ließ mich ausschlafen,
+ respektierte meine Fluchtburg,
− störte mich, während ich mich konzentrierte,
− war muffelig,
− kam zu spät nach Hause, ohne sich vorher zu melden,
− trug schlampige Kleidung,
− lief mit einer Gesichtsmaske oder Lockenwicklern herum, während ich dabei war,
− nörgelte herum.

Finanzen:
+ half, die Ausgaben zu planen,
+ machte ein Schnäppchen,
+ füllte das Konto auf,
+ half, Kaufentscheidungen zu fällen,
+ bezahlte die Rechnungen pünktlich,
+ war mit mir einig, daß ich Geld für mich selber brauchte,
+ gab mir Geld, das ich verwenden konnte, wie ich wollte,
+ verdiente zusätzlich Geld,
− gab mehr aus als das Budget zuließ,

190

- kaufte etwas Wichtiges, ohne mich nach meiner Meinung zu fragen,
- machte einen Fehler beim Führen des Haushaltsbuches,
- stellte einen Scheck aus, ohne ihn zu notieren,
- kaufte etwas, was er/sie woanders billiger hätte finden können,
- ließ mich etwas nicht kaufen,
- bezahlte die Rechnungen nicht pünktlich,
- kaufte etwas, das wir nicht nötig hatten.

Auto und Verkehr:
+ wusch das Auto,
+ leerte den Autoaschenbecher,
+ kam mich pünktlich abholen,
+ sorgte für die Inspektion oder Reparaturen,
+ tankte,
+ fuhr in gefährlichen Situationen vorsichtig,
+ beschäftigte die Kinder, während ich in den Kindergarten fuhr,
+ brachte die Kinder in den Kindergarten,
- kam zu spät, um mich mitzunehmen,
- vergaß zu tanken,
- fuhr waghalsig,
- kam zu spät, als ich das Auto brauchte,
- war zu spät, als ich ihn abholen wollte,
- nahm das Auto, während ich es dringend benötigte,
- kümmerte sich nicht um die Reparatur oder Inspektion des Autos,
- kommentierte während der Fahrt meinen Fahrstil.

Persönliche Gewohnheiten:
+ erledigte die Korrespondenz unserer Familie,
+ rauchte nicht während ...,
+ räumte das Badezimmer auf,
- rauchte während der Mahlzeiten,
- ließ Asche neben den Aschenbecher fallen,
- blockierte das Badezimmer oder das WC,
- gebrauchte meine Toilettenartikel,
- ließ Toilettensachen im Badezimmer herumliegen,

191

- nahm das letzte Stück Toilettenpapier, ohne eine neue Rolle hinzuhängen,
- ließ Haare im Waschbecken zurück,
- machte das Bad nicht richtig sauber,
- vernachlässigte sein/ihr Haar (waschen, rasieren, kämmen),
- vergaß, die Toilettenspülung zu betätigen,
- vergaß, die Zahnpastatube zuzuschrauben,
- störte mich beim Telefonieren,
- redete auf mich ein, während ich versuchte zu schlafen,
- blies Rauch in mein Gesicht,
- hatte im Bett eine fettige Nachtcreme aufgetragen,
- machte Überstunden oder brachte Arbeit mit nach Hause,
- schaltete das Fernsehen während des Essens ein,
- sah zu viel fern,
- durch ihn/sie kamen wir zu spät zu einem Termin.

Kinder:
+ spielte mit den Kindern,
+ las eine Geschichte vor,
+ brachte die Kinder zur Schule oder woanders hin,
+ brachte die Kinder zu Bett oder half dabei,
+ brachte den Kindern etwas bei,
+ beantwortete Fragen der Kinder,
+ übertrug den Kindern Verantwortung für eine kleine Aufgabe,
+ bestrafte die Kinder in angemessener Art und Weise,
+ paßte auf die Kinder auf, während ich weg war,
+ half den Kindern beim Anziehen,
+ wechselte dem Baby die Windeln,
+ badete die Kinder,
+ tröstete das Baby,
+ stand nachts auf, um für das Kind zu sorgen,
+ half, die Kinder ausfahren,
+ half, einen Streit der Kinder schlichten,
+ half bei den Hausaufgaben der Kinder,
+ sorgte für einen Babysitter,
- war unfreundlich zu den Kindern,
- kritisierte oder erniedrigte die Kinder,

- befahl den Kindern, daß sie ihn/sie allein lassen sollten,
- wollte den Kindern nicht helfen,
- schrie die Kinder an,
- strafte zu streng,
- war zu nachgiebig,
- war zu behütend,
- wollte dem Kind keine Aufmerksamkeit schenken oder keine Antwort geben,
- sprach in Gegenwart der Kinder gegen mich,
- ließ schmutzige Windeln herumliegen,
- wollte nicht für einen Babysitter sorgen,
- machte mit den Kindern gemeinsame Sache, um Regeln zu durchbrechen.

Essen und Einkaufen:
+ bereitete eine wundervolle Mahlzeit,
+ machte Besorgungen oder ging mit, Besorgungen zu machen,
+ machte mein Essen für die Arbeit fertig,
+ stand auf und machte für mich das Frühstück,
+ kochte mein Lieblingsgericht,
+ kochte oder half mir dabei,
+ fragte mich, ob ich etwas aus dem Laden benötigte,
+ hatte die Mahlzeit pünktlich fertig,
+ machte einen Imbiß fertig,
+ trug die Einkäufe ins Haus,
+ kochte etwas Besonderes für mich,
- bereitete eine geschmacklose Mahlzeit zu,
- wärmte Reste für mich auf,
- vergaß, Nahrungsmittel einzukaufen, die wir brauchten,
- kam nicht zum Essen, als er/sie gebeten wurde,
- machte etwas, das ich nicht mochte,
- gab ungefragt Kommentare, während ich kochte,
- vergaß, etwas in den Kühlschrank zu stellen,
- hielt sich nicht an die Diät.

Ein anderes Hilfsmittel ist der *Wunschbriefkasten*. Beide schreiben auf zehn Zettel zehn Verhaltensweisen des

Partners, die sie sehr schätzen und die der Partner schon früher einmal gezeigt hat. Beide werfen die Zettel in einen Kasten. Wenn dem Partner eine Freude bereitet werden soll, wird ein Zettel aus dem Kasten genommen.

Dies bewirkt, daß immer dann, wenn dem Partner eine Freude bereitet werden soll, dies nicht gezwungen wirkt. Bevor die Zettel in den Kasten geworfen werden, müssen die Partner darauf achten, daß es sich um Dinge handelt, die sie vergleichsweise problemlos füreinander tun können. Verhaltensweisen, die zu viel Mühe machen, werden durch minder schwere ersetzt.

Ein drittes Hilfsmittel ist die Liste der *Zufriedenheit mit der Beziehung*. Hier geht es um eine Liste gemeinsamer, entspannender Aktivitäten:

Wir machten eine Radtour.
Wir fuhren mit dem Auto weg.
Wir gingen spazieren.
Wir sahen zusammen fern.
Wir gingen zusammen ins Kino.
Wir lasen laut vor.
Wir spielten mit den Kindern.
Wir spielten Karten.
Wir hatten ein anregendes Gespräch.
Wir gingen zusammen in ein Theaterstück, ein Konzert, eine Ausstellung oder ins Museum.
Wir hielten zusammen nach interessanten Fotomotiven Ausschau.
Wir nahmen zusammen an einem Gottesdienst teil.
Wir bastelten zusammen oder übten gemeinsam eine handwerkliche Tätigkeit aus.
Wir verbrachten einen Abend zusammen mit Freunden.
Wir gingen tanzen.
Wir gingen schwimmen, tauchen, surfen, segeln, Schlittschuh laufen, Rollschuh laufen oder kegeln.
Wir spielten gemeinsam mit den Haustieren.
Wir sprachen über Freunde und Bekannte.
Wir gingen Kaffee trinken oder Eis essen.
Wir aßen in einer Snackbar.
Wir nahmen zusammen ein Bad oder duschten zusammen.

Wir gingen zusammen in die Bibliothek oder zu einer Versammlung.
Wir machten zusammen Gymnastik.
Wir machten eine Kissenschlacht.
Wir führten eine intellektuelle Diskussion.
Wir sprachen zusammen über den Beruf.
Wir spielten zusammen Badminton, Tennis.
Wir hörten zusammen Musik.
Wir backten zusammen Brot oder Kuchen.
Wir spielten Schach, Monopoly, Scrabbel oder ein anderes Gesellschaftsspiel.
Wir sangen zusammen oder machten zusammen Musik.
Wir gingen zusammen Joggen oder Fahrrad fahren.
Wir hatten ein Essen bei Kerzenlicht.
Wir gingen zu einem besonderen Anlaß gemeinsam einkaufen.
Wir sprachen über den alltäglichen Gang der Dinge.
Wir gingen zusammen zu einem Sportereignis.
Wir hielten zusammen Siesta.
Wir riefen zusammen Freunde an.
Wir spielten Volleyball, Basketball, Fußball.
Wir waren beide beschwipst.
Wir lagen zusammen in der Sonne.
Wir sprachen über lokale, nationale, internationale Nachrichten.
Wir gingen in ein schickes Restaurant.
Wir sahen uns gemeinsam einen Sonnenuntergang an.
Wir gingen zusammen zu einer Feier, einer Tanzparty, einer Bar.
Wir beschäftigen uns zusammen mit einem Hobby.
Wir besuchten zusammen die Eltern oder die entferntere Familie.
Wir arbeiteten zusammen im Garten.
Wir erledigten zusammen Arbeiten im Haushalt.

Hierbei könnte man sich folgende Fragen stellen: Haben wir diese Aktivitäten schon jemals zusammen gemacht? Wenn ja, wie angenehm war das? Würde ich diese Aktivitäten gerne mit meinem Partner tun? Wieviel Punkte auf einer Zehnerskala würde ich dafür geben? Wann will ich es tun? Wie oft?

Konflikte
in einer Beziehung lösen

Kapitel 10

Wie können zwei Partner, die verschieden und gleich
viel wert sind, ihre Konflikte lösen?
In diesem Kapitel findet man Tips für das richtige
Streiten. Drei Schemata des Verhandelns: Zunächst für
die einmalige, schnelle Entscheidung, eine zweite für
das Regeln von Dingen, die regelmäßig wiederkehren,
und eine dritte für das Durchsprechen und Lösen eines
Ärgernisses, das schon länger besteht.

1. Streiten!

Streiten ist ein häufig vorkommender Zeitvertreib bei vielen Paaren. Beinahe jeder ist mit dieser Umgangsform vertraut. Nur wenige haben dies aber einmal mit Aufmerksamkeit betrachtet. Wie verlaufen Streitigkeiten in der Ehe? Gibt es darin feste Muster? Wie kommt es, daß der eine Streit einen bitteren Nachgeschmack hinterläßt? »Nun wird es nie mehr wie früher.« Und daß andere Streitigkeiten ein Gefühl der Erleichterung, einer vergrößerten Intimität mit sich bringen? Ist es wahr, daß Paare, die streiten ... bleiben? Ist Streiten etwas, das in einer intimen Beziehung in jedem Fall vermieden werden muß? Wasser in den Wein schütten? Müssen in einer Beziehung Uneinigkeiten und Konflikte aufgelöst werden können? Ist es besser, Absprachen zu treffen, als überhaupt nichts abzusprechen? Wer hat noch nie die unangenehme Kälte eines Paares gefühlt, das sich nie streitet? Die Entfremdung und der Abstand zwischen zwei Partnern, die »still und ungezwungen alles füreinander tun«?

Wir gehen im folgenden auf einige Tips für das richtige Streiten ein. Konflikte in einer Paarbeziehung sind un-

Zwei wildfremde Menschen

vermeidlich. Zwei völlig unterschiedliche Menschen, die einander kennengelernt haben und dann zusammen wohnen, haben wildfremde Wünsche und Gewohnheiten. Sie sind grundverschieden. Sie haben jeder ein anderes Modell der ehelichen Beziehung in der elterlichen Familie gesehen. Sie haben auch jeder eine andere Art des Umgangs mit Unterschieden und Gegensätzen in ihrer elterlichen Familie erlebt.

In der partnerschaftlichen Ehe ist die »klassische Lösung« von Unterschieden nicht mehr durchführbar. Diese Lösung bestand darin, daß einer von beiden (nach außen der Mann – nach innen oft die Frau) die letztendliche Entscheidungsgewalt innehatte. Diese hierarchische Situation paßte damals in ein hierarchisches Gesellschaftsmodell. Bei tiefgehenden ehelichen Streitigkeiten hatte der Mann das letzte Wort. Wenn er sich nicht zu helfen wußte, gaben das Gesetz und die Bibel den Ausschlag. Der Kampf darum, Recht zu haben, ist ein Über-

bleibsel dieser früheren Art der Konfliktlösungen. Innerhalb dieses hierarchischen Modells nahmen die Rechte
von oben nach unten ab. Das Kämpfen, um Recht zu haben, ist also ein Überbleibsel aus alten Zeiten, das genau
wie andere alte Rituale ein Zeitvertreib sein kann, solange daraus kein bitterer Ernst wird. In einer Ehe sind die
Partner nur zu zweit, um einen Konflikt zu lösen. Da ist
das, was der eine will, und da ist das, was der andere
will. Und die beiden Wünsche sind gleich viel wert. Wie
können die Partner, die verschieden sind und gleichberechtigt, dann ihre Konflikte lösen, wenn der Streit um
das Recht keine Lösung bietet? Genau hiervon handelt
das folgende Kapitel.

Kämpfen, um Recht zu haben, ist ein Überbleibsel aus alten Zeiten

Methoden der Konfliktauflösung für gleich-
berechtigte Partner

2. Destruktives Streiten

Wir können am besten mit einer Beschreibung einer Reihe von relevanten Elementen beim schädlichen Streiten
beginnen. Das Streiten geschieht zumeist ohne Vorbereitung. Es entwickelt sich von selbst. Man fängt mit einem
Detail an und das wirkt wie eine Lunte im Pulverfaß.
Sehr schnell erreicht die Verärgerung den Höhepunkt.
Streit entsteht also dann, wenn die Verärgerung am
größten ist. Jemand ist verärgert, irritiert, frustriert und
er reagiert unmittelbar. Dabei achtet er nicht auf Zeit
und Ort. Einige Partner haben sogar die merkwürdige
Gewohnheit, einander streitend von einem Zimmer ins
andere zu folgen. Es werden keine Pausen zugelassen, es
sei denn, bestimmte Atempausen, bei dem beide auf einem hohen Spannungsniveau kurzzeitig verharren. Danach geht es mit neuer Energie weiter zum nächsten
Höhepunkt. Wenn einer von beiden sich zurückziehen
will, wird der andere das schwerste Geschütz in Stellung
bringen, um ihn im Spiel zu halten. Aufhören oder
Nichtaufhören mit dem Streit, wird dann ein beliebtes
Thema, wobei der eine vorschlägt, endlich aufzuhören
(was tun wir eigentlich – es ist kindisch), und der andere
dann – nur weil der »Gegner« darauf dringt – nicht auf-

hören will. Das Ziel ist es, zu verletzen. Die Tatsache, daß man in der Nähe des anderen bleibt, vereinfacht natürlich die Verstärkung von Teufelskreisen, in denen beide gefangen sind.

Streit entsteht oft über banale Angelegenheiten. Vorsicht, es wird nicht gesagt, daß kleine alltägliche Dinge keine guten Anlässe für ein gesundes Streiten sein können! Konstruktives Streiten betrifft Dinge in der Zukunft, mit dem Ziel, etwas zu verändern. *Abstrakte Prinzipien sind törichte Themen zum Streiten.* Muß das Haus sauber sein, ja oder nein? Ist ein Haus sauber, wenn es nicht täglich (in der Woche, im Monat) gründlich geschrubbt wird? Wann ist ein Garten in Ordnung? Wie sieht ein Garten aus, den sich mögliche Gäste gern ansehen mögen? Muß ein Vater sich mit seinen Kindern beschäftigen, ja oder nein? Muß ein Mann Zeit für seine Frau aufbringen? Muß es bei der Erziehung der Kinder Regeln geben? Muß ein Mann seiner Frau Aufmerksamkeit schenken? Ist ein Mann mehr auf den Sex ausgerichtet als eine Frau? Derartige Themen verwischen die Bedürfnisse *dieses* Mannes und *dieser* Frau. Es macht in der Praxis keinen Unterschied, ob auf abstrakte Fragen mit Ja oder Nein geantwortet wird.

Gelegentlich streiten sich die beiden über ein Problem, das gänzlich im Interessenbereich des einen Partners liegt. Er will z. B., daß der Partner bestimmter gegenüber den eigenen Eltern auftritt, weil er sich selbst dafür zu schwach fühlt. Ob der Partner dies tut oder jenes, macht keinen Unterschied für das eigene Gefühl. Dem Partner sollen bis hin ins Absurde die eigenen törichten Normen aufgezwungen werden, ohne daß die unmöglichen Normen an sich zur Diskussion gestellt werden. Ohne daß ernsthaft gefragt wird: Bei wem liegt das Problem? Liegt es bei mir selbst oder zwischen uns beiden? Kann ich dieses Problem allein lösen? Meine Normen in Frage stellen? Meine Selbstsicherheit vergrößern?

Gelegentlich streiten sich Partner auch, um das Bild zu bekämpfen, das der andere von ihnen hat. Du denkst so und so über mich, aber ich bin nicht so. Je mehr man beweisen will, daß man nicht so ist, wie in den unterstellten Vorstellungen des Partners, desto mehr wird der andere in seinen Unterstellungen bestärkt! Auch in der Art und Weise, in der Methode, streiten Menschen oft ineffizient. Es eskaliert schnell. Sie verlangen mehr als sie wollen, um von dem anderen doch wenigstens etwas zu bekommen. Oder sie verlangen weniger als sie eigentlich wollten, um bei dem anderen überhaupt etwas zu erreichen. Und so läßt sich schnell von Eskalation sprechen. Es wird nicht präzis ausgedrückt, was man will.

Oft reagieren die Partner aufeinander, bevor sie sich gefragt haben, was sie nun selbst wollen. Die Verletztheit wird an dem anderen abreagiert, anhand des einen oder des anderen zufälligen Themas, zu dem man einen törichten Standpunkt einnimmt oder unmögliche Forderungen stellt. Ein Wort gibt das andere, ohne daß dem nachgegangen wird, worin beide sich unterscheiden oder gleichen. Manchmal ist ein Partner auch zu vorsichtig, um den anderen nicht zu verletzen, und er gibt in Dingen nach, wohl wissend, daß er das, was er verspricht, nicht einlösen kann. Die Partner stellen einander unmögliche Forderungen und sie versprechen unmögliche Dinge.

Das Tempo in einem Streit ist höllisch. Es wird immer weiter »geredet«, ohne Atempause. Wird unterbrochen, dann geschieht es, um wieder Kräfte für den Kampf zu sammeln, nicht um zur Besinnung darüber zu kommen, was genau falsch läuft und was jeder eigentlich möchte. Die Intentionen, die bei einem wirklichen Streit vorhanden sind, sind destruktiv: Ich werde ihn kriegen! Nun habe ich sie zu packen gekriegt! Dafür soll sie büßen! Das zahl' ich ihm zurück! Warte ab, so einfach kommst du nicht davon! Nun werde ich dich so verletzen, daß du es nie mehr vergessen wirst! Alle Mittel sind gerechtfertigt, wenn es dich nur trifft! Nun habe ich dich! Und das findest du auch immer schlimm!

Die Intentionen sind oft darauf gerichtet, um jeden Preis zu gewinnen. So, nun bin ich oben und du unten! Siehst du wohl, daß ich der Chef bin! Ich habe Recht! Auf den Knien sollst du kriechen (wörtlich und im übertragenen Sinn). Nun muß ein für allemal deutlich werden, daß ich hier das Sagen habe!

Die Resultate eines solchen Streites sind zumeist schlecht. Es fallen keine Beschlüsse. An der auslösenden Situation ist nichts verändert. Der Konflikt kehrt wieder zurück.

Die Resultate eines solchen Streites sind zumeist schlecht

Fälschlicherweise werden die eigenen Wünsche und Positionen mit gemeinsamen Absprachen verwechselt. Wenn man einmal in einer Sache nachgibt, dann sind es gleich Absprachen für ewig. Andere beenden einen Streit mit einer Absprache, um dann immer wieder Absprachen zu treffen, wenn das Problem aufkommt. Dies hat dann eine Kette von Streitereien zur Folge. Jedesmal wieder beginnt das Elend über dieselben Dinge. Es gibt hier eine kurze Regel: Absprachen, die nicht gehalten werden, sind schlecht getroffene Absprachen. Die Partner geben zu viel oder bekommen zu wenig. Und das kann nicht lange gut gehen.

Absprachen, die nicht gehalten werden, sind schlecht getroffene Absprachen

Auch über die Motive beim Streiten muß etwas gesagt werden. Manchmal wird argumentiert. Vernünftige Argumente, die am besten auch noch aufgezählt werden, sagen natürlich nichts über die Bedeutung, die jeder der Partner seinem Standpunkt beimißt. Wenn ich vier Argumente habe, um es so zu tun, und du hast sieben, um es anders zu tun, was machen wir dann? Und wenn ich deine Argumente Stück für Stück widerlegen und dir beweisen kann, daß ich Recht habe? Wenn ich eine Norm von oben herab festlege und für mich reklamiere, was tust du dann? Wenn ich »vernünftiger«, »verständiger« bin als du, wenn ich besser reden kann als du, wenn ich deine Schwachpunkte kenne, und dich, ohne daß du es merkst, reinlege? Ist es dann nicht so, daß du es mir hinterher doch zurückzahlst? Daß unsere Beziehung daran kaputt geht? Daß du verbittert und enttäuscht bist?

Dies alles sind Dinge, die beim destruktiven Streiten zu bedenken sind. Doch es gibt noch schlimmere Formen als diese. Das *Tun als ob, das Komödie spielen, das Sich in aller Stille Aufopfern,* sind Verhaltensweisen, die gelegentlich schlimmere Auswirkungen auf die Beziehung haben als das offene Streiten. Das »Über-Konflikte-Hinwegleben« ist langfristig häufig schädlicher als das Streiten. Es gibt Anlaß zu Feindseligkeiten oder zu einer emotionalen Entfremdung.

202

Soweit dieser kurze Abriß über das destruktive Streiten. Es geht offensichtlich um eine Art Ritual der Gefühlsentladung, wodurch in Wirklichkeit an dem Problem nichts verändert wird, sondern beide sich verbittert und grimmig in ihr eigenes Mauseloch zurückziehen; dadurch nimmt die Gefühlsverbundenheit ab und die Entfremdung zu. Durch diese Art des Handelns werden Minen auf das Schlachtfeld gelegt, wodurch die Partner ohne Absicht schnell wieder in Gefechte verwickelt werden.

3. Warum verhandeln?

Warum sollte in einer Ehe verhandelt werden? Verhandeln ist eine offene Methode. Wir haben bereits gezeigt, daß offene Methoden den verdeckten Techniken vorzuziehen sind, weil die letzteren zu Feindschaft führen.

Eine Ehe, wie jede Form des Zusammenlebens, ist eine Übereinkunft, die als Resultat von Verhandlungen gesehen werden kann. Gelegentlich geschieht dies implizit. Wim und Sarah sind zehn Jahre verheiratet und haben zwei Kinder. Während der Verlobungszeit und der gesamten Dauer ihrer Ehe haben sie nie darüber gesprochen, ob sie Kinder haben wollen und wieviel. Darüber hat es keinerlei Überlegung gegeben!

Dennoch geht jeder mit bestimmten Vorstellungen in die Ehe, die besagen, was ein Partner tun muß (Verpflichtungen) und was er dafür zu bekommen denkt (Rechte). In einer gut funktionierenden Beziehung ist das explizit besprochen worden. In einer Beziehung, in der das nicht erfolgt ist, werden die Partner im Laufe der Jahre Überraschungen erleben. Die Gefahr bleibt, daß der eine denkt, seine Vorstellungen stimmen vollständig überein mit denen des Partners. Dies ist immer eine Illusion. Judith legt zwanzig Jahre lang am Samstagabend für Rolf einen schönen Anzug, sein Oberhemd, Krawatte und Socken bereit. Sie denkt, daß dies zu ihren Pflichten gehöre und daß sie dafür Zuneigung erhalten werde. Bis er einmal während eines schrecklichen Streites ausruft: »Und du, du behandelst mich schon Jahre wie ein Kind! Meinst du, daß ich mein Oberhemd nicht lieber selbst auswählen will! Denkst du, daß ich meine Krawatte nicht selbst finden kann, auch darin willst du die Mutter für mich spielen und gängelst mich! Ich fühle mich behandelt wie ein Kind!«

Bereits fünfzehn Jahre brachte Theo Lisa am Samstagmorgen das Frühstück ans Bett. Nie war darüber gesprochen worden. Lisa akzeptierte diese Geste, obwohl sie es sehr unangenehm fand, im Bett frühstücken zu müssen. Eigentlich ärgerte sie das ganze Aufhebens. Als sie darüber sprachen, wurde deutlich, daß Theo nichts lieber gehabt hätte, als daß Lisa ihm ab und zu das Frühstück ans Bett brächte. Er hatte darüber nie etwas gesagt.

Die Grundübereinkunft wird über Jahre an die neuen Lebensphasen angepaßt. Auch dies fordert Überlegung und Verhandlung. Wenn Partner beschließen, ihre Beziehung zu verbessern, dann kann das nicht ohne Verhandlungen über das, was jeder präzise will, und wie das bewerkstelligt werden soll, geschehen. Dies alles macht das Verhandeln zwischen zwei gleichberechtigten Partnern zu einer wichtigen Fertigkeit. Will man zusammen leben, dann wird man verhandeln müssen. Aber umgekehrt gilt auch: Wirkliches Verhandeln kann nur zwischen Menschen erfolgen, die noch eine gemeinsame Zukunft haben.

4. Zwei Grundfehler

In den meisten Verhandlungen zwischen Ehepartnern treten immer wieder zwei Fehler auf. Der erste Fehler liegt beim Beginn, der zweite beim Beenden der Verhandlung.

Tun, als ob man dasselbe will

Am Beginn machen beide oft den Fehler, daß sie so tun als *ob sie dasselbe wollen*. Der eine will Ordnung, der andere sagt, daß er auch Ordnung will. Wenn sie beide gleich viel Ordnung wollten, wo ist dann das Problem? Der eine will die Zeitungen in der Abstellkammer aufstapeln. Der andere sagt, daß er das auch will, warum geschieht es dann nicht? Wo ist das Problem? Ein Konflikt kann nur dann in Angriff genommen werden, wenn die Standpunkte radikal gegenüber gestellt werden. »Ich finde es sehr bequem, die Zeitungen im Wohnzimmer herumliegen zu lassen.« Der Fehler beim Abschluß besteht darin, daß beide *mehr versprechen als sie halten können.* Jemand verspricht etwas. Er hält sein Versprechen nicht. Der Partner verliert das Vertrauen. Er hält die Absprachen nicht ein! Schlimmer: Beide Partner verlieren den Glauben an gemeinsame Überlegungen und Absprachen. »Das klappt bei uns nicht.«

Mehr versprechen, als man halten kann

5. Der Unterschied zwischen einem Wutausbruch und einer Konfliktlösung

Bevor die Lösung von Konflikten selbst zur Sprache kommen kann, muß zunächst deutlich zwischen Wutausbrüchen und Entladungen auf der einen und Problem- oder Konfliktlösungen auf der anderen Seite unterschieden werden. Wenn einer der beiden Partner extrem wütend ist, dann ist es Sache des anderen, diesen Unterschied zu erkennen. Dieser muß sich in diesem Augenblick nicht anstrengen, die Dinge vernünftig zu besprechen, denn das hieße nur Öl ins Feuer gießen. Er kann nur eins tun, dem Partner die Chance zu geben, einmal völlig aus sich herauszugehen. Es muß einmal heraus.
Johann kocht vor Wut. Wenn Johann vor Wut kocht, muß Karin lernen, daß dies nicht der Augenblick ist, um zu reagieren. Karin kann sich unter Umständen zurückziehen. Sie kann auch aufmerksam zuhören. Aber sie muß die eigene Reaktion so gering wie möglich halten. Johann wird natürlich probieren, Karin aus der Reserve zu locken. Sie muß es dann vermeiden, die Verärgerung von Johann als auf sie gerichtet zu interpretieren. Karin muß dem, was Johann sagt, nicht mehr Bedeutung zumessen, als unbedingt nötig. Karin muß auch nicht Johann gegenüber den Therapeuten spielen. Eine größtmögliche Neutralität ist immer das Beste. Diese Ausbrüche liefern also überhaupt keine Lösung für das Problem. Was Schrei-Therapeuten und andere »Ausbruch-Vertreter« darüber auch immer sagen mögen. Die Ausbrüche sind Momente der Entladung heftiger Wut. Sie bringen in einer Beziehung tatsächlich wenig oder

gar nichts ein. Man sollte sie am besten als Signale dafür werten, daß es Dinge gibt, über die beide Partner bei Gelegenheit einmal dringend sprechen sollten! Wut ist immer eine Äußerung von Ohnmacht und nicht von Macht. Wenn beide Partner diesen Unterschied zwischen Wutausbrüchen und Konfliktlösungen richtig verstehen, dann hat das auch Folgen für das Verhalten jedes einzelnen. Wenn ich einen Konflikt oder ein Problem mit meinem Partner in Angriff nehmen will, muß ich das nicht in dem Augenblick tun, in dem er vor Wut rast! Es ist sinnvoller abzuwarten, bis er sich abgekühlt hat.

6. Arten der Konfliktlösung

Ein Ausbruch kann gelegentlich nötig sein, aber er verändert nichts an der Situation. Jedoch kann sich dadurch die Betrachtungsweise eines Konfliktes verändern, und das kann positiv sein. Wirkliche Konfliktlösung bedeutet, daß die Situation selbst verändert wird. Es gibt viele Arten der Konfliktlösung.
Wir zeigen hier drei Möglichkeiten:

1. Der einmalige, dringende Beschluß

Ein Paar steht vor einem dringenden Beschluß. Sie sind sich nicht unmittelbar einig. Sie wollen jeder etwas anderes. Toni und Judith haben beschlossen, in einen Film zu gehen. Judith würde am liebsten in Providence von Alain Resnais gehen. Sie findet alle Filme von Resnais sehr gut. Sie wird von seiner Thematik des wechselnden Bewußtseins in der Zeit angesprochen. Sie schätzt seine lyrischen Kinomomente. Toni würde lieber in den Film Wild Bunch von Sam Peckinpah gehen. Er liebt Western. Er liebt die Thematik von Peckinpah: der geborene Verlierer, der dennoch weiterkämpft. Er liebt Gewaltausbrüche, getragen von tiefen Emotionen und ästhetisch in Szene gesetzt. Er fürchtet, daß Providence zu schwermütig sein wird. Sie fürchtet, daß Wild Bunch zu grausam sein wird ...
Sie machen die Tür hinter sich zu und müssen sofort entscheiden, wohin sie gehen.

206

2. Das Regeln von Dingen, die regelmäßig wiederkehren.

Einer von beiden (oder beide) findet (finden), daß in der Beziehung bestimmte Dinge einmal geregelt werden müssen.

Toni und Judith ärgern sich jeder für sich über den Verlauf des Wochenendes. Sie kommen nicht dazu, die Wochenenden so zu planen, daß sie beide etwas davon haben. Sie wissen wohl vage, was sie gerne hätten; weil aber nichts im voraus geregelt wird und alles spontan verlaufen soll, läuft auch alles spontan und endet in einem Schlamassel. Judith klagt, daß sie beide zu wenig Zeit füreinander aufwenden. Sie würde ab und zu gern einen Abend zu zweit verbringen. Toni arbeitet abends noch oder treibt Sport. Das alles sollte besser geregelt werden.

3. Das Durchsprechen eines Ärgernisses, das schon lange vorhanden ist

Diese Art der Konfliktlösung behandelt ein Ärgernis, das bei einem von beiden durch das Verhalten des anderen entsteht. Es ist ein Ärgernis, das schon lange vorhanden und langsam angewachsen ist. Nach der praktischen Regelung, die hier nötig ist, besteht auch die Notwendigkeit für einen tieferen emotionellen Austausch über diese Frage.

Beide würden davon profitieren, wenn sie ihre Werturteile, ihre Gefühle und ihr Verlangen in diesem Punkt ganz offen zeigen würden.

Seit sie verheiratet sind, ärgert Mia sich darüber, daß Gerhard morgens bis zur letzten Minute im Bett bleibt und nur am Frühstückstisch erscheint, um stehend eine Tasse Kaffee zu trinken. Um diesen Punkt wirklich zu regeln, müßte Mia die Gelegenheit bekommen, Gerhard zu erklären, was das Zusammensein beim Frühstück für sie bedeutet. Wie sie sich fühlt, wenn er so nach draußen stürmt. Wie sie sich fühlen würde, wenn er ihr einige Zeit Aufmerksamkeit schenken würde. Gerhard müßte ihr einmal erklären können, wie angenehm es ist, noch ein wenig zu dösen. Wie abwesend er des morgens ist und daß er sich bis zum Beginn der Mittagszeit in einem

»Schlafzustand« befindet. Warum er dann keinen Kontakt haben und in Ruhe gelassen werden will. (Deutlich ist, daß jede der beiden vorigen Konfliktarten auch zu der Notwendigkeit führen kann, etwas durchzusprechen.)

7. Schemata der Konfliktlösung

Für jede dieser Konflikttypen kann man nun ein kurzes Schema der Konfliktlösung aufstellen. Dieses Schema wird dann weiter angefüllt durch die ausführlichere Beschreibung einer Reihe von wichtigen Faktoren.

Schema 1: Schnell eine Entscheidung treffen

Dieses Schema umfaßt drei Schritte. Jeder Partner gibt an, was er am liebsten hätte, und dann machen sich beide auf die Suche nach einer Lösung.
1. Jan sagt, was er am *liebsten* tun würde, ungeachtet dessen, was Ria seiner Meinung nach will.
2. Ria gibt dann an, was sie am *liebsten tun würde,* ohne zu berücksichtigen, was Jan gesagt hat.
3. Sie kommen zu einem Beschluß, der entweder den Vorstellungen von Jan oder denen von Ria folgt, oder man findet einen Mittelweg.
Sie können auch absprechen, daß zunächst Jan und dann Ria seinen/ihren Willen bekommt. Sie können aber auch eine Alternative wählen, die außerhalb der beiden ersten Vorschläge liegt. Dies alles kann innerhalb weniger Minuten geschehen.

Schema 2: Etwas regeln

Dieses Schema umfaßt sieben Schritte. Wir geben jeweils an, was Jan oder Ria tun.
1. Jan und Ria bereiten jeder für sich eine Liste vor, in die sie eintragen, was jeder innerhalb eines bestimmten Feldes der Beziehung will.
2. Jan berichtet Ria, was er will. Ria wiederholt, was sie von Jan verstanden hat. Ria berichtet Jan, was sie will. Jan wiederholt.

3. Jan und Ria denken getrennt darüber nach, was sie dem anderen geben wollen und was sie *alles* bekommen möchten, was sie sich selbst wünschen.

4. Jeder erzählt dem anderen, was er geben würde, wenn er alles bekäme, um das er gebeten hat. Sie wiederholen, ob sie den anderen verstanden haben.

5. Jan und Ria machen jeder für sich einen Vorschlag, in dem ein Element von Geben und Nehmen vorhanden ist.

6. Sie tauschen diese Vorstellungen der Reihe nach aus.

7. Sie gelangen zu einer Absprache über alle Punkte und schreiben diese auf.

Dies dauert eine halbe bis eine dreiviertel Stunde. Wir nennen das *sachlich verhandeln*. Konkret kann das bedeuten, daß Jan und Ria jeder für sich einen Plan für das Wochenende erarbeiten, in dem sie en Detail alles auflisten, was sie gerne haben möchten. Danach tauschen sie ihre Pläne aus und gestalten ein großes Schema. Durch zusätzliches Einarbeiten des Gebens und Nehmens erstellen sie ein Globalschema für das Wochenende, das sehr genau ist und soviel wie möglich von dem umfaßt, was beide wollen.

Ria will:
– jeden Samstag von 14 bis 17 Uhr allein einkaufen gehen: Jan paßt auf die Kinder auf.
– Samstag morgens um 9 Uhr gemeinsam frühstücken.
– zweimal im Monat sonntags den ganzen Tag bei den Eltern verbringen.
– abwechselnd einen Abend (Freitag oder Samstag) mit Jan ausgehen (Film, Theater, Essen gehen usw.).
– daß Jan an einem Tag am Wochenende ein warmes Essen bereitet und danach abwäscht und die Küche aufräumt.
– daß Jan drei Stunden am Wochenende für Arbeiten im und um das Haus aufwendet, die sie immer schriftlich festhält.

Jan will:
– samstags von 14.30 bis 18.30 Uhr Fußball spielen, während Ria auf die Kinder aufpaßt.

– Samstag morgens bis maximal 11 Uhr ausschlafen, während Ria die Kinder von ihm fernhält.
– einmal im Monat einen Sonntag nachmittag abwechselnd bei den Schwiegereltern/Eltern verbringen.
– am Freitagabend alle 14 Tage ab 20.30 Uhr ausgehen.
– daß Ria den Sonntagabend mit ihm gemütlich verbringt, zusammen sprechen, ohne Fernseher usw.

Es wird eine neue Regelung aufgestellt. Beide finden, daß die neue Regelung Vorteile hat:
1. Jan geht Freitag abend alle 14 Tage von 20.30 bis spätestens 1 Uhr aus.
2. Jan schläft am Samstag morgen höchstens bis 10 Uhr, und Ria sorgt dafür, daß die Kinder ihn nicht stören.
3. Samstags geht Ria von 10 bis 13 Uhr allein einkaufen, und Jan paßt auf die Kinder auf.
4. Jan spielt von 14.30 bis 18 Uhr Fußball, und Ria betreut die Kinder.
5. Beide gehen jeden Samstag abend aus, in einen Film, Essen usw. Sie bestimmen abwechselnd wohin. Ria kümmert sich um einen Babysitter.
6. Einen Sonntag im Monat gehen sie zusammen zu den Eltern, von 11.30 bis 18 Uhr.
7. Jan wird alle 14 Tage am Sonntag kochen und Ria hilft ihm beim Abwasch.
8. Jan verwendet 2 1/2 Stunden in der Woche für Arbeiten in Haus und Garten, Ria notiert sie auf einem Zettel.
(Das Verhandeln dauerte ungefähr eineinviertel Stunden wegen der großen Anzahl der zu besprechenden Punkte.)
Bei einem anderen Beispiel hätte es so verlaufen können, daß Ria Jan bittet, Freitag abends zu Hause zu bleiben, woraufhin Jan Ria erklärt, daß dieser Tag sein besonderer Trainingstag ist und einen anderen Wochentag vorschlägt. Danach wird ein Abend bestimmt, an dem sie zusammen sein werden.
Ria will:
Freitag abends gemütlich zu Hause verbringen. D. h.: den Kamin anzünden, zusammen reden, keine Zeitung, kein Fernsehen, ein wenig beieinander sitzen und schmusen.

Jan will:
Freitag abends trainieren und danach in Ruhe ein Bierchen trinken.

Beide waren der Meinung, daß der folgende Beschluß für sie von Vorteil war: Freitag abends trainiert Jan. Den Samstagabend verbringen sie fortan gemütlich zu Hause. Jan macht den Kamin an und sorgt für Getränke. Sie reden zusammen. Sie schmusen ein wenig auf dem Sofa. Kein Fernsehen, keine Zeitung, dafür aber leise Musik. Sie gehen früh zu Bett (vor 22.30 Uhr) und halten sich so die Möglichkeit offen, miteinander zu schlafen.

Schema 3: Etwas durchsprechen (intimes Verhandeln)

Dieses Schema verläuft ebenfalls in sieben Schritten. In den ersten beiden Schritten kommt vor allem Jan an die Reihe und in den beiden folgenden Ria. Danach sind Jan und Ria gleichviel beteiligt. Die Struktur, die wir hier vorstellen, ist als Hilfsmittel für diejenigen, die es selbst probieren wollen, konzipiert.

1. Einer von beiden, in diesem Fall Jan, bereitet für sich selbst einen Punkt vor. Jan überlegt sich genau, was er will und wie er sich bei diesem fraglichen Punkt fühlt.

2. Jan erklärt Ria, wie er sich bei diesem Punkt fühlt. Ria wiederholt dies mit ihren eigenen Worten bis Jan sich von Ria verstanden fühlt. Erst danach sagt Jan in einem Satz, was er in bezug auf diesen Punkt will. Ria wiederholt, ohne bereits einen Standpunkt zu beziehen.

3. Ria überlegt nun für sich, wie sie sich angesichts dieser Frage fühlt. Danach formuliert sie für sich allein sehr gewissenhaft, was sie möchte, ohne zu berücksichtigen, was Jan gesagt hat.

4. Ria erklärt Jan, wie sie sich fühlt, wenn dieser Punkt angesprochen wird. Jan wiederholt dies mit seinen eigenen Worten, bis Ria sich von Jan verstanden fühlt. Dann sagt Ria in einem Satz, was sie will: »Ich will, daß du...« Jan wiederholt dies.

5. Jan und Ria machen der Reihe nach einen Vorschlag in einem Satz.

6. Jan und Ria tauschen ihre Vorstellungen aus, wobei jeder das wiederholt, was der andere vorschlägt.

7. Sie bleiben sitzen und versuchen, ein Ergebnis zu formulieren, von dessen Vorteilen sie beide überzeugt sind. (Dies kann ein Rahmen sein, eine Festlegung der Häufigkeit, ein Mittelweg oder sogar die Übernahme des Standpunktes des jeweils anderen.) Diese Absprache wird aufgeschrieben und erst am folgenden Tag von beiden unterschrieben. Diese Besprechung dauert eine Stunde. Wir nennen dies *intimes Verhandeln*. Bei dem intimen Verhandeln geht es also um die Mitteilung unterschwelliger Gefühle. Um dies zu illustrieren, geben wir folgende Auszüge einer Verhandlung über einen Konflikt zwischen Dirk und Lea wieder, der über das Braten von Fleisch entstanden war.

Dirk, Lea und das Fleisch. Dirk sagt: »Wenn das Fleisch nur wenig angebraten ist, dann schmeckt es schlecht. Ein Essen, das schlecht schmeckt, *irritiert* mich. Ich fühle mich *machtlos*, während ich zuschaue, wie du jede Mahlzeit verpfuschst. Ich fühle mich vernachlässigt. Ich habe das Gefühl, daß ich schlucken muß, was mir aufgetischt wird. So in der Art: Laß mich in Ruhe und sei zufrieden, daß du ein Stück Fleisch bekommst. Ich fühle mich *nicht der Mühe wert*, um ernsthaft ins Gespräch gezogen zu werden. Ich will gern *wichtig sein* für dich. Ich fühle mich gut, wenn du auf mich Rücksicht nimmst. Ich *fürchte*, wenn ich nicht esse, was du kochst, dann wirst du böse werden. Ich habe *Angst*, daß sich daraus ein Streit entwickelt.« Lea sagt folgendes: »Wenn ich koche, dann habe ich es nicht gern, daß du dazu kommst. Wenn ich koche, koche ich. Wenn ich koche und sehe, daß du widerwillig am Tisch sitzt und ißt, dann finde ich das *nicht angenehm!* Wenn du dich um das Kochen kümmerst, dann habe ich das *Gefühl, nie etwas gut genug machen zu können*. Ich will das Fleischbraten als mein eigenes Terrain haben. Das gibt mir ein *Gefühl des Selbstvertrauens*, daß ich das kann. Das gibt mir auch das Gefühl, *die Frau im Haus zu sein*. Wenn du dich darum kümmerst, fühle ich mich wie ein Dienstmädchen. Ich *fühle mich sehr gut*, wenn wir zusammen mit den Kindern gemütlich essen. Ich habe das Gefühl, daß ich *etwas kann*. Ich fühle mich dann *gut bei dir*. Übrigens koche *ich nicht gern*. Ich mache es, weil es getan werden muß. Ich fühle

212

mich dazu *gezwungen*.« In beiden genannten Auszügen werden die Gefühle kursiv gedruckt, um zu zeigen, worum es in der ersten Phase des intimen Verhandelns genau geht.

8. Faktoren, die bei der konstruktiven Konfliktlösung eine Rolle spielen

1. Die deutliche Darlegung zweier Standpunkte

Vielleicht gibt es keinen wichtigeren Punkt als diesen: Es müssen zuerst und vor allem die unterschiedlichen Standpunkte deutlich gemacht werden. Je schärfer die Standpunkte *dargelegt* werden, desto günstiger für die Konfliktlösung. Eine undeutliche Stellungnahme auf einer oder auf beiden Seiten macht eine Lösung praktisch unmöglich. Gutgemeinte Vertuschungen des eigenen Standpunktes (um den anderen nicht zu verletzen...) sind fatal. Diplomatie in diesem Sinne wirkt sich nachteilig aus. Es werden dann immer zweierlei Botschaften ausgesendet, die oft widersprüchlich sind (Ich möchte, daß ..., aber ich wage es nicht, von dir zu verlangen...). Dies setzt voraus, davon überzeugt zu sein, daß zwei Partner verschiedene Meinungen haben können, und daß es so etwas wie *das Richtige* nicht gibt. Es kann hierbei auch eine Hilfe sein, darauf zu achten, was man am liebsten hätte. Und auch hierbei können zwei Schritte getan werden: (1) Was ist mein *Ideal* (unmögliches Verlangen), wenn ich alles bestimmen könnte? und danach (2) was würde ich *innerhalb des Möglichen* am liebsten haben?

Dies zu schaffen, ist auch nur dann möglich, wenn der Partner *unberücksichtigt läßt*, was der andere will, oder was er meint, daß der andere will. Er geht allein davon aus, was er selbst wirklich will. Er verlangt nicht mehr, aber auch nicht weniger als das, was er wirklich will.

2. Der günstige Augenblick

Absprechen. Ein Konflikt kann nicht gelöst werden, wenn sich die Partner nicht die nötige Zeit dafür nehmen. Einen Konflikt wirklich lösen, braucht Zeit, anders geht es nicht.

Zeit kann dadurch freigemacht werden, daß im voraus abgesprochen wird, wann Punkt 1 zu zweit in Angriff genommen wird. Dies ist manchen unangenehm. Absprechen? Können die Dinge nicht spontan verlaufen? Doch wird jeder einsehen, daß es ohne eine Absprache zu zweit in einer Beziehung selten dazu kommt, den Dingen einmal auf den Grund zu gehen. Dafür ist Übereinstimmung nötig. Unsere Erfahrung lehrt, daß dies am besten explizit festgelegt werden sollte. »Morgen, nach dem Abendessen, werden wir einmal über das Tischabräumen sprechen.«

Getrennte Vorbereitung. Jan und Ria denken jeder darüber nach, wie sie sich zu den fraglichen Problemen stellen. Vor allem derjenige, der Grund hat zu klagen, derjenige, der um das Gespräch gebeten hat, erfüllt dabei eine wichtige Aufgabe.

Wessen Problem ist es eigentlich? Es könnte lauten: »Wessen Problem ist es eigentlich? Ist es *mein Problem,* oder ist es ein Problem der Beziehung?« Jan muß für sich selbst ein Stück Arbeit investieren. Jan setzt sich und denkt nach. Was irritiert mich nun eigentlich genau? Kann ich die irritierende Situation dadurch verbessern, daß ich selbst etwas tue? Was kostet mich das? Jan kann z. B. probieren, seinen Putzzwang zu relativieren, anstatt an Ria extreme, zwanghafte Forderungen zu stellen. Sollte ich mich weniger darüber aufregen? Sollte ich einen Teil nicht so wichtig nehmen? Kann ich meine Betrachtungsweise der Dinge verändern? Finde ich Sauberkeit wirklich so wichtig? Wie fühle ich mich, wenn dieser Punkt der Irritation wieder einmal auftritt?

Wird deutlich, daß Jan immer noch eine Bitte an Ria hat, dann muß er diese Bitte vorbereiten. Was will er genau von Ria, welches Verhalten? Was soll Ria genau tun oder lassen?

Was ist er bereit zu geben, wenn Ria ein Tauschgeschäft vorschlägt? Wenn sich zeigt, daß doch noch Fragen an Ria bleiben, dann trifft Jan eine Absprache mit Ria, um darüber zu sprechen.

Um es mit einem Beispiel zu sagen: Jan braucht Ria nicht
zu fragen, wenn er am Samstagmorgen einkaufen gehen
möchte. Es sei denn, daß dies für Ria eine Veränderung
in ihrem Tagesablauf mit sich bringt, wie z. B. das Aufpassen auf die Kinder. Es kann auch nützlich sein, im
voraus zu klären, ob Konflikte, in denen Dritte eine Rolle
spielen, tatsächlich mit dem Partner durchgesprochen
werden müssen. Hier lautet die Regel: Beschränke den
Konflikt auf die Personen, die er angeht. Wenn ein Konflikt zwischen Vater und Sohn besteht, beschränke ihn
auf diese beiden. Wenn eine Frau ihren Mann bittet, sein
Verhalten gegenüber dem Sohn zu ändern, dann sollte
sie mit ihm darüber sprechen, ohne daß der Sohn dabei
ist.

Beschränke den Konflikt auf die Personen, die er angeht

Forderung und Bitte. Wir unterscheiden hier auch Forderung und Bitte. Wenn Jan Ria um etwas bittet, dann bedeutet das auch, daß Jan ein »Nein« von Ria akzeptieren
kann. Eventuell nachdem Jan etwas anderes vorgeschlagen hat. Eine Bitte ist beschränkt, sie relativiert. Eine Forderung ist radikal: »Ich muß das haben, koste es, was es
wolle!« Forderungen sind typisch für das Verhalten eines Kindes, das noch unbeschränkt wünschen und verlangen kann. Ein Kind unterscheidet nicht zwischen einer Forderung und einer Bitte.
Über eine Bitte kann gesprochen werden, wobei das Für
und Wider gegeneinander abgewogen werden kann.

3. Der günstige Ort

Es ist wichtig, daß die Partner, die zu zweit etwas durchsprechen wollen, beieinander sitzen. Die Zeitung weglegen, den Fernseher abstellen, die Kinder hintanstellen,
mit anderen Worten: Platz schaffen für die Konfliktlösung. Doch ist es nicht immer günstig, während der gesamten Dauer der Besprechung zusammen zu bleiben.
Es kann manchmal nützlich sein, daß jeder sich ab und
zu, nach jedem Schritt der Verhandlung, in einen geson-
derten Raum zurückzieht, um für sich selbst herauszufinden, was er präzise will, was er zu geben bereit ist
und was nicht, was er unbedingt haben will usw. ...

4. Das günstige Thema

Hierüber haben wir im Abschnitt über die Vorbereitung bereits etwas gesagt: Es muß ein Thema sein, das in der Beziehung für beide Partner eine Rolle spielt. Wobei der eine vom anderen etwas erbittet, was er oder sie für sich allein nicht lösen kann.

Es muß im übrigen auch ein Punkt sein, der für die Zukunft noch wichtig ist. Am besten etwas, das in der Beziehung regelmäßig wiederkehrt, so daß eine Lösung in der Zukunft von Nutzen ist. Am besten auch etwas, das einer von beiden für sehr wichtig erachtet. Es ist nicht so, daß beide dies wichtig finden müssen: Was für einen von beiden wichtig ist, ist wichtig für die Beziehung. Ist es sinnvoll, mehr als ein Thema gleichzeitig anzugehen? Wir schlagen die Inangriffnahme in zwei Schritten vor: Wer die Richtlinien, die wir hier besprechen, auf die eigene Beziehung anwenden will, sollte das zunächst versuchen, indem er mit dem Partner einige Male über ein einziges Thema, ein einziges Detail der Beziehung spricht. Danach können in einer zweiten Phase mehrere Themen zugleich in Angriff genommen werden. Die beiden Schritte, die wir vorstellen, die beiden Arten zu verhandeln, haben jede einen anderen Vorzug.

Die sachliche Verhandlung (Schema 2) hat den Vorteil, daß unter Umständen einige Punkte gleichzeitig in Angriff genommen und geregelt werden können und sich weniger mit dem Stand der Beziehung beschäftigt wird, der im Augenblick der Verhandlung zwischen beiden Partnern gegeben ist. Die eher intime Verhandlung (Schema 3) ist auf eine Ausweitung des Verständnisses und des Einfühlens in den jeweils anderen ausgerichtet und bezieht sich auf die Regelung eines Problems, das einer von beiden hat.

Wenn wir hier über das günstige Thema sprechen, dann ist natürlich für jedermann deutlich, daß es sich nicht um globale, vage Punkte dreht. »Deine Faulheit irritiert mich: Ich hätte es gern, wenn du etwas aktiver wärst!« Mit solchen allgemeinen Irritationen kann nur schwer umgegangen werden. Deshalb muß versucht werden, dieses allgemeine Gefühl auf einen Punkt zuzuspitzen.

Was für einen von beiden wichtig ist, ist wichtig für die Beziehung

216

Wann irritiert mich die Faulheit des anderen am meisten? Was tut dein Partner oder was unterläßt er dann? In welcher Situation genau? Es muß also um ein bestimmtes Verhalten gehen, in einem bestimmten Moment, in einer bestimmten Situation. Man erbittet dann eine genau bestimmte Veränderung dieses Verhaltens. Eine Veränderung, die man im Nachhinein feststellen kann, messen, zählen usw.

5. Die richtige Methode

Dies ist der Kern der Sache. Welche Schritte müssen unternommen werden, um einen Konflikt in einer Beziehung zu lösen? Welche Phasen gibt es? *Man spricht abwechselnd:* Jeder kommt an die Reihe, um die eigenen Gedanken auszusprechen. Man könnte es so beschreiben: In der ersten Runde spricht A, und B hört zu; in der zweiten Runde spricht B, und A hört zu. Die erste Runde ist die Runde von A, die zweite Runde ist die Runde von B. Während einer solchen Runde führt also nur einer das Wort, der andere hört zu. Der erste berichtet, was ihn irritiert. Der andere hört genau zu und wiederholt mit eigenen Worten, was er verstanden hat.

So arbeitet man sich Satz für Satz vor. Das Wiederholen ist kein Wiederholen wie bei einem Papagei. Es ist das Wiederholen mit eigenen Worten, mit dem Ziel: sich einzufühlen. Sich einfühlen in den abweichenden Standpunkt des anderen, darum geht es. Dies bedeutet überhaupt noch nicht, daß der Partner mit dem anderen einig zu sein braucht. Nein, es geht nur darum, daß ich verstehe, wie der andere es sieht. Selbst wenn ich die Dinge ganz anders sehe! Bei dem intimen Verhandeln geht es zunächst um folgendes: Was muß in so einer Runde besprochen werden? Vor allem zwei Dinge: Was als wichtig erachtet und was gewünscht wird.

Was an einem Thema für wichtig gehalten wird, heißt nicht, mit Argumenten zu kämpfen, um selbst recht zu bekommen. Es geht um das eigene »Interesse«, das dem fraglichen Punkt beigemessen wird. Es geht darum, dem Partner zu erklären, welchen Stellenwert der Punkt für die eigene Bewertung hat. Dies kann am besten dadurch ge-

Sich einfühlen in den abweichenden Standpunkt des anderen

217

schehen, daß die Gefühle umschrieben werden, die bei einem bestimmten Problem auftauchen. Man sagt, *wie man sich fühlt.* Die Erfahrung lehrt, daß dies nicht einfach ist. Darum geben wir als Hilfestellung einige Beispielfragen: Wie fühle ich mich, wenn dieser Punkt sich ergibt? (verärgert, irritiert, enttäuscht, schuldig, verbittert, neidisch, abgeneigt...). Wie würde ich mich fühlen, wenn es nach meinem Willen ginge (glücklich, zufrieden, beruhigt...)? Wie fühle ich mich dir gegenüber in den Fällen, in denen das Problem auftritt (verärgert, verblüfft, unwichtig, als der Unterlegene, als derjenige, der nicht berücksichtigt wird, als Dienstmädchen, als Knecht, als Pantoffelheld ...)? Es ist nicht einfach, die eigene Art, die Dinge zu erleben, dem Partner mitzuteilen. In jedem Fall ist der Versuch, recht zu bekommen oder rational zu überzeugen, noch nie nützlich gewesen. Er eröffnet jedesmal nur wieder aufs neue den Streit darüber, wer unterliegt und wer gewinnt. Partner haben viel mehr davon, wenn sie davon ausgehen, daß sie beide gleichberechtigt sind und daß ihrer beider Bewertung gleich schwer wiegt. Wie lang muß dies dauern? Bis A das Gefühl hat, daß B wirklich begriffen hat, worum es geht. Dies ist ein sehr subjektives Kriterium, und der andere kann darüber anders denken, aber es geht darum, daß genau so lange weitergemacht wird, bis der erste dieses Gefühl hat.

Was man eigentlich will ist in einem Satz zusammenzufassen. Ich will, daß du dies und das tust. Ganz konkret und präzise. Dies muß in der Vorbereitungsphase getrennt ausgearbeitet sein. Nach Darlegung der spezifischen Bedeutung kann die Verhandlung auch kurz unterbrochen und getrennt darüber nachgedacht werden, was man nun selbst wirklich will. Auch hier wiederholt B mit eigenen Worten.

6. Gute Kommunikation

Bei einer Verhandlung gelten natürlich auch die Regeln für eine effiziente Kommunikation, die wir bereits vorher besprochen haben: Sprich in der Ich-Form, vermeide Definitionen, lies keine Gedanken, vermeide Generali-

sierungen, sei nicht zu vorsichtig, vermeide Beweis-
führungen, bleib bei dem Gegenstand, lerne zuzuhören...
Doch es gibt eine Reihe von Regeln, die speziell hierher
gehören.

*(1) Frage, was möglich ist, anstatt das Unmögliche zu verlan-
gen.* Es wird etwas erbeten, was der andere wirklich leisten kann. Gefühle oder Meinungen einzufordern, hat
keinen Sinn. Der andere unterliegt seinen Gefühlen, er
ist nicht Herr über sie. Er kann sie nicht versprechen
oder geben. Darum sollten am besten konkrete Verhaltensweisen des Partners erbeten werden.

(2) Lerne, ein Nein zu akzeptieren. Bei einer wirklichen Bitte besteht die Überzeugung, daß der andere über die
Möglichkeit der Einlösung verfügt. Jemand hat noch
nicht, was er erbittet. Wenn er nicht bekommt, was er erbittet, bedeutet dies also keinen Verlust.

(3) Versprich nur, was du wirklich geben kannst. Verhandlungen mißlingen, wenn einer von beiden mehr verspricht als er geben kann. Es wird zu viel versprochen.
Der Partner stellt fest, daß der andere sich nicht an die
Absprachen hält. Er verliert das Vertrauen nicht allein in
den anderen, sondern auch in das Treffen von Absprachen überhaupt. »Das klappt bei uns nicht!«
Ein Mann hielt seine Karriere in einer amerikanischen
Firma für sehr wichtig. Er arbeitete Tag und Nacht und
manchmal auch am Wochenende. Er mußte häufig umziehen, reisen usw. Seine Frau war darüber sehr enttäuscht. Am Ende der Verhandlungen sagte sie: »Ich
bitte dich zukünftig, keine Überstunden mehr zu machen. Ich bitte dich, nicht mehr abends und am Wochenende zu arbeiten. Ich hätte es gern, daß du immer um
sechs Uhr zu Hause bist, wie alle anderen Männer.« Der
Mann antwortete impulsiv: »Ja sicher, das will ich machen. In Zukunft bin ich immer um sechs Uhr zu Hause!« Natürlich veränderte sich im folgenden nichts! In
dieser Situation wäre es realistischer gewesen, wenn der
Mann gesagt hätte, daß er zukünftig dafür sorgen wolle,

z. B. jeden Montag um sieben Uhr zu Hause zu sein, um den Abend mit seiner Frau zu verbringen. Die Regel lautet also: Gib nicht zu schnell nach. Versprich nichts, das du nicht halten kannst. Um die Situation endlich hinter sich zu bringen, oder auch weil man den anderen liebt. Man überlegt nicht, ob man das Versprochene wohl einhalten kann. Es sollte besser erst dann zugestimmt werden, wenn das Gefühl da ist, selbst einen Vorteil von der Absprache zu haben.

(4) Prüfe, ob du verstanden hast, was gesagt worden ist. Bei dieser Verhandlungsmethode ist es sehr wichtig, daß die Partner überprüfen, ob sie einander verstanden haben. Dafür gibt es zwei Mittel: Bei sachlichen Mitteilungen sollte am besten *wiederholt werden,* was der andere gesagt hat, nicht mehr und nicht weniger. Es muß wörtlich wiederholt werden, was gesagt worden ist, unter Anpassung der Personalpronomen. »Ich möchte gern, daß du deine Schuhe in den Schuhschrank stellst.« »Du wünschst, daß ich meine Schuhe in den Schuhschrank stelle.«
Beim Austausch von Gefühlen ist das *Paraphrasieren* sehr nützlich. Paraphrasieren bedeutet das Wiederholen des Gesagten mit eigenen Worten und mit der Bitte an den anderen, die Paraphrase zu kontrollieren. Die Wiederholung endet also mit einem Fragezeichen. »Als du um ein Uhr noch nicht zu Hause warst, habe ich mich zu Tode geängstigt.« »Wenn ich dich richtig verstanden habe, warst du zu Tode geängstigt als ich um ein Uhr noch nicht zu Hause war?« Das Ziel des Paraphrasierens ist es zu lernen, sich in die Gefühle des anderen hineinzuversetzen. Es ist eine kleine Übung im Zusammenleben, in Empathie. Gefühlsmäßig verstehen, was der andere gesagt hat, bedeutet nicht, mit dem übereinzustimmen, was der andere will! Zusammenleben und Gefühle teilen bzw. dem zustimmen, was der andere will, sind zwei radikal verschiedene Haltungen.

(5) Bestätige oder verbessere die Wiederholung oder die Paraphrase. Derjenige, der die Botschaft aussendet, muß darauf achten, daß diese auch ankommt. Die Paraphra-

sierung oder Wiederholung kann ein Zeichen sein, aus dem deutlich wird, daß die Botschaft angekommen ist: So wie derjenige, der spricht, das Gefühl bekommt, daß er verstanden wird, muß er dies signalisieren. Durch die Bestätigung oder Verbesserung der Paraphrase oder Wiederholung kann sich dieses Gefühl einstellen. Einige bekommen dieses Gefühl schnell, andere selten oder nie; es ist eine rein subjektive Angelegenheit.

7. Abschluß

Wie sollte eine Konfliktlösung abgeschlossen werden? Die Übereinkunft wird in Form einer Absprache festgehalten, die sehr konkret und deutlich sein muß. Es ist zumeist nützlich, die Absprache aufzuschreiben, so daß zukünftig darüber Streit vermieden wird, was genau abgesprochen worden ist. Wer tut was, wie, wo, wann und wie oft?

Man kann auf verschiedene Arten zu einer Absprache kommen. Es kann sich um einen Kompromiß handeln. Man teilt die Häufigkeit, die beide sich wünschen, oder es wird ein Mittelwert bestimmt, dem beide zustimmen können, oder ein Plan aufgestellt. »Das eine Wochenende verbringen wir ganz so, wie du es dir gern wünschst, das andere so, wie ich es mir vorstelle.« Das heißt... Es können auch Aufgaben verteilt werden: »Das tust du, und das tue ich.« Oder es können die Rahmenbedingungen für eine Aufgabe besprochen werden: »Zukünftig kümmere ich mich um die Garage und das beinhaltet: erstens, zweitens, drittens, viertens.« Es kann auch der Vorschlag eines von beiden übernommen werden. Eine gute Absprache ist auch morgen noch eine gute Absprache. Es ist also nicht nötig, diese unmittelbar und unbedingt vom anderen bestätigt zu bekommen und diesem mehr abzuverlangen, als er eigentlich geben will.

Wenn nur einer von beiden in einer solchen Verhandlung gewinnt, dann verliert die Beziehung

Wenn nur einer von beiden in einer solchen Verhandlung gewinnt, dann verliert die Beziehung. Die Frage ist nicht, wer gewinnt, sondern: Wie finden beide die befriedigendste (und das muß jeder für sich selbst entscheiden) Lösung.

8. Gute Absprachen

Es gibt gute und schlechte Absprachen. Schlechte Absprachen sind Absprachen, die zu allgemein sind: »Wir werden freundlicher zueinander sein...« »Ich werde dir beim Tischdecken helfen.« Oder Absprachen, die für immer getroffen werden, ohne ein zeitliches Limit. »Ich werde dir zukünftig immer Aufmerksamkeit schenken.« »Ich werde nie mehr böse auf dich werden.« Ein Beispiel für eine schlechte Absprache, die Partner dennoch gelegentlich treffen, ist die Absprache, fortan in bestimmten Situationen wieder aufs neue Absprachen zu treffen. Dadurch sorgen sie im voraus für einen neuen Streit, der immer dann auftritt, wenn sich die Situation wieder ergibt. Absprachen, die nicht eingehalten werden können, sind schlecht gemachte Absprachen. Auf welcher Grundauffassung basiert das Treffen von Absprachen in Partnerbeziehungen? Die Absprache hat eine regelnde Funktion. Wenn in einer Beziehung alles dem Zufall oder dem Gefühl überlassen bleibt, dann kann das manchmal herrlich sein. Im Laufe der Zeit wird aber ein Chaos entstehen. Und dann beginnen die Schwierigkeiten. Bei einer guten Absprache wird sowohl A als auch B berücksichtigt, kommen sowohl A als auch B zur Geltung. Es kommt damit ein Moment des Gleichgewichts in die Beziehung.

Absprachen sind auch für die Entstehung neuer, spontaner Gewohnheiten in einer Beziehung wichtig. Spontan in einer Beziehung ist das Verhalten, das so oft wiederkehrt, daß man sich daran gewöhnt. Aber auch das Spontane in einer Beziehung ist gelernt. Absprachen sind Gipsverbände, die neuen Gewohnheiten angelegt werden, bis sie stark genug sind, um von selbst zu funktionieren. Eine gute Absprache bestätigt sich immer dann selbst, wenn sie angewendet wird und schließlich wird sie spontan. Im folgenden wird ein Beispiel einer neuen Gewohnheit aufgrund von Verhandlungen und Absprachen eines Paares vorgestellt.

Das Abräumen des Tisches durch Peter. Peter hat in der elterlichen Familie nie den Tisch abgeräumt, denn dafür sorgte seine Mutter. Oft entstand darüber Streit in der Beziehung. Doris fand, daß sie zu viel Aufgaben im Haushalt übernehmen mußte. Sie war immer sehr irritiert, wenn Peter nach dem Abendessen ruhig am Tisch sitzen blieb, während sie begann abzuräumen. Nach einer Verhandlung zwischen beiden zeigte sich: Doris fühlt sich als Haushaltssklave, weil sie einen Halbtagsjob hatte und auch noch sehr viel im Haushalt tun mußte; auch ihr Mann fand, daß er mehr im Haushalt tun müßte. So wurde abgesprochen, daß Peter fortan nach dem Essen abräumen würde. Dies beinhaltete: alles vom Tisch in die Küche bringen, den Abwasch in die Spülmaschine, den Rest wieder in den Schrank stellen, den Tisch feucht abwischen, den Fußboden in der Eßecke und der Küche fegen, die Tischdecke auflegen und die Blumen zurückstellen, in der Küche die Anrichte und den Herd säubern, die großen Pfannen abwaschen, sofern notwendig, den Mülleimer lehren. Es hat dann mehr als ein Jahr gedauert, bis Peter nach dem Abendessen von selbst diese Aufgaben übernahm. Zu Beginn hatte Doris gelegentlich die Angewohnheit, die Aufgaben doch wieder selbst zu übernehmen. Das fand er unangenehm. Gelegentlich mußte sie ihn auf die Absprache hinweisen. Wenn das neutral geschah, fand er das richtig. Was ihm sehr half, war, daß sie später ab und zu ihre Wertschätzung für seine Arbeit deutlich machte. Nun berichtet er, daß er spontan den Tisch abräumt. Einmal fand seine Frau sogar, daß er zu früh mit Abräumen begann. Es ist eine neue Gewohnheit entstanden. Manchmal räumt er nun am Wochenende bei anderen Mahlzeiten ebenfalls spontan den Tisch ab. Das hatte er früher nie getan.

Ein Zusammenleben in einer Ehe ist eigentlich eine große Absprache. Keine Absprachen zu wollen bedeutet, daß auf Zufallsbasis oder Gefühlsbasis beieinander bleiben zu wollen. Das bedeutet im Grunde, daß es weder Einsatz noch Engagement gibt. Diese Art, spontane Beziehung, ist (noch) keine vollwertige Beziehung. Sie beruht auf dem Fühlen, nicht auf dem Wollen. (Eine Beziehung kann natürlich auch manchmal »von selbst laufen« auf der Basis impliziter Absprachen.)

9. Das richtige Tempo

Aus dem Vorangehenden wurde bereits deutlich, daß für eine gute Verhandlung ein ruhiges Tempo notwendig ist. Mit ruhig meinen wir, daß es nicht darum geht, schnell zu sagen, was man will, schnell zu reagieren, den anderen anzuspornen, schnell zuzustimmen. Es geht hier nicht um eine Situation, in der ein Verkäufer einem Kunden, den er nie wiedersieht, ein Produkt aufzuschwatzen versucht!

Die Abgrenzung in kleine Schritte ist sehr wichtig. Nach jedem Schritt wird eine kurze Pause gemacht. Der Schritt wird vorbereitet. Danach tut man einen Schritt zusammen, indem einer der Partner das Wort ergreift und der andere zuhört. Dann übernimmt der zweite das Wort und der erste hört zu. Schließlich denkt jeder wieder für sich darüber nach, was er will. Im Anschluß daran kommen sie wieder zusammen, und jeder sagt der Reihe nach, was er will. Dann gehen sie wieder auseinander, um darüber nachzudenken und sich evtl. einen Kompromißvorschlag zu überlegen. Was heute eine gute Absprache ist, das ist auch morgen noch eine gute Absprache. Die Partner sollen einander nicht hetzen. Sie arbeiten, so gut es geht, rein sachlich und darüber hinaus auch wirklich einfühlsam. Das kann nicht in einem hohen Tempo geschehen. Sie sollen sich ruhig die Zeit dafür nehmen. Eine Ehe ist eine riskante Angelegenheit, die mit Sorgfalt und Milde behandelt werden muß. Verhandeln ist eine Fertigkeit, die dazu beiträgt.

Zusammen Kinder erziehen

Kinder erziehen ist heute nicht einfach. Viele stehen noch unter dem Eindruck einer zu strengen und unterdrückenden Erziehung. Einige meinen, daß eine zu freie Erziehung Kinder ohne Rückgrat heranzieht. Wie soll es dann gemacht werden?
Viele Regeln und Modelle, die über die Beziehung von Partnern in den vorigen Kapiteln vorgestellt wurden, gelten auch für die Beziehung zwischen Eltern und Kindern. Aber dennoch ist die Eltern-Kind-Beziehung von einer anderen Art als die Partnerbeziehung. Kinder sind von ihren Eltern abhängig. Eltern helfen Kindern in ihrer Entwicklung zur Selbständigkeit. Es ist keine Beziehung von Gleich zu Gleich. Eltern müssen den Erziehungsprozeß bestimmen.

1. Zwei extreme Erziehungsmethoden

1. Die einschränkende Erziehung

Bei dieser Erziehungsmethode herrscht dem Kind gegenüber ein fundamentales Mißtrauen. Ein Kind ist von Natur aus schwach und schlecht, bis das Gegenteil bewiesen ist. Es kann nichts bewältigen. Es wird auf allen Ebenen kurzgehalten. Eltern lassen z. B. ihr zweijähriges Kind den ganzen Tag im Laufstall sitzen. Sie tun es, um nicht gestört zu werden. Oder sie tun es aus übertriebener Sorge. Tatsache ist, daß das Kind übermäßig eingeschränkt wird. Ein Mädchen von 15 Jahren darf nicht auf ein Klassenfest. Ein Junge von 12 Jahren darf nicht Mitglied in einem Fußballclub werden. Ein Junge von 12 Jahren darf nicht einem Mädchen schreiben, das er in den Ferien kennengelernt hat. Kinder bekommen so nicht die Chance, aus den eigenen Fehlern zu lernen. Kinder erledigen z. B. selbst ihre Hausaufgaben, aber Vater verbessert sie. Sie haben zwar gute Zensuren, aber sie sind sich über ihr eigenes Können doch nicht sicher, sie fühlen sich nicht wirklich für ihre Aufgaben verantwortlich. Vater führt ja doch die Oberaufsicht.
Eine extrem einschränkende Erziehung führt zu unselbständigen Erwachsenen. Wenn ein 10jähriger (aus welchen Gründen auch immer) nicht allein zur Schule gehen darf und jeden Tag gewaschen und angezogen wird und nicht ohne ständige Aufsicht spielen darf und noch nie auf der Straße Fahrrad gefahren ist ..., dann stimmt etwas nicht. In einem solchen extremen Fall wird das Kind wenig Gelegenheit bekommen, sich in den Fertigkeiten zu üben, die absolut nötig sind, um selbständig leben zu können.
Häufig wird solch ein Kind dann auch sehr viel Aufmerksamkeit einfordern (»verwöhntes Kind«). Manchmal können Eltern durch Strafen das Vertrauen des Kindes von Grund auf erschüttern. Eine Frau weckte ihre Kinder, die tagsüber ungezogen gewesen waren, mitten in der Nacht, um sie auszuschimpfen und zu schlagen. Selbst im Bett waren sie vor dem Zorn ihrer Mutter nicht sicher. Extreme Formen dieser strengen Erziehung fin-

den sich bei Erziehenden, die ihre Erziehung erst für geglückt halten, wenn sie – wie jemand es nannte –, »den
Willen des Kindes gebrochen haben«. Es scheint das Ziel
dieser Erziehung zu sein, untertänige, abhängige Mit-
läufer heranzuziehen.

Wenn ein Kind aber auf einigen Gebieten Beschränkun-
gen erfährt, kann es daraus nur Nutzen ziehen. Ein Kind
hat das Recht, Grenzen zu erfahren. Eltern, die in ihrer
Familie erlebt haben, wie ein Kind mit dem Fahrrad ver-
unglückt ist, können aus Angst ihrem Kind verbieten,
mit seinem Fahrrad auf der Straße zu spielen. Das ist
kein Drama, wenn das Kind sich auf anderem Gebiet
entfalten kann: Spielen mit Freunden, allein zur Schule
gehen, in einem Jugendclub mitmachen usw.

Eltern, die ihre Kinder lehren wollen, sich für etwas einzusetzen, werden diesen Kindern einen bestimmten Einsatz abverlangen müssen: helfen im Haushalt, Übernahme bestimmter Aufgaben usw. Dies geschieht natürlich
immer unter Berücksichtigung des Lebensalters des Kindes. Wenn ein 12jähriges Kind z. B. immer die Mutter
bewachen muß, um zu verhindern, daß sie Selbstmord
verübt, und sie immerfort anfleht, am Leben zu bleiben,
dann wird dem Kind eine viel zu große Last aufge-
bürdet.

2. Eine Erziehung ohne Führung

Das andere Extrem tritt bei Eltern auf, die meinen, daß
man Kindern eine größtmögliche Freiheit lassen muß,
keine Beschränkung, eine endlose Versorgung und viel
materiellen Wohlstand. Auch hier wird man das Ent-
wicklungsniveau des Kindes berücksichtigen müssen.
Ein 6jähriges Kind selbst darüber bestimmen lassen,
wann es schlafen geht, wieviel und welche Fernsehpro-
gramme es sieht, wie spät es nach Hause kommt, was es
ißt und dergleichen, werden viele unverantwortlich finden. Auch hierfür können verschiedene Gründe bestehen. Es wird aus antiautoritären Prinzipien getan. Es
wird getan, »um nicht zu frustrieren«. Oder schlicht aus
einem Mangel an Interesse oder Zeit. Der Effekt ist der-
selbe: Solche Kinder fühlen sich verloren und unsicher.

Sie werden auch nicht selbständig. Um wirklich selbständig zu werden, braucht man während einer bestimmten Periode Begleitung. Das extrem ungeregelte Verhalten von Kindern wirkt sich auch auf die Eltern aus, die sich häufig innerlich ihren Kindern gegenüber feindselig fühlen und dann beim geringsten Anlaß wütend werden. Diese Kinder lernen auch viel zu wenig, Rücksicht auf andere zu nehmen. Sie werden unleidliche, kleine Despoten.

Kleine Tyrannen Ein Ehepaar mit einem Kind von 4 Jahren bittet um Hilfe. Sie sind alle beide erschöpft. Das Kind will nicht allein schlafen. Beide Eltern bleiben der Reihe nach wach, um die ganze Nacht bei dem Kind zu verbringen. Das Licht darf nicht ausgemacht werden. Sie müssen im Zimmer des Kindes bleiben, sonst weint es. Diese Eltern werden von einem Kleinkind tyrannisiert. Sie sind davon beide überanstrengt. Es war ihnen nie klar geworden, daß ihr einziges Kind ein Recht darauf hatte, auch einmal eine halbe Nacht zu weinen und zu erfahren, daß seine Eltern nicht ständig anwesend sind, oder nicht immer wieder für es bereitstehen. So verursachten sie bei dem Kind eine große Unausgeglichenheit. Diese Kinder lernen auch nicht, ein Terrain zu erobern. Sie bekommen immer alles von selbst. Wer »unbegrenzt« groß wird, droht ein ganzes Leben lang frustriert zu sein, weil er nicht gelernt hat, sich anzupassen, mit unvermeidlichen Hindernissen zu rechnen, Rückschläge zu verarbeiten.

Kinder ohne Kinder ohne Rückgrat könnte man sagen.
Rückgrat? Die sogenannte freie Erziehung kann soweit gehen, daß körperliche Schäden bei den Kindern zurückbleiben. Ich denke dabei an ein Ehepaar, dessen beide Kinder Brandwunden davongetragen haben, weil es den Eltern nicht gelang, sie zu lehren, sich von Pfannen auf dem Herd fernzuhalten. Diese »ohnmächtigen« Eltern haben ihre Kinder durch ihr Unvermögen, Grenzen zu setzen, verletzt! Diese Nicht-Intervention ist tatsächlich Kindesmißhandlung.
Diese beiden Zugänge sind Extreme. Eine Erziehungsmethode kann mehr in die eine oder in die andere Richtung gehen. Der Mittelweg ist wünschenswert: ein weitherziges Gleichgewicht zwischen dem allmählichen

Erwerben von Fertigkeiten und vollständiger Leitung. Die allmähliche Abnahme von Leitung und Führung durch die Eltern und eine Zunahme der Selbständigkeit des Kindes hängen eng zusammen. Es ist aber so, daß die Leitung der Selbständigkeit vorausgehen muß. Zu frühe und zu große Autonomie ist für das Kind nicht gut. In der Pubertät nimmt die Leitung ab, und es wächst die Selbständigkeit. In der Pubertät ist es nicht immer klar, was genau noch an Führung nötig ist, und wo die Selbständigkeit wichtig wird. Bei jungen Erwachsenen bleibt es dabei, daß sie »der Hausordnung« unterworfen bleiben. Das Lebensalter spielt dann keine große Rolle mehr.

2. Voraussetzungen, um Führung auszuüben

1. Über den Kindern stehen

Um den Kindern Leitung geben zu können, müssen die Eltern über den Kindern stehen. Beide Eltern stehen zusammen eine Stufe höher als die Kinder. Es muß eine deutliche Grenze geben zwischen dem, was die Eltern tun, und dem, was die Kinder tun. In dem Beispiel des Mädchens, das auf seine Mutter aufpassen mußte, um dafür zu sorgen, daß sie nicht Selbstmord verübt, sind die Rollen umgekehrt. Das Mädchen spielt tatsächlich die Rolle eines Erwachsenen, und die Mutter die untergeordnete Rolle eines Kindes. Das kann für beide schädlich sein. Bei Inzestproblemen in der Familie wird die Grenze zwischen Eltern und Kindern auf eine schreckliche Weise überschritten. Zumeist nimmt die Mutter eine unvollkommene Partnerrolle ein, und ein Kind übernimmt die Rolle des Partners. Der Vater hat eine starke Bindung an den Sohn, die Mutter an die zwei Töchter. Diese zwei »Vereine« verbergen die schlechte Ehe der Eltern, die sich bereits Jahre hinschleppt.

Über den Kindern stehen

2. Einmütigkeit

Leitung hat nur dann Erfolg, wenn die Eltern über die wichtigen Punkte der Erziehung einer Meinung sind. Die Einheit der Eltern nach außen ist das Resultat einer Überlegung (Verhandlung), in der sie ihre unterschiedlichen Vorstellungen durchgesprochen und sich auf einen gemeinsamen Standpunkt geeinigt haben. Wenn sich nur ein Riß im Damm zwischen den Eltern zeigt, läuft das Wasser hindurch. Die Kinder werden bei Meinungsverschiedenheiten zwischen den Eltern für den Elternteil mit der nachgiebigsten Haltung Partei ergreifen. Dies kann zur Folge haben, daß die Eltern gegeneinander ausgespielt werden. Konflikte zwischen den Eltern über die Erziehung, die in Anwesenheit der Kinder ausgetragen werden, können zur Eskalation führen, wodurch die Kinder noch weitere Felder erobern. Formulierungen wie: »Von mir aus geht das, aber deine Mama erlaubt es nicht!« sind sehr doppeldeutig. Den Kindern gegenüber sollten die Eltern in der Wir-Form sprechen. »Wir haben beschlossen.« Sie müssen sich beide hinter den Beschluß stellen.

Für Kinder ist es verhängnisvoll, wenn sie längere Zeit mit vollkommen entgegengesetzten Aufträgen konfrontiert werden. Wenn es nach dem einen ginge, würden sie nicht schwimmen gehen, wenn es nach dem anderen ginge, sollten sie schwimmen gehen. Dies führt zu einem widersprüchlichen Verhalten beim Kind.

Die Kinder Einigkeit spüren lassen

Eltern müssen sich nicht immer bereits am Anfang einig sein. Wichtig ist, daß sie angesichts sehr wichtiger Probleme die Kinder ihre Einigkeit spüren lassen. Die Kinder bitten die Mutter, ausgehen zu dürfen, und verlangen auch, daß sie es dem Vater erklärt. Die Mutter läßt sich überreden und gerät dadurch in einen echten Konflikt mit ihrem Mann, der sich durch seine Frau und die Kinder ins Abseits gestellt fühlt. Hierauf reagiert er, indem er die folgenden Wochen noch strenger ist. »Sie sollen sehen, wer hier der Chef ist!« Woraufhin die Mutter noch stärker für die Kinder eintritt: »Nun ist er doch wirklich ungerecht!«

3. Konsequenz

Konsequentes Erziehen bedeutet, daß die Regeln, die aufgestellt werden, verbindlich sind. Sie müssen wiederholt und eingehalten werden. Kinder müssen deutlich merken, was von ihnen erwartet wird. Die Regeln dürfen sich nicht jeden Tag verändern. Sie bleiben aber auch nicht jahrelang dieselben. Man muß sich an die Regeln halten. Eventuell mit Worten eingreifen: Kinder an die Regeln erinnern und rügen. Eventuell mit Taten eingreifen (Strafen). Es ist sehr wichtig, daß der anwesende Elternteil schnell, unmittelbar und persönlich reagiert (nicht drohen: wenn Vater heute abend nach Hause kommt...). Eine Belohnung muß eine wirkliche Belohnung sein und nicht doppeldeutig, in dem Stil: »Das hast du gut gemacht, aber dieser Aspekt hätte noch besser sein können oder war nicht gut!« Eine Strafe muß eine wirkliche Strafe sein. Nicht schlagen und unmittelbar danach etwas übertrieben gutmachen mit viel Aufmerksamkeit und Verwöhnung! Ermutigen und Belohnen ist besser als Strafen. Es ist für die Eltern und die Kinder angenehmer und auch effektiver, wie wir später noch zeigen werden.

4. Regeln

Angemessen Führung geben, geschieht durch das Aufstellen von Lebensregeln. Sie müssen einen sinnvollen Zweck verfolgen. Sie sind nicht da, um die Kinder fühlen zu lassen, »wer der Chef ist« oder um ihnen »Disziplin einzutrichtern«. Sie sind einfach notwendig, weil Führunggeben ein langwieriger Prozeß ist, in dem sich ständig analoge Situationen ergeben. Lebensregeln sind für einen guten Umgang in einer Familie notwendig. Sie regeln im voraus den Umgang, der, wenn jeder in jedem Augenblick seinen Willen durchsetzt, ins Chaos führen würde. Sie umfassen u. a. eine Aufgabenverteilung, eine Zeiteinteilung, das Respektieren von Rechten und Bereichen des anderen.

Die Eltern stellen die Regeln auf und nehmen dadurch die Verantwortung auf sich. So formen sie einen guten und sicheren Rahmen, in dem die Kinder heranwachsen können. Führung geben, Regeln und Grenzen zu setzen, geschieht nicht, ohne auf die Kinder zu hören oder sie einzubeziehen. In dem Maße, in dem sie älter werden, bringen Kinder gute Ideen ein. Sie sind auch besser motiviert, mitzutun. Die letzte Verantwortlichkeit, das letzte Wort liegt bei den Eltern. Ein Beispiel: Am Sonntag morgen wartet jeder auf den anderen, um zusammen zu frühstücken, es ist einer der wenigen Momente in der Woche, an dem noch zusammen gefrühstückt wird und bei dem man sich noch unterhalten kann.

3. Probleme mit Kindern

Wer hat das Problem? Bei Problemen mit Kindern ist die erste Frage: Wer hat das Problem, die Eltern oder das Kind? Wenn Peter in der Schule Streit mit seinem besten Freund gehabt hat und ihn dies am Abend noch beschäftigt, dann hat das *Kind* ein Problem. Wenn eine Mutter sich über die Kleidung ihrer Tochter ärgert, dann hat die *Mutter* ein Problem. Wenn das Kind ein Problem hat, dann ist die beste Art und Weise darauf einzugehen das genaue Zuhören. Aktives Zuhören heißt hören, was wirklich gesagt wird. Wirklich probieren zu verstehen, was das Kind beschäftigt. Dies geschieht viel zu wenig. Viele Eltern speisen das Kind mit guten Ratschlägen ab (Sei morgen einmal freundlich!), mit Warnungen (Wenn du morgen Streit anfängst, wird Jan nicht mehr mit dir spielen wollen!), mit Lösungen (Sei morgen einmal besonders freundlich; denke an etwas anderes...), mit Tadeln (Du darfst dich nicht streiten, du bist böse!), mit Interpretationen (Jan wird dich wohl wieder geärgert haben...), mit allgemeinen Bemerkungen (Jungen streiten sich, das gehört eben dazu ...).

So wird dem Kind schnell der Mund verboten. Erst wenn die Eltern wirklich zuhören und paraphrasieren, was die Kinder gesagt haben, fühlen sie sich ernstgenommen und anerkannt. Sie bekommen die Chance, selbst Lösungen zu suchen und auszuprobieren. Die Haltung der Eltern ist hier nicht anders als die Haltung, die Partner einander gegenüber haben sollten.

Wenn ein Elternteil das Problem hat, gibt es zwei Schritte, die getan werden können. Zunächst die »Ich-Botschaft«! Hiermit ist gemeint, daß der Elternteil, der das Problem hat, etwas über sich selbst dem Kind sagt. »Ich ärgere mich, wenn ich dich mit diesen Sachen zur Schule gehen sehe.« Der Elternteil sagt nicht, was das Kind tun muß. Er schildert das Problem, so wie er es empfindet, und die Lösung bleibt offen. Es kann passieren, daß das Kind sich daraus nichts macht und darauf nicht angemessen reagiert. Dann kommen wir zum zweiten Schritt. Der Elternteil sagt, was er will. Sehr deutlich und als Befehl. Anstatt »Du mußt ins Bett, denn du bist müde«, sagt er: »Du mußt ins Bett, denn ich bin (deinetwegen) ganz müde.« Befehle sollten nicht umschrieben und so getan werden, als ob es Verhandlungen, Überlegungen, gute Ratschläge seien. Ein Befehl muß deutlich sein, konkret, Verhaltenstermini beinhalten. Wenn beide das Problem haben, dann ist die Verhandlung die am besten passende Methode. Hierbei muß dem Standpunkt des Kindes genügend Raum gegeben werden. Das Kind wird in der problemlösenden Phase gebeten, soviel Lösungsmöglichkeiten wie möglich zu durchdenken.

*Ein Befehl muß
deutlich sein*

4. Kindern Verhalten beibringen oder abgewöhnen

Kinder lernen auf zwei Arten: durch Imitation (Nachahmen, Übernehmen). Beispiel: Kinder haben Furcht vor einem Gewitter, weil die Eltern vor einem Gewitter Furcht hatten. Eine zweite Art, etwas zu lernen, ist die Bestärkung des Verhaltens durch Belohnungen. Diese Belohnungen eröffnen dann die Möglichkeit, daß das ihnen vorangehende Verhalten zunimmt.
Wenn Mathias den Tisch abräumt, sagt der Vater: »Ich finde das toll!«
Es gibt zwei Sorten von Belohnung: die *materielle* Belohnung, wie Süßigkeiten, Spielsachen, Geld ... und die *soziale* Belohnung (Aufmerksamkeit, wirkliches Zuhören, lobende Bemerkungen).
Materielle Belohnungen haben vor allem kurzzeitig Erfolg. Sie sind häufig mit sozialen Belohnungen verbun-

den. Soziale Belohnungen haben einen größeren Effekt. Sie rufen eine positive Wechselwirkung hervor, eine positive Atmosphäre. Vater reagiert positiv auf die Arbeitslust der Tochter. Danach wird die Tochter noch mehr Arbeiten verrichten. Dies freut den Vater. Er macht dies deutlich. Dies stimuliert die Tochter, so daß sie noch andere Dinge tun wird... Im allgemeinen ist es am besten, den Kindern eine passende, unmittelbare, materielle Belohnung, ergänzt durch eine soziale Belohnung, zukommen zu lassen. Allmählich kann das Materielle wegfallen, und es genügt die Aufmerksamkeit, der positive Kommentar.

Wie kann ungewünschtes Verhalten verhindert werden? Oft wird unterstellt, daß Strafen ein Verhalten verschwinden lassen. Wird Unordentlichkeit bestraft, wird die Unordentlichkeit abnehmen. Das ist nicht immer so. Eine Strafe ist selten eine reine Strafe. Viele Strafen beinhalten ein gewisses Maß an sozialer Belohnung. Das Kind erhält Aufmerksamkeit, wenn ihm eine Lektion erteilt wird. Es bekommt sogar Aufmerksamkeit, wenn es geschlagen wird. Darum sind derartige Strafen nicht immer besonders effizient. Es sollte lieber eine Belohnung weggelassen als zum aktiven Strafen übergegangen werden. Das Kind bekommt keinen Nachtisch. Es darf nicht fernsehen. Dem Kind wird keine Aufmerksamkeit geschenkt, wenn es immer wieder weint. Strafen hat auch den Nachteil, daß nur deutlich wird, was unerwünscht ist, und nicht, was von dem Kind wirklich erwartet wird. Strafen führt zu negativen Zirkelschlüssen. Kinder nörgeln viel, die Mutter wird nervös und ärgerlich, dadurch werden die Kinder noch unruhiger. Es folgt ein Streit. Die Mutter tritt mit harter Hand auf. Die Kinder weinen. Sie werden wütend auf ihre Mutter. Die Mutter wird wütend auf die Kinder.

Bei dem Auftreten unerwünschten Verhaltens muß immer gefragt werden, ob nicht bestärkt und beibehalten wird, was man selbst nicht will. Ob man nicht durch das, was man tut, belohnt. Eltern werden gelegentlich von ihren Kindern trainiert. Vater schreit schnell und findet das selbst unangenehm. Er will das an sich selbst verändern. Wenn die Kinder streiten, versucht er ruhig zwi-

Eine Strafe ist selten eine reine Strafe

schen beiden zu vermitteln. Sie machen einfach weiter. Hierdurch verliert der Vater die Geduld und schreit. Die Folge ist, daß unmittelbar alles still wird. Diese Stille ist eine Belohnung für Vaters Schreien. Er wird es folglich öfter tun. Das Baby weint und wird von der Mutter hochgenommen. Das ist eine Belohnung für das Weinen. Folglich hört das Baby mit dem Weinen auf und belohnt damit die Mutter. Die Mutter wird wiederum stärker geneigt sein, das Baby aufzunehmen, wenn es weint.

Eltern werden gelegentlich von ihren Kindern trainiert

Manchmal lehren Eltern ihren Kindern ein Verhalten, das beinahe unauslöschlich ist. Beide Eltern liegen im Bett und das Kleinkind (3 Jahre) weint. Sie halten sich zurück und gehen nicht unmittelbar nachsehen. Plötzlich beginnt das Kleinkind, noch stärker zu weinen. Dies beunruhigt die Eltern. Sie schauen nach. Und so gehen sie ab und zu nachsehen, wenn der Kleine sehr lange und laut geweint hat. Dadurch »lernt« das Kleinkind, lange zu weinen und weiter zu machen, es bekommt ja doch ab und zu eine Belohnung.

Das Weinverhalten wird beinahe unauslöschbar. Im einzelnen kann folgendes Schema aufgestellt werden:

- muß ein neues Verhalten angelernt werden?

Wenn es sich um einen unwichtigen Punkt handelt, immer wieder belohnen, wenn sich das neue Verhalten zeigt. Wenn es um ein großes Problem geht: dem eigentlichen Problem nachgehen. Wie oft tritt das Problem auf? Welches Verhalten wird konkret vom Kind erwartet? Und danach wird ein bestimmter Schritt gewählt. Wenn das Kind den kleinen Schritt tut, wird es belohnt, erst materiell dann sozial. Dies geschieht jedesmal, wenn der Schritt getan wird. Danach wird die Belohnung gekoppelt an einen weiteren Schritt.

- muß unangenehmes Verhalten abgewöhnt werden?

Dann ist die erste Frage: Belohnen wir das ungewünschte Verhalten nicht? Viel Kritik kann bedeuten, daß man sich dem Kind intensiv zuwendet, und das ist an sich belohnen. Eine Möglichkeit ist das wirkliche Negieren des ungewünschten Verhaltens, nämlich so zu tun, als ob es das nicht gäbe.

Zum dritten kann erwünschtes Verhalten durch Belohnen verstärkt werden. Wenn das Kind schreit, erhält es keine Aufmerksamkeit. Wenn es eine Frage stellt, dann sehr wohl. Wenn Strafen unbedingt nötig ist, sollten am besten zuerst die bestehenden Vergünstigungen abgebaut werden. Bei kleineren Kindern ist eine kurze Absonderung bereits ausreichend.

Um dies alles zu erreichen, müssen die Eltern die Dinge vorab gründlich miteinander besprochen haben. Sie müssen einen Kompromiß oder eine Absprache getroffen haben, hinter der beide stehen. Sie müssen vorab, am besten gemeinsam, dem Kind mitteilen, was genau erwartet wird und welche konkreten Ermutigungen mit einem konkreten Verhalten verbunden sind. Sie müssen das Programm konsequent und einheitlich durchführen.

Bei all diesem muß die negative Aufmerksamkeit des Kindes berücksichtigt werden. Was gut läuft, erscheint schnell selbstverständlich! Was nicht gut läuft, erzielt viel Aufmerksamkeit. Wenn die Kinder ruhig spielen, lesen die Eltern gern die Zeitung. Sie vergessen, das erwünschte Verhalten mit Aufmerksamkeit zu belohnen. Wenn die Kinder zu streiten beginnen, dann treten die Eltern auf. Das unerwünschte Verhalten wird so belohnt. Aufmerksamkeit für ein angemessenes und gutes Verhalten ist viel effektiver.

Ist Liebe ein Tätigkeitswort? *Nachwort*

Liebe kann auf zwei Arten betrachtet werden: als etwas, woran gearbeitet werden kann, oder als etwas, das sich von selbst findet. In diesem Buch wird die Ehe als etwas betrachtet, an dem gearbeitet werden kann.

Die Ehe umfaßt auch andere wichtige Aspekte. Der *Wille* zusammenzuleben. Das *Verlangen* nach einander. Die gefühlsmäßige und sexuelle *Anziehung*. Das *Sich-zutiefst-glücklich-Fühlen* beieinander. Der *Drang*, miteinander Liebe und Leid zu teilen. Einander *genießen*. Die *Leidenschaft* in Intimität und Streit. Das *Gerührt-und-gefesselt-Sein* voneinander ...

Diese Aspekte einer Ehe werden hier nur am Rande behandelt. In diesem Buch geht es darum, zu beschreiben, was die Partner selbst in der Hand haben. Deshalb werden diese Aspekte so oft wie möglich wiederholt, damit sie in der Lage sind, »etwas zu verändern«..., wenn sie das *wünschen*. Das bedeutet nicht, daß man mit jedem x-beliebigen zusammenleben kann. Liebe ist viel mehr als ein Tätigkeitswort. Glücklicherweise!

Ohne »Arbeit« bleibt »Liebe« nur ein Wort.

Ein Wort des Dankes

Dieses Buch ist aus einer von Johan Verhulst begründeten Tradition erwachsen. Er legte den Grundstein für das dreiwöchige Therapieprogramm, bei dem die in diesem Buch behandelten Themen zur Sprache kamen. Er sammelte und formulierte als erster eine Reihe von Erkenntnissen, die hier zusammengefaßt worden sind. Hierfür unser besonderer Dank!

Wir danken zugleich den mehr als tausend Ehepaaren, die mit diesen Vorgaben an ihrer Beziehung arbeiten wollten, sie an der alltäglichen Realität überprüften und mithalfen, sie zu überarbeiten.

Unser Dank gilt auch Prof. Dr. G. Buyse, der es möglich gemacht hat, daß das Kommunikationszentrum entstehen, sich entwickeln und in Zeiten von Einsparungen bestehen bleiben konnte. Auch Prof. Dr. P. Nijs danken wir für seine anregende Leitung und seinen Einsatz für das Kommunikationszentrum, auch innerhalb des Instituts für Familien- und Sexualwissenschaften der Katholischen Universität Löwen. Wir danken darüber hinaus Dr. G. Kongs, die innerhalb von Salve Mater stets das Zentrum unterstützt hat. Wir danken der Direktion der UPC Salve Mater (A. Ceuleers, Y. Cox und C. Goslain), der Direktion der UZ Löwen und dem Rektorat der KU Löwen für ihre Aufmerksamkeit für den Psychotherapeutischen Dienst: unsere klinische Arbeit, die Forschung und die Ausbildung von Postgraduates.

Weiterhin geht unser Dank an die vielen *gegenwärtigen und früheren Führungskräfte des Kommunikationszentrums*, die alle gemeinsam halfen, diese Gedanken zu formulieren, im besonderen: Veva Wilms, Danny Verstraeten, Maureen Luyens, Lieven Migerode, Peter Rober und auch Cor und Marianne Bakker-Rabdau.

Wir danken den Verfassern für den ersten Entwurf folgender Kapitel: Grundauffassungen und persönliche Mythen: Johan Verhulst; Sexuelle Beziehung: Leven Migerode; Lebensphasen: Danny Verstraeten; und im besonderen Kindererziehung: Hugo Mertens. Für die Reinschrift sorgte in vorbildlicher Weise Jenny Bonnast.

Dank auch an Linda Van Bael für die gründliche Lektüre des Entwurfes.

Besonderer Dank an Maureen, Deb, Rolf, Mattias und Pieter für die Motivation, die sie mir gaben, um dieses Werk zu beginnen, fortzuführen und zu vollenden. Sie wissen, daß es manchmal einfacher ist – wie schwierig es auch immer sei –, über diese Dinge zu schreiben als sie anzuwenden.